Armand Herscovici

Mesopotamia

La légende de Ninmah

ÉDITIONS DU SEUIL
27, rue Jacob, Paris VIe

La *Légende de Ninmah* est le premier
des trois volumes de *Mesopotamia*.

ISBN 2-02-060163-X

www.seuil.com

Pour elle, dont je ne connais pas le nom.

Le Peuple de la Grotte

Monts du Zagros, 7 000 ans av. J.-C.

Lahar était assis à l'écart, sous l'un des chênes à droite de la grotte, en direction de la rivière. C'était l'un de ses coins favoris. Il aimait s'adosser à l'arbre, les yeux tournés vers la vallée. Cette fois pourtant, il ne regardait qu'en lui-même. On riait volontiers dans le Peuple de la Grotte, mais il faisait exception. Il se laissait facilement aller à de sombres pensées, comme en ce moment.

Il avait déjà dix-neuf ans, le temps était venu pour lui de prendre femme. Or, dans le Peuple de la Grotte, une seule pouvait convenir : Ninmah, la jolie petite Ninmah avec ses treize ans tout frais. Il était prêt.

Ninmah, elle, hésitait. Elle aimait Lahar, mais avait des projets qui le sidéraient. Il sortait d'une longue conversation avec elle et il n'arrivait pas à y croire. Elle rêvait de s'éloigner de cette région où tous leurs ancêtres avaient bâti leur existence ! Elle souhaitait découvrir la vallée ! Oui, la vallée ! Lui faudrait-il se lancer avec elle dans cette aventure insensée ? Au regard des autres communautés qui vivaient aux alentours, se disait-il, leur groupe jouissait d'une situation privilégiée. Pourquoi abandonner un endroit si favorisé ?

C'était un point de vue frileux, mais il pouvait se comprendre. Pour le Peuple de la Grotte, la Terre était comme un pays de cocagne. Il y avait la rivière et son eau nourricière, le champ d'amidonnier sauvage à quelques mètres seulement de la grotte et, à peine plus loin, l'orge qui, elle aussi, poussait à l'état naturel. Un peu au-delà, les légumes sauvages, lentilles, pois chiches, fèves ; il suffisait de se baisser pour les ramasser. La faune attirée par cette abondance pullulait : chèvres sauvages, aurochs, moutons, mouflons, sangliers, loups et parfois quelques lions. La chasse était aisée, à condition d'être prudent. La rivière ne manquait pas de poissons et la pêche était l'un des plaisirs favoris. Les escargots abondaient. Les plantes médicinales étaient plus difficiles à trouver, mais il y en avait une grande variété et leur collecte était devenue une fête.

Avec ces ressources naturelles à portée de la main, quelques jours de travail suffisaient pour engranger plusieurs semaines de nourriture. Il restait beaucoup de temps pour se livrer à d'autres activités, la gravure, le chant, l'amour ou le choix du nom des enfants.

Et il y avait la grotte, si vaste, si bien aérée, qui offrait un refuge idéal. Grâce à une ouverture imperceptible au fond qui permettait la circulation de l'air vers une cheminée naturelle, la température s'y maintenait presque constante. Elle était accueillante l'hiver et d'une fraîcheur agréable l'été.

Plus bas, dans la plaine, le climat subtropical régnait. Les étés étaient torrides, avec des pointes de soixante degrés et des écarts considérables avec les nuits fraîches. Le vent provoquait souvent de redoutables tempêtes de poussière ou de sable. La sécheresse dominait. La grotte, elle, se trouvait à quelques centaines de mètres d'altitude, protégée par les flancs du Zagros, ces rudes montagnes qui séparent la grande plaine de Mésopotamie des hauts plateaux de l'Iran d'aujourd'hui : les conditions étaient bien plus vivables. L'été était chaud mais supportable, l'hiver froid mais sec. Le pagne en peau de chèvre qui ceignait la taille des hommes et des femmes faisait un vêtement idéal.

Ces conditions de vie favorables permettaient au groupe d'afficher un état de santé excellent. Beaucoup vivaient jusqu'à quarante ans, alors qu'ailleurs on devenait un vieillard épuisé dès l'âge de trente ans.

Fait exceptionnel, la nature produisait plus que les besoins et offrait une possibilité magnifique : le troc du surplus. Le groupe était autosuffisant, il n'était pas pressé et attendait que les partenaires intéressés se manifestent. Et de fait, les marchands nomades montaient régulièrement de la plaine, chargés de produits le plus souvent superflus mais qui agrémentaient le quotidien. Cependant, plus que les marchandises, c'étaient les récits de la vie dans la vallée que le Peuple de la Grotte appréciait. Les marchands aimaient raconter ce qu'ils avaient vu, entendu ou vécu lors de leurs voyages. Les soirées étaient longues et s'étiraient tard dans la nuit.

« Oui, se disait Lahar, nous vivons dans un endroit superbe. Pourquoi chercher autre chose ailleurs ? »

Il ferma les yeux et se mit à penser au domaine de la petite communauté, comme si c'était la dernière fois avant un départ inéluctable.

Bien sûr, il y avait la grotte, leur abri depuis toujours, au milieu de collines couvertes d'une steppe dense, parfois arborée. Derrière la surélévation qui l'abritait, vers l'amont, dans la direction de l'est, le relief se durcissait rapidement. On se trouvait sur les contreforts du Zagros. Il ne fallait pas aller bien loin pour rencontrer la haute montagne, sauvage, presque impossible d'accès. En hiver, elle était longtemps enneigée et le froid fort vif. Ce secteur était connu du Peuple de la Grotte, mais c'est surtout de l'autre côté, vers l'aval, à l'ouest de la colline, là où se situait l'entrée de la grotte, qu'il vivait la plus grande partie de son temps.

Cette entrée orientée vers le couchant présentait la forme d'un grand rectangle d'environ cinq mètres de large sur deux de haut. De là, on dominait une immense région qui s'étendait à perte de vue. Lahar adorait ce paysage.

Une pente douce descendait juste devant la grotte, presque insensiblement d'abord, puis plus fortement au-delà de quelques mètres. De doux moutonnements irréguliers apparaissaient en tous sens. Dans une herbe légèrement clairsemée qui apportait sa pâle coloration au site se trouvaient des rocailles. De temps à autre, quelques chèvres sauvages, parfois un ou deux mouflons, inconscients du danger, venaient brouter la tendre végétation. Sur la droite, les chênes sous lesquels Lahar aimait rêvasser. Un peu plus bas, vers la gauche, l'immense champ d'amidonnier sauvage s'étalait, somptueux. Lorsque la brise soufflait, les tiges ployaient faiblement, les épis oscillaient et se balançaient en longues vagues dorées.

Plus loin, après les chênes, la petite rivière courait vivement vers la vallée. L'été débutait et, à cette époque de l'année, son débit baissait considérablement, mais elle n'était jamais asséchée. Lahar laissa son regard en suivre le cours, vers le couchant où rien n'obstruait la perspective. Plus il regardait loin, plus le relief s'adoucissait, s'aplanissait et s'approchait de l'horizontalité parfaite. Au-delà de quelques kilomètres s'étalait l'immensité ocre, désertique, écrasée par le soleil du Moyen-Orient : la Mésopotamie. L'horizon si éloigné paraissait flou, l'intense chaleur de la plaine brouillait la transparence de l'atmosphère. Parfois, après l'une des rares pluies qui tombaient encore avant l'hiver, l'air devenait limpide. Cependant, malgré sa vue perçante, le jeune homme ne pouvait distinguer l'endroit où la petite rivière se jetait dans le Grand Fleuve mythique, le Tigre.

Il ne l'avait jamais vu, mais en connaissait l'existence, comme tous les membres du Peuple de la Grotte. Il savait que chaque année, pendant les trois premiers mois du printemps, le fleuve se mettait dans une violente colère. Il sortait de son lit avec sauvagerie et répandait le limon dans la plaine immense. Avec l'Euphrate, l'autre Grand Fleuve encore plus éloigné, il avait apporté la fertilité au pays de l'argile.

Mais en ces temps lointains, bien plus anciens que les temps bibliques, le Tigre ne s'appelait pas le Tigre, personne n'avait donné son nom à la Mésopotamie, le Zagros n'était qu'une chaîne anonyme de hautes et terribles montagnes, et l'Iran n'existait pas.

« Oui, se répéta Lahar, rien n'est plus beau que notre pays. Pourquoi vouloir s'en éloigner ? » Il secoua la tête en signe d'incompréhension et replongea dans ses pensées moroses.

La petite communauté dont faisait partie le jeune homme se composait de vingt-deux individus, population presque inchangée depuis le début de l'occupation de la grotte, plusieurs millénaires auparavant. Vingt-deux habitants vivaient à l'aise dans la grande caverne.

Bien entendu, personne ne fixait avec précision le niveau de peuplement. On ignorait ce qu'était un nombre. La perception intuitive de la démographie suffisait pour la limiter à ce qui semblait raisonnable. Des techniques existaient pour cela. Les femmes connaissaient les plantes ; pour contrôler les naissances, elles savaient quelles herbes cueillir, comment les broyer ensemble dans les proportions requises et à quel moment et de quelle manière les absorber. Elles avaient aussi remarqué qu'un allaitement prolongé des enfants bloquait leur fertilité. L'infanticide n'était plus pratiqué depuis des siècles. Ainsi, le Peuple de la Grotte n'avait jamais compté plus de vingt-cinq membres.

Indépendamment de son adéquation à la taille de la grotte, ce nombre présentait un avantage essentiel : il permettait une alimentation aisée à partir des ressources naturelles de la région, sans ponctions trop importantes. Le potentiel alimentaire de la nature environnante restait inépuisable. Le Peuple de la Grotte n'avait pas besoin d'être nomade et, de fait, il vivait sédentaire depuis des millénaires.

– Lahar !

L'appel le tira de sa rêverie. Il venait de loin, mais la voix était forte. Il l'avait reconnue, c'était celle de Mahal, sa mère. Son compagnon, le grand Ahan, le père de Lahar, avait été tué l'an passé lors d'une chasse au lion. À trente-cinq ans, il n'avait pas eu les réflexes assez rapides pour éviter un coup de patte foudroyant. Depuis, Mahal ne vivait que pour son fils.

Lahar se leva et se dirigea vers la grotte. À l'intérieur, deux rangées de pierres délimitaient un couloir central d'environ deux mètres de large. Ce passage partait de l'entrée et se prolongeait jusqu'au fond, à une trentaine de mètres. De part et d'autre, d'autres alignements de gros cailloux, perpendiculaires au corridor, rejoignaient les parois. Ils marquaient les frontières des territoires de chaque famille. Selon leur composition, leur nombre pouvait varier légèrement au fil des générations : on réaménageait alors la grotte. Cela se passait toujours d'une manière pacifique. Le consensus était une composante essentielle de la culture du Peuple de la Grotte.

Lahar se dirigea vers le territoire de sa famille, le deuxième à droite en entrant. Sa mère, visiblement fatiguée, était étendue sur une peau de bête.

– Assieds-toi, dit-elle.

Il obtempéra. Il savait qu'elle voulait lui parler de Ninmah. D'un coup d'œil discret, il lui montra le fond de la grotte. Dans la

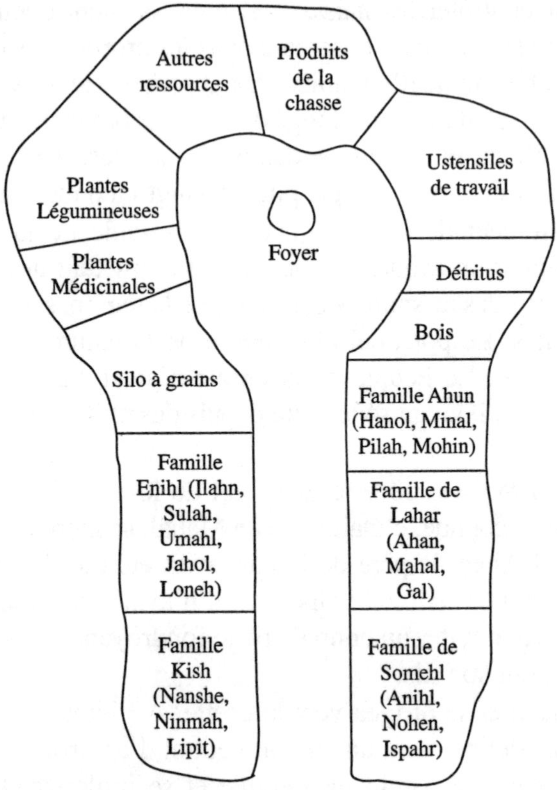

PLAN DE LA GROTTE

pénombre, ils apercevaient Ninmah, sa mère Nanshe et Minal, la doyenne des femmes du groupe.

– Nous parlerons bas, chuchota Mahal.

Le fond de la grotte se trouvait à plus de vingt mètres et les trois femmes fort occupées ne pourraient entendre leur discussion. Là-bas, au centre d'une zone presque circulaire, le foyer rougeoyait. L'entretien du feu était dévolu aux femmes, qui se relayaient. C'était une responsabilité majeure qui requérait toute la vigilance de celles qui en avaient la charge. Le feu était constamment alimenté, pour ne jamais s'éteindre. La cheminée naturelle, invisible, permettait à la fumée de s'évacuer parfaitement.

À cet instant, c'était Minal qui officiait. Ninmah et Nanshe s'adonnaient à une autre activité : elles rangeaient. Le rangement, qui relevait aussi des femmes, conditionnait la qualité de la vie dans la grotte et tous lui portaient une grande attention.

Lahar observait les deux femmes s'affairer, et Mahal attendit qu'il en ait fini pour continuer la discussion. On n'était jamais pressé dans le Peuple de la Grotte.

Avec le temps, l'agencement avait atteint un haut niveau d'organisation. Tout autour du foyer, le long des parois arrondies et sur plusieurs mètres de large, une aire importante était aménagée pour un stockage optimisé des ressources communes. Un quadrillage de pierres empilées délimitait plusieurs silos destinés à conserver divers types de grains comme le blé amidonnier ou l'orge et les plantes légumineuses de la région. Les plantes médicinales avaient leur endroit réservé. Un autre silo était réservé au bois, pour le feu.

Une zone était prévue pour le produit de la chasse. Une autre accueillait les ustensiles de travail, moulin à bras et pilon arrondi pour moudre les céréales, récipients en argile, faucilles en bois et silex, outils de pierre, haches, herminettes, grattoirs, perçoirs, burins, pointes de flèche et autres. Les peaux de bêtes, os, cornes et ressources naturelles diverses, silex, obsidienne (utilisée non pas comme bijou, mais comme matière première pour faire des outils, à cause de sa dureté), trouvaient également leur place.

Bref, tout ce qui était nécessaire à la vie de la petite communauté et qui devait être protégé était emmagasiné dans la grotte.

Un emplacement était prévu pour recueillir les détritus. Le Peuple de la Grotte ne laissait jamais les déchets se répandre et s'accumuler. Il les collectait et les dispersait à l'extérieur tous les deux ou trois jours. Cette manière de faire était exceptionnelle. D'habitude, le niveau des grottes s'élevait au fil du temps, au fur et à mesure que les immondices jetés au hasard s'entassaient. Mais l'habitat en caverne était maintenant très ancien, il allait bientôt disparaître au profit des premiers villages. Dans certains cas, comme ici, les habitants avaient atteint un haut degré de civilisation.

Un ordre impeccable régnait dans la grotte.

Aux premiers temps de son occupation, plusieurs millénaires auparavant, la situation se présentait différemment. La caverne n'était alors qu'un refuge pour se protéger du soleil ou des intempéries, des animaux féroces ou d'éventuels attaquants, rien de plus. Mais ses occupants s'étaient révélés ingénieux. Au fil des générations, ils avaient su observer et apprendre. Petit à petit, de siècle en siècle, ils avaient amélioré, perfectionné. Aujourd'hui, ils disposaient d'un abri adapté à leur mode de vie.

Le jeune homme quitta les femmes des yeux et se tourna vers sa mère.

– Lahar, dit Mahal en chuchotant, je t'ai vu hier avec Ninmah. Vous avez discuté longtemps. Je ne veux pas être indiscrète ni t'embarrasser avec mes questions, mais j'aimerais savoir si tes projets avancent comme tu le souhaites.

Mahal était inquiète. Tout en parlant, elle jouait avec un bracelet de cuir qui lui appartenait en propre. Les objets personnels, armes pour les hommes, parures diverses ou pendeloques pour les femmes, étaient conservés par leur propriétaire, dans leur territoire respectif. Hormis ces quelques possessions individuelles, la propriété n'existait pas. Les biens étaient ceux du Peuple de la Grotte, et les ressources étaient équitablement partagées entre ses membres.

– Disons que j'y vois plus clair, répondit Lahar, hésitant. Je sais maintenant ce que veut Ninmah.

– Alors, la question est réglée ?

– Non. Mais je comprends mieux ce qu'il faut faire pour ça.

Le Peuple de la Grotte disposait d'un vocabulaire suffisamment riche pour pouvoir exprimer des idées abstraites. La langue s'était forgée lentement, au fil des millénaires. Elle s'était enrichie peu à peu par la prise en compte d'objets, de notions, de concepts nouveaux, auxquels un nom avait été donné. Des marchands nomades ou des prisonniers avaient apporté leur contribution. À présent, tous maniaient avec plaisir un parler chantant et varié qui leur permettait de décrire les mille nuances du monde qui les entourait, ainsi que les pensées qui les habitaient. Ils aimaient parler.

De tous, le moins bavard était Lahar. Mahal en avait toujours été secrètement peinée. En l'occurrence, le garçon resta silencieux après sa réponse lapidaire. Sa mère le sentait troublé, embarrassé. Elle le vit partir dans ses méditations et attendit de nouveau sans mot dire, avec calme. « Lahar… pensa-t-elle. Lahar, mon fils, parle-moi, ouvre-toi, je t'aiderai. Pourquoi restes-tu si taciturne ? C'est si bon, de parler. »

Le Peuple de la Grotte pensait aimer les mots. En fait, c'est leur musique qu'il affectionnait. Lorsqu'un nouveau nom était choisi, il faisait en sorte que le son corresponde à ce qu'il désignait. Ainsi en était-il pour les naissances. Quand un enfant venait au monde, on ne l'appelait que « bébé ». On attendait qu'il eût acquis un caractère, une personnalité, pour lui attribuer un nom définitif en harmonie sonore avec ce qu'il promettait d'être.

Ce choix procurait un plaisir immense. On en discutait durant des semaines, on débattait du sens de la moindre sonorité. On riait des consonances curieuses, on éprouvait une joie intense lorsque enfin on pensait avoir trouvé. Les noms étaient toujours courts, au plus deux syllabes. C'est plus qu'il n'en fallait pour différencier une vingtaine de personnes et la concision conduisait à condenser en un son court tout ce qu'était un enfant. Obscurément, le Peuple de la Grotte sentait que la musique pouvait résumer beaucoup en quelques résonances.

Mahal regardait son fils, silencieuse. Pas un instant l'idée ne lui serait venue d'interrompre ses réflexions. Tout de même, elle était impatiente de savoir ce que voulait Ninmah. Indépendamment du souci qu'elle se faisait pour l'avenir de Lahar, son mariage avec la jeune fille avait une grande importance pour le groupe.

En effet, si le maintien du peuplement à une vingtaine de membres vivant jusqu'à l'âge avancé de quarante ans était une perspective plaisante pour les individus, il présentait un inconvénient grave pour la communauté : le renouvellement des générations s'avérait difficile à assurer. Depuis toujours, c'était le principal problème du Peuple de la Grotte.

Le plus souvent, les vieux au-delà de trente ans étaient assez nombreux : près du tiers de la population, soit sept ou huit individus.

Ceux qui n'atteignaient pas cet âge avaient été tués dans des attaques, à la chasse par un sanglier ou un lion, plus rarement avaient contracté quelque maladie ou avaient été faits prisonniers. Un autre tiers comprenait ceux qui étaient en situation de procréer, déjà en couple, de treize à vingt-cinq ans environ pour les femmes, d'à peu près dix-huit à trente ans pour les hommes. Cela représentait trois à quatre « ménages ». Ils étaient fidèles, en général monogames. Ils limitaient leur nombre d'enfants en moyenne à deux par femme. Le dernier tiers était constitué par les enfants en question, en gros moitié filles moitié garçons.

Vers dix-huit ans, les jeunes hommes devaient trouver une compagne plus jeune. Le choix était restreint, il n'y avait le plus souvent que deux autres familles potentielles. S'il y avait plus de filles disponibles que de garçons, la solution était simple : chaque garçon prenait une fille et les filles en surnombre devenaient secondes épouses dans un couple déjà formé. C'était le seul cas où la monogamie n'était pas respectée.

Toutefois, il pouvait arriver qu'il n'y ait pas de fille d'âge requis. Parfois il y en avait une, mais deux garçons étaient en lice. Comme il était impératif qu'un sang nouveau soit infusé de temps à autre, on partait chercher des filles ailleurs. Le Peuple de la Grotte devenait attaquant et une expédition était organisée pour enlever une ou deux filles nubiles à d'autres groupes.

Mahal attendait toujours que Lahar lui parle. Que se passait-il donc entre son fils et la petite Ninmah ? se demandait-elle. Pourquoi toutes ces hésitations ?

Ninmah

Le groupe tel qu'il était composé à ce moment-là comptait cinq familles parmi lesquelles se trouvaient deux garçons en âge de prendre femme, Lahar et Lipit.

Lipit avait dix-huit ans, il était le frère de Ninmah. Kish, leur père, un homme de trente-six ans, faisait encore preuve d'une vitalité remarquable. Nanshe, leur mère, était d'une grande beauté malgré ses trente et un ans.

Ninmah était la seule fille disponible pour fonder un couple. En principe, c'était une situation simple. Lahar, le plus âgé des deux garçons, prendrait Ninmah pour femme. Aucun des parents de l'un n'était frère ou sœur de ceux de l'autre. Lahar et Ninmah n'avaient donc pas de lien de cousinage trop rapproché, c'était parfait.

Quant à Lipit, deux possibilités s'offraient à lui. Dans la première, il partait en expédition pour ravir une fille ailleurs. Dans la seconde, il attendait deux à trois ans, car dans l'une des trois autres familles il y avait Ispahr, dix ans, bientôt nubile, fille de Somehl, son père, et d'Anihl, sa mère. Ispahr était charmante, une femme délicieuse s'annonçait dans ses formes naissantes. Depuis sa plus petite enfance, elle admirait Lipit, si fort, si beau. Elle aimait ses cheveux, aussi noirs que ses yeux, et sa silhouette élancée. Voilà quelques mois, elle avait remarqué l'intérêt que lui portait le garçon ; d'instinct, elle avait découvert les mouvements du corps qui le séduisaient.

Pour Lipit, Ispahr avait un nom qui résumait à merveille ce qu'elle était. La première syllabe, Is, avait une consonance qui évoquait la gaieté, le rire, avec ce « I » plein de joie qui plissait les joues vers le haut. Le « s », que l'on émettait en poussant l'air de sa poitrine sur la langue collée à la racine des dents du bas, ressemblait au souffle délicat de la vie. Mais le « pahr », avec ce « h » qui prolongeait le « a », dont la prononciation impliquait que l'on entrouvre légèrement les lèvres, dévoilant ainsi les obscures profondeurs de la bouche, faisait irrésistiblement penser au sombre et fascinant mystère de la féminité d'Ispahr.

Lipit avait choisi. Il n'irait pas ravir une femme ailleurs, il attendrait qu'Ispahr fût en âge de former un couple. Il n'avait pas annoncé sa décision, c'était inutile, le groupe l'avait comprise sans qu'il en parle et Isphar aussi. Elle était d'accord. Elle non plus n'avait rien dit à personne, mais le groupe savait et Lipit aussi.

C'était une question réglée.

Pour Lahar et Ninmah, il en allait différemment. Si Lahar avait depuis longtemps manifesté son intention d'épouser Ninmah, cette dernière n'avait jamais clairement donné son assentiment. Elle ne repoussait pas Lahar, mais montrait une réserve dont le motif était demeuré obscur jusqu'à ces jours derniers. Bien que son mariage prochain fût dans l'ordre des choses, aucun des membres du Peuple ne l'avait interrogée à ce sujet. Ce n'était pas dans les habitudes. La discrétion et la patience étaient deux qualités partagées par tous. Chacun sentait que la jeune Ninmah ne pouvait sans doute pas exprimer les raisons de sa position. À l'évidence, elle aurait aimé donner son assentiment à Lahar, mais une réticence inexpliquée la retenait. Un jour viendrait où tout cela s'éclaircirait.

En vérité, depuis sa plus tendre enfance, Ninmah acceptait assez facilement ce qu'on lui proposait, mais toujours avec une retenue que personne ne comprenait vraiment. Bébé déjà, elle adorait téter le sein de sa mère, mais elle ne se précipitait jamais. Avec sa petite frimousse sérieuse, elle considérait d'abord l'objet de ses jolis yeux noirs et semblait réfléchir longuement. Ce n'est qu'après ces préliminaires qu'elle se laissait aller à sa gourmandise naturelle.

Le groupe s'amusait beaucoup à la voir faire. Son nom avait été facile à trouver. Le « Nin » évoquait le refus souriant, avec les deux « n » de négation qui entouraient le « i » plein d'allégresse. C'était comme si elle repoussait une offre, gentiment, mais avec une fermeté enjouée. Après le « Nin » venait le « mah », que l'on prononçait avec une longue aspiration de l'air dans ses poumons. L'intrusion d'un élément extérieur au plus profond du corps symbolisait évidemment l'acceptation.

Oui, depuis toujours Ninmah était gaie, gourmande, souriante, éveillée, heureuse de vivre, mais réfléchie. Surtout, elle possédait une caractéristique rare : elle avait de la profondeur.

En ces temps lointains, les hommes savaient réfléchir, élaborer des stratégies, ils avaient une pensée, ils connaissaient l'art, avaient acquis une certaine technicité, pratiquaient un culte des morts, craignaient les dieux ou les esprits. Toutefois, peu arrivaient à s'éloigner de la surface, du premier degré. La profondeur de la pensée existait, mais elle était latente. Son existence même n'avait pas encore été identifiée. Certains la possédaient. Les autres avaient du mal à les comprendre, les trouvaient étranges.

Ninmah, elle, était capable d'une pensée profonde. En tout, elle cherchait la substance.

Ainsi en était-il pour son avenir avec Lahar. Elle appréciait le jeune homme. Bien qu'elle n'eût que treize ans, elle avait analysé sa personnalité avec assurance. Elle le voyait bon, généreux, attentionné, avec une relative force de caractère, en mesure de protéger sa famille. Elle le savait adroit et chasseur habile. De plus, elle le trouvait fort et assez beau avec sa haute stature élégante. Certes, il n'était pas toujours gai, mais son expression sérieuse qui allait si bien à son visage aux traits fins et réguliers lui donnait un charme particulier. Aucune autre fille de son âge n'aurait hésité à l'épouser.

Mais une autre fille n'aurait songé qu'au même mode de vie, inchangé depuis des milliers d'années. Lahar aurait été un compagnon parfait pour cela. Confusément, Ninmah cherchait autre chose.

Elle n'arrivait pas à imaginer une autre existence que celle du groupe, mais elle en percevait les limites. La grotte, le champ d'amidonnier, sa famille, le chant, la musique des mots, la gravure sur les parois de leur abri, la cueillette des plantes médicinales, le feu, elle aimait tout cela. Naître, vivre, perpétuer le Peuple de la Grotte, puis mourir dans cet environnement si accueillant était le meilleur des sorts. Pourtant, elle sentait qu'une vie pouvait embrasser plus. Elle aurait souhaité partager ces rêves flous avec Lahar.

Mais Lahar était un modèle parfait des hommes du groupe ; il ne la comprenait pas.

La veille encore, elle avait eu cette longue conversation avec lui. Ils s'étaient éloignés et étaient passés à gué de l'autre côté de la rivière pour être seuls. C'était près de l'endroit où l'on enterrait les morts, un lieu paisible. Ensemble, ils avaient laissé leur regard flotter sur la plaine de Mésopotamie. Elle lui avait demandé s'il imaginait tous ces peuples qui habitaient là-bas, avec des modes de vie différents, errant de point d'eau en point d'eau ou de champ en champ au fur et à mesure que les ressources s'appauvrissaient. Elle lui avait parlé de ces cavernes artificielles construites en plein air, avec des murs en argile et un toit de branches, que des marchands ambulants avaient décrites. N'était-ce pas une possibilité extraordinaire de partir, avec la certitude de pouvoir bâtir sa propre grotte à l'endroit que l'on voulait ? Cela permettait d'aller aussi loin que souhaité et de découvrir ces contrées lointaines. Et cette idée de se déplacer sur le grand fleuve sur des radeaux de bois, n'était-elle pas enthousiasmante ?

Lahar avait répondu avec gentillesse. Il avait insisté sur la chance extraordinaire qu'ils avaient de vivre en ce lieu privilégié. Comme tous les membres du Peuple de la Grotte, il avait le sens de la poésie. Il avait mis en évidence les couleurs grandioses du paysage désertique, de la végétation qui les entourait, la splendeur sauvage du Zagros, les bruits du vent, les senteurs des plantes. Il avait parlé des enfants qu'ils pourraient avoir, du plaisir qu'ils auraient à leur trouver un nom, à les voir grandir. Il avait évoqué les problèmes démographiques du groupe et rappelé quelle devait être leur contribution.

Rien de tout cela n'était étranger à Ninmah. Elle n'opposait pas un refus définitif à Lahar, mais elle avait des réticences.

Lahar réalisa soudain qu'il était parti dans ses pensées depuis un bon moment sans avoir fini de répondre à sa mère. Mahal attendait patiemment.

– Oui, Mère, dit-il comme s'il ne s'était interrompu que l'espace d'une seconde. Hier, pour la première fois, Ninmah a essayé de m'expliquer ses souhaits.

– Je t'écoute.

– C'est difficile, car elle-même n'est pas claire. Elle veut découvrir le monde, mais c'est plus une envie vague qu'un désir précis.

– Je ne comprends pas, marmonna Mahal qui en toutes circonstances faisait preuve d'un solide bon sens. Découvrir le monde ? Qu'est-ce que ça veut dire ? Elle est en âge de se marier, un garçon satisfaisant à tous points de vue est disponible, elle ne le rejette pas et pourtant elle hésite pour des raisons mystérieuses. Ça n'a aucun sens, d'autant qu'elle n'est pas stupide. Ça n'est pas acceptable, ni pour toi ni pour le groupe. Elle doit devenir ta femme et avoir des enfants, c'est dans l'ordre naturel.

– Je le sais bien et elle aussi.

– Alors ?

– Alors elle sait quel rôle elle doit tenir dans notre communauté, mais ses rêves l'entraînent ailleurs. Elle est fascinée par le Grand Fleuve, elle éprouve une curiosité, peut-être même une attirance pour les peuples de la vallée. Je crois qu'elle aimerait partir à la découverte de tout cet inconnu.

– Et qu'est-ce que tu deviens, dans son esprit ?

– Je pense qu'elle souhaite que je l'accompagne.

Mahal resta songeuse. Bien sûr, le Peuple de la Grotte avait déjà connu des départs de certains membres pour l'aventure. Ils n'étaient presque jamais revenus, sauf en des temps très anciens. Ce qu'ils avaient raconté alors avait été transmis de génération en génération, souvent enjolivé par l'imagination. Ces histoires faisaient fantasmer.

Ainsi, tel ancêtre au nom prémonitoire de Fohoh (sa sonorité évoquait le souffle du vent) était parti il y avait bien longtemps dans des contrées lointaines. Il avait franchi mille obstacles, vécu mille aventures plus étonnantes les unes que les autres. Au soir de sa vie, il était revenu enrichir le groupe de son immense expérience. Tel autre ancien était mort au loin et c'est un prisonnier qui leur avait appris son destin.

Les marchands ambulants nourrissaient eux aussi les fantasmes avec leurs récits de voyages. Stimulés par l'écoute attentive de leurs auditeurs, ils se laissaient facilement aller à l'emphase, ce qui élargissait le champ du rêve.

Avec le temps, ces récits plus ou moins mythiques se mêlaient les uns aux autres, chacun finissait par en oublier l'origine. Ils devenaient des légendes qui faisaient partie de la culture du Peuple de la Grotte. Au fil des siècles, ils avaient forgé une certaine image de « l'ailleurs ».

Le soir, on s'asseyait souvent en cercle devant la grotte, pour évoquer à mi-voix ces pérégrinations, ces épisodes plus ou moins imaginaires. La nuit claire du Moyen-Orient, la douceur de l'atmosphère, le ciel limpide, la lune éclatante favorisaient ces voyages de l'esprit. C'était des moments de plaisir calme. Le groupe était devenu un peuple de conteurs.

En tout état de cause, personne n'avait quitté la communauté depuis plusieurs générations. Nul n'avait ressenti l'appétit d'exploration. Les légendes suffisaient à satisfaire le besoin d'évasion.

À présent, il y avait un candidat au départ.

Jusque-là, les partants avaient toujours été des hommes. Pour la première fois, une femme voulait courir l'aventure. Elle était très jeune et ce n'était qu'une femme, aussi n'osait-elle pas s'avouer à elle-même ce qu'elle souhaitait. Du moins pour l'instant.

Lahar, d'un tempérament sédentaire, concevait mal que l'on puisse rechercher de nouveaux horizons. Mahal, elle, avait compris. Elle jeta un rapide coup d'œil vers le fond de la grotte. Ninmah était toujours occupée à ranger et faisait mine de ne pas avoir remarqué qu'elle discutait avec Lahar.

– Je vois, dit-elle, s'adressant autant à elle-même qu'à Lahar.

– En fait, rien n'est encore clair. Il faut laisser passer un peu de temps.

La discussion était close. Il se leva et sortit de la grotte, sans hâte.

Mahal pensa qu'elle devrait aborder le sujet avec Kish, le chef tacite et occasionnel du Peuple de la Grotte.

Leur communauté n'avait pas vraiment de chef. La vie suivait un cours calme, chacun savait ce qu'il avait à faire et le faisait, avec simplicité, sans précipitation, mais sans indolence. Tous avaient le même statut, les hommes comme les femmes et les partages se faisaient équitablement. Cependant, il existait toujours un membre vers lequel se tourner lorsque des problèmes surgissaient. D'une manière tacite, il devenait le chef, jusqu'à ce que la difficulté fût réglée.

Il y avait rarement d'hésitation sur le choix ou de compétition pour la fonction : le consensus jouait. Le chef temporaire était un homme, en général le plus avisé, celui qui combinait le mieux qualité du jugement, équité, habileté à la chasse, bonne conformation physique, aptitude à entraîner.

Les situations où il devait se manifester n'étaient pas nombreuses.

Bien entendu, les attaques d'autres communautés qui essayaient de temps à autre de s'emparer de la grotte en faisaient partie. Heureusement, elle était facile à défendre. L'entrée, dominée par une haute paroi verticale, n'était accessible que par-devant. Les assaillants étaient visibles de très loin, un assaut par surprise était presque impossible. De plus, le groupe possédait assez d'hommes valides pour résister à des agresseurs jamais beaucoup plus nombreux. Par ailleurs, les importantes réserves disponibles dans l'aire de stockage leur permettaient de tenir de longs sièges. De quoi décourager la plupart. Mais un chef devait tout de même coordonner le combat lorsque le cas se présentait.

En dehors de ces situations belliqueuses, il pouvait arriver qu'un problème grave concernant l'ensemble de la communauté ne trouve pas de solution. Là encore, on se tournait vers ce chef.

Depuis quelques années, Kish remplissait cette fonction. Tous connaissaient son expérience, sa pondération et sa justesse de raisonnement. Il n'était pas très grand, mais son torse de colosse et ses jambes si musclées donnaient de la puissance à tout ce qu'il disait. On l'écoutait, on lui faisait confiance sans arrière-pensées.

Le mariage de Lahar et de Ninmah était important pour la communauté. Bien que sa survie n'en dépendît pas totalement, elle y était liée. Mais la situation n'avait pas assez évolué pour que le problème soit considéré comme grave et qu'il faille faire appel à un chef. Toutefois, après sa discussion avec Lahar, Mahal estimait que des difficultés allaient se présenter. Kish étant le père de Ninmah, cela lui donnait deux raisons de s'adresser à lui.

Elle le ferait, c'était décidé. Mais avant cela, se dit-elle, il convenait de prier l'esprit du mariage.

Pour le Peuple de la Grotte, le monde surnaturel était habité par un nombre incalculable d'esprits. Il en existait pour à peu près tout, qu'il s'agisse des diverses circonstances de la vie et de la mort, ou des éléments de la nature. Et si un cas se présentait pour lequel aucun n'était recensé, on estimait l'avoir oublié, on s'en excusait de mille manières auprès de lui et il entrait au panthéon des esprits parmi tous les autres.

Aucun ne portait de nom, c'était simplement l'esprit de la préoccupation du moment, mariage, orge, chèvre sauvage, pluie ou autre. Aucun symbole ne les représentait, ni monolithe, ni forme quelconque, sculptée, dessinée ou naturelle. Ils n'avaient d'existence que dans la pensée du Peuple de la Grotte.

Ils étaient très proches des hommes. L'esprit de la roche se trouvait dans la roche sur laquelle on était assis, celui de l'arbre dans l'arbre que l'on contemplait. Chacun se sentait en relation de proximité avec eux et pouvait les solliciter librement. Ils étaient profondément respectés et l'on se tournait en permanence vers eux. Les prêtres n'avaient pas de raison d'être, les rapports entre le Peuple de la Grotte et les esprits étaient directs.

Aucun des membres du Peuple ne s'était jamais interrogé sur leur nature. Personne ne s'était demandé d'où venait la certitude qu'on avait de leur existence. Quelle était leur origine ? À quoi ressemblaient-ils ? Comment se déplaçaient-ils d'un endroit à un autre ? Pourquoi étaient-ils éternels ? Pour quelles raisons écoutaient-ils leurs requêtes ? Autant de questions que le Peuple de la Grotte ne s'était pas posées. Les esprits étaient là, voilà tout.

L'esprit du mariage auquel Mahal allait s'adresser planait autour de Lahar et de Ninmah. Lui l'avait déjà sollicité ; en vain jusqu'à présent. Ninmah l'avait interrogé, mais elle avait aussi invoqué l'esprit de la plaine.

Mahal s'adossa à la paroi de la grotte. Elle ferma les yeux et fit une prière :

– Esprit du mariage, c'est moi, Mahal, épouse du grand Ahan, qui fais appel à toi. Esprit, fais que la sagesse vienne à Ninmah et qu'elle oublie ses rêves de voyage. Elle est très jeune et n'a pas encore su prendre sa décision. Mais c'est une bonne fille, elle a toutes les qualités pour devenir la meilleure des épouses. Ô esprit, favorise son union avec mon fils Lahar, un homme de valeur. Ainsi pourront naître de beaux enfants, qui perpétueront notre communauté et qui, à leur tour, te vénéreront, ô esprit. Oui, je t'en prie, manifeste ton auguste puissance et fais que les événements se déroulent dans le sens le plus favorable pour tous. Toute ma respectueuse ferveur va vers toi.

Elle garda les yeux fermés, laissant l'exaltation qui était montée en elle se calmer doucement.

Lahar était retourné au pied de son chêne, songeur. Il n'était pas content de lui. Il ne comprenait pas pourquoi il n'avait pas réussi à fléchir Ninmah lors de leur récente discussion. Il avait pourtant mis toute sa conviction dans son discours.

Non, il n'était pas content. Il se leva, prit une pierre et l'envoya de toutes ses forces vers la vallée, avec un han ! rageur. Il suivit des yeux le projectile sur sa longue trajectoire et se dit qu'il n'avait aucune envie d'aller aussi loin. Le caillou tomba près d'un endroit où se trouvaient des plantes que les femmes ramassaient parfois. Il se souvint que le lendemain était journée de préparation de la cueillette. Pendant quelques jours, on ne parlerait pas mariage. Tant mieux ! Dans les situations difficiles, il était toujours bon de laisser passer du temps.

Il remonta vers la grotte.

Jours des femmes

« Aujourd'hui, jour des femmes », cria Mahal, un grand sourire aux lèvres.

C'était le matin. Toutes les femmes se rassemblèrent dans la grotte pour faire l'inventaire des plantes médicinales. Elles appelaient « femmes » tous les membres du sexe féminin, quel que soit leur âge : même la petite Loneh qui n'avait que deux ans était là. Ilanh, sa mère de dix-sept ans, la tenait par la main et elle suivait avec docilité en trottinant.

Chaque année, il existait trois « jours des femmes », les trois périodes de cueillette des plantes médicinales : milieu du printemps, milieu de l'été, milieu de l'automne. Chacune était l'un des grands moments de l'année, une vraie fête.

Les plantes étaient l'apanage des femmes. Nul n'imaginait qu'il put en être autrement. Aussi loin que remontait le souvenir, elles seules savaient les utiliser pour soigner. On ne s'était jamais demandé quelle en était la raison. C'était comme cela, voilà tout.

Ailleurs dans la région, d'autres groupes avaient eux aussi appris à se servir des plantes comme remèdes. Toutefois, aucun n'égalait le Peuple de la Grotte car aucun ne disposait des ressources naturelles qui existaient sur les pentes du Zagros.

Des marchands avaient colporté l'information. En bas, dans la vallée, on savait que quelque part dans les collines vivait un peuple qui soignait mieux que les autres. En vérité, l'existence de médications exclusives pouvant faire l'objet de trocs intéressants était l'une des raisons qui poussaient les marchands à monter jusqu'à la grotte. Si les « jours des femmes » étaient une fête, s'ils servaient à réapprovisionner le groupe en plantes, ils présentaient aussi un intérêt économique.

Hormis les filles en bas âge, toutes les femmes du Peuple de la Grotte possédaient la science des plantes, mais à des degrés divers. Il y en avait toujours une qui se voyait accorder la compétence suprême. On l'appelait la guérisseuse. En cas de doute, son avis prévalait. C'est elle qui décidait du moment des cueillettes et de leur nature. Ce n'était pas une question d'ancienneté, mais une prédisposition reconnue par tous.

Pour soigner, il ne suffisait pas de connaître les plantes ; il fallait aussi parler aux esprits. Lorsque la santé était atteinte, c'est qu'un esprit malin avait envahi le corps. Les plantes aidaient à le chasser par leur odeur et leur suc, mais l'aide des esprits bénéfiques était indispensable.

À l'époque qui nous occupe, la guérisseuse était Mahal depuis près de quinze ans. Son expérience était immense. Plus que toute autre, elle avait une compréhension intuitive des plantes, et surtout, elle était familière des esprits. Elle avait toujours adoré assumer cette fonction. Toutefois, depuis la mort d'Ahan, elle n'y trouvait plus le même intérêt. Elle ne pensait plus qu'à son fils.

Elle se sentait trop âgée. Dès qu'une femme du groupe manifesterait les aptitudes requises, elle passerait la main.

Il était encore tôt dans la saison pour la cueillette d'été. Mais cette année avait été chaude et la nature s'était épanouie plus vite qu'à l'accoutumée. Mahal avait consulté l'esprit de la cueillette, puis elle avait décidé que le moment était venu.

Les « jours des femmes », auxquels les hommes ne participaient que d'une manière indirecte, duraient plusieurs jours. Le premier était occupé par la préparation de l'expédition : bilan des réserves, détermination des endroits où il faudrait se rendre, choix des plantes à collecter et constitution des équipes. Ces problèmes auraient pu se régler en moins d'une heure, mais c'était la fête, et les femmes prenaient plaisir à faire traîner les choses. C'est du moins ce que pensaient les hommes.

Après avoir fait l'état des provisions, elles sortirent de la grotte et se dirigèrent de l'autre côté de la rivière, vers un lieu agréable à l'abri des regards. C'était leur endroit habituel. Sur une petite étendue, le sol était horizontal, recouvert d'une herbe sur laquelle il faisait bon s'asseoir. Des arbres empêchaient que l'on puisse être vu. Elles s'installèrent pour la journée. Les douze membres féminins du Peuple étaient là, de la plus jeune, Loneh, à la plus âgée, Minal. Comme chaque fois, elles étaient parties le matin. Elles resteraient entre elles pour le déjeuner de fête et ne reparaîtraient que le soir où elles viendraient expliquer le « plan de bataille ».

Pendant tout ce temps, les hommes écoutèrent de loin les rires, les cris aigus, la voix de telle ou telle. Ils faisaient semblant d'ignorer ce qui se disait dans cette assemblée joyeuse. Elles devaient parler plantes, bien sûr, mais pas seulement, murmuraient-ils l'air entendu. Cependant, ce jour était un « jour des femmes ». Alors, ils laissaient faire. C'était la coutume.

En réalité, une partie de la transmission du savoir se faisait à cette occasion. Tout ce qui concernait les plantes était évoqué : comment les reconnaître, comment préparer les infusions, les décoctions, les macérations, comment en faire des cataplasmes, dans quel cas les utiliser, en quelle quantité et avec quelle fréquence. L'ambiance était à la gaieté car les femmes aimaient les plantes, leurs tiges lisses ou velues, leurs feuilles aux formes si variées et si belles, leurs fleurs colorées aux senteurs multiples. Et surtout elles n'étaient qu'entre elles, libres de s'amuser et de parler de tout ce qu'elles voulaient.

En ce moment précis, les rires fusaient car il était question des rapports sexuels problématiques.

– Si malgré tous vos efforts le sexe de votre époux reste paresseux, disait Mahal (tout le monde pouffa), il existe plusieurs remèdes. Qui les connaît ?

– Il y a le gingembre, répondit Nanshe.

– Oui. Comment cette plante agit-elle ?

– La racine du gingembre agit comme un puissant répulsif, intervint Ninmah. Elle apporte du sang dans les organes périphériques, ce qui précisément manque aux maris indolents. De plus, elle produit une bouffée de chaleur qui aide.

– C'est vrai, approuva Mahal. Comment la prépare-t-on ?

– Il faut hacher la racine en menus morceaux, puis les mettre à macérer dans l'eau froide pendant une nuit, répondit-elle sans la moindre hésitation. Ensuite, le liquide est filtré. Le mari doit en boire trois ou quatre coupelles chaque jour.

Ninmah apprenait vite, tout le monde le savait. « Lorsqu'elle aura épousé Lahar, se dit Mahal, elle sera la guérisseuse. Alors, je pourrai partir tranquille rejoindre Ahan au pays des esprits. »

– Bien, dit-elle. Et si le mari est si paresseux que ce remède ne suffise pas ? (Rires divers. Chacune savait de qui on parlait.)

– Il y a d'autres plantes pour ça, dit Ilahn, comme la sarriette, le fenugrec, le safran, le thym. On peut les utiliser pures ou mélangées en diverses proportions, selon la nature et l'importance de la paresse.

Elle précisa pour chacune la partie bienfaisante, fleur, feuille, tige ou racine et la forme sous laquelle elle était administrée, infusion (on verse l'eau bouillante sur la plante), décoction (on la met dans l'eau que l'on fait bouillir) ou macération (on fait baigner la plante dans l'eau froide). Elle parla des applications d'emplâtre de feuilles pilées et mêlées à de l'argile. Elle donna aussi des indications sur la préparation, comme la quantité par jarre d'eau, la durée de chauffage, etc.

Puis elles discutèrent de l'effet des plantes utilisées pures, de l'incidence des divers mélanges possibles.

– Au fait, reprit Mahal, la sarriette est très rare dans notre région. Qui peut me dire où l'on en trouve et qui sait la reconnaître ?

– Moi, répondit Ninmah. Elle pousse dispersée dans les champs de thym plus bas, près de la rivière. Elle est grande comme deux ou trois mains ouvertes, avec de petites feuilles persistantes vertes, pointues et luisantes, et des fleurs blanches plus ou moins teintées d'un mauve pâle.

Puis elles envisagèrent la situation inverse, celle où il était nécessaire de calmer les ardeurs du mari (rires encore plus forts, on savait aussi de qui il s'agissait).

– Il faut lui faire prendre une infusion de houblon, dit Hanol, une mère de vingt ans.

Ses deux filles, Pilah, sept ans, et Mohin, cinq ans, étaient là ; elle savait de quoi elle parlait.

– On récupère les inflorescences en forme de cônes, poursuivit-elle. On les réduit en poudre, on l'infuse dans de l'eau bouillante et on sert la tisane quatre à cinq fois par jour. L'avantage aussi, quand les rapports sexuels sont trop fréquents, c'est que les femmes qui participent à cette cueillette ont leurs règles deux ou trois jours plus tard, et cela, quelle que soit la période de leur cycle. Ça élimine toute possibilité de conception d'un enfant ce mois-là.

Ce commentaire fit transition. Elles poursuivirent sur les moyens d'éviter les grossesses, puis au contraire de les favoriser. Elles évoquèrent ensuite les divers maux que l'on savait traiter avec plus ou moins d'efficacité, inflammations, blessures de surface ou profondes, piqûres d'abeille, difficultés de digestion, affections de la peau et autres.

C'était l'heure de déjeuner. Bien que tout proche de la grotte, le petit groupe avait apporté le nécessaire. Plus que le repas lui-même qui n'avait rien d'exceptionnel, c'était la liberté de parole entre femmes qui créait l'atmosphère de fête. Comme chaque fois, elles parlèrent de tout, des problèmes féminins, des hommes, de leur conformation et de leur comportement (nombreux rires à l'appui), de la cueillette à venir, des enfants, des parents, des maladies. Toutefois, elles savaient être discrètes quand il le fallait. Il ne fut pas question du mariage de Ninmah et de Lahar.

Cette récréation dura plus de deux heures, puis Mahal décréta qu'il était temps de passer à la suite de la journée. L'après-midi devait être consacrée à la préparation de la récolte proprement dite :

– Parmi toutes les plantes que nous utilisons, dit-elle, il y en a certaines qui nous manquent et dont c'est actuellement la période de cueillette. Je veux parler de l'achillée, de l'aubépine, de la sauge, de la salicaire, de l'aigremoine, de l'armoise, du thym, de la bourrache, du coquelicot, de la bardane, du fenugrec, de la pimprenelle-sanguisorbe et du plantain. Cela fait un peu plus que les doigts des deux mains.

« Pour que notre cueillette soit fructueuse, vous devez les reconnaître. Pour chacune d'elles, il faut ne pas se tromper sur la partie à récolter. S'il s'agit des feuilles, il est inutile de rapporter les fleurs, la tige ou la racine. Nous prendrons autant de jarres que de plantes différentes et pas plus. Nous n'allons pas nous encombrer pour rien comme cela a pu nous arriver dans le passé.

Ce qui restait de l'après-midi se passa en commentaire sur les plantes à cueillir.

– L'achillée se reconnaît facilement à ses feuilles allongées, si découpées qu'il semble y en avoir une quantité énorme. L'odeur est forte. Mais ce sont ses fleurs blanc-jaune qui nous intéressent. On la trouve assez loin à l'ouest de la grotte, à peu près à la même altitude.

Il y eut des questions, des commentaires, des réponses, d'autres questions, d'autres plantes évoquées. Lorsque la réunion se termina, les cueilleuses savaient exactement ce qu'elles devaient collecter.

Elles rejoignirent les hommes. Mahal leur expliqua les endroits où il fallait se rendre.

C'est à ce moment qu'ils prenaient le relais. C'étaient encore les « jours des femmes », mais c'est eux qui décidaient de l'itinéraire, des équipes et de la durée de la récolte.

Selon les plantes, la cueillette pouvait durer quatre à cinq jours, parfois plus. Certaines en effet poussaient loin de la grotte ; il n'était pas question de laisser les femmes seules à de si grandes distances. Il pouvait y avoir des bêtes sauvages ou même des attaques d'autres peuples. Des hommes valides se joignaient à elles pour les escorter, jour des femmes ou non. Mais, ils ne prenaient jamais part à la cueillette elle-même.

Deux femmes étaient trop jeunes pour marcher autant, Mohin et Loneh, et une trop âgée, Minal : il y aurait neuf cueilleuses. D'habitude, on faisait deux groupes, l'un qui allait vers l'ouest de la grotte et au sud, l'autre au nord. Cependant, les lieux de récolte se trouvaient cette fois-là tous localisés de l'ouest au nord. Les neuf femmes partiraient ensemble, avec une escorte de trois hommes : Ahun, le plus âgé, Lahar et Lipit. L'expédition compterait donc douze participants.

Les femmes porteraient une jarre et les hommes deux, soit quinze en tout. C'étaient des récipients d'une taille raisonnable, conçus pour un transport aisé. Comme on avait prévu de cueillir treize types de plantes, il y aurait deux jarres excédentaires. L'une pourrait servir pour en remplacer une autre brisée et la seconde pour recevoir une plante à laquelle on n'avait pas pensé ou une nouvelle que l'on découvrirait, ce qui arrivait parfois. Cela allait à l'encontre de l'avis de Mahal, qui aurait voulu ne prendre que le nombre de jarres strictement nécessaires, mais ce n'était plus elle qui décidait.

Bien entendu, personne n'avait procédé à ce décompte, car personne ne savait compter. On avait simplement mis en correspondance une plante et sa jarre.

Tout était prêt. Il restait à prier l'esprit de la cueillette pour que le voyage soit fructueux. Mahal se retira dans la grotte à cet effet.

Le lendemain matin avant de partir, les femmes se mirent en cercle et chantèrent en chœur, comme c'était la coutume. L'air était sans paroles, elles gardaient toutes la bouche fermée. Les mots étaient une musique qu'ils ne chantaient jamais. C'était ainsi, l'idée ne leur était pas venue de mettre des paroles sur les mélodies.

L'air était gai et gracieux. À l'écouter, on imaginait des plantes ployer sous un vent léger. Le chant ne dura que quelques minutes. Puis Mahal fit une dernière prière à l'esprit de la cueillette, et l'expédition se mit en route.

Ahun, qui pour la circonstance était le chef, avait choisi un parcours en triangle. On partirait vers l'ouest, c'est-à-dire vers le bas de la montagne. Il valait mieux descendre d'abord, puis remonter doucement vers le nord et regagner la grotte en direction du sud en marchant à altitude constante. Ce serait moins fatigant que dans l'autre sens, où il aurait fallu gravir une pente raide après plusieurs journées de marche.

Le petit groupe traversa la rivière, car la région visée se trouvait sur sa rive droite, et il prit la direction de la grande plaine. On discutait gaiement, on s'interpellait, on riait. C'était un autre jour des femmes, une fête.

La première plante à cueillir était l'armoise. Il en existait un champ, très bas sur le versant de la montagne. Ils longèrent la rivière et, après trois heures d'une marche prudente (il ne fallait pas casser les jarres), ils obliquèrent légèrement vers le nord-ouest.

Les yeux de Mahal furetaient partout, car c'était à elle de se souvenir de l'emplacement exact. En même temps qu'elle cherchait l'endroit, elle observait Lahar et Ninmah. Les deux jeunes gens marchaient côte à côte. De temps à autre, ils échangeaient quelques mots. Mahal était satisfaite, ces deux-là s'entendaient bien. Ninmah reviendrait bientôt à des idées raisonnables, elle en était sûre.

Soudain, elle poussa un cri :

– Là-bas, s'exclama-t-elle en pointant le doigt.

À une cinquantaine de mètres, on distinguait les longues tiges d'armoise, en touffes nombreuses parmi d'autres plantes. Ils se rapprochèrent. L'odeur forte et amère emplissait l'atmosphère. On reconnaissait les fleurs jaunâtres regroupées en inflorescences serrées comme de petits épis, la tige striée, rougeâtre, plutôt velue, les feuilles vert foncé au-dessus, blanches et cotonneuses au-dessous. Les plus grandes dépassaient un mètre.

Comme c'était l'usage, les trois hommes restèrent à l'écart et les cueilleuses entrèrent dans le champ avec une jarre que Ninmah posa au sol. Chacune le savait, il fallait cueillir les sommités fleuries et les feuilles. Pas les tiges ni les racines. Elles se mirent au travail. Une ou deux commencèrent à éternuer fort : elles étaient sensibles au pollen. Elles faisaient attention de ne pas blesser les précieux végétaux. L'armoise était rare et très utile : c'était la plante des femmes. Elles s'en servaient entre autres en mélange avec d'autres plantes pour interrompre les grossesses.

La jarre fut vite pleine. Lahar la prit et en donna une qui était vide à Ninmah.

Il faisait plus chaud qu'en haut, mais la température était encore supportable. Cependant, les visages étaient rouges après la cueillette. Ahun décida qu'un peu de repos ne serait pas superflu. Ils trouvèrent un endroit agréable à l'ombre et s'installèrent pour déjeuner. Mahal nota avec satisfaction que Ninmah et son fils étaient de nouveau l'un près de l'autre. Le repas fut très gai.

Ils s'apprêtaient à repartir lorsqu'ils entendirent un bruissement de feuilles dans les taillis juste au-dessus d'eux. Aussitôt, les trois hommes furent debout une lance à la main, les muscles tendus, prêts à répondre à un assaut. Ils fouillaient les buissons du regard, mais ils ne voyaient rien. Ils restèrent ainsi quelques minutes sans que rien ne se passe.

– Fausse alerte, dit Ahun. Ça devait être un renard ou une autre petite bête. Je vais tout de même vérifier.

À peine avait-il fait un pas que les fourrés s'écartèrent : un lion s'avançait. C'était un jeune, sa crinière était peu fournie. Il n'était pas très puissant, mais il fallait se méfier. Ahun savait qu'à l'inverse des adultes il pouvait avoir des réactions imprévues. Plusieurs, dans le passé, l'avaient constaté à leurs dépens. Ahun s'immobilisa. Le fauve fit de même. L'homme et la bête se toisaient du regard. Avec une extrême lenteur, le chef du groupe leva le bras pour brandir son arme. Le félin semblait l'observer avec la plus grande attention. Soudain, il ouvrit sa gueule, émit un bref rugissement, se retourna et s'enfonça dans les fourrés. Ils l'entendirent s'éloigner sans hâte.

Tout le monde poussa un gros soupir de soulagement. Mahal songea à Ahan. Le lion qui l'avait tué devait être bien plus terrible.

Par prudence et aussi parce qu'elles étaient encore sous le coup de la frayeur, les femmes renoncèrent au chœur sans paroles qu'elles auraient dû former selon l'usage. Mahal adressa de nouvelles prières à l'esprit de la cueillette.

D'après l'itinéraire prévu, la prochaine plante à cueillir était l'aigremoine. L'endroit se trouvait à environ trois heures de marche vers le nord, à une altitude légèrement supérieure à celle du champ d'armoise. Ce devait être la dernière étape de la journée. Le groupe se mit en route. Ce n'était plus la fête, le lion avait tout gâché. Chacun était inquiet et aux aguets. Où était passé le fauve ? S'était-il vraiment éloigné ? Si c'était un jeune, la mère ne devait pas être loin.

Ils arrivaient dans une zone de steppe, avec des herbes basses et des arbres clairsemés. Une cinquantaine de mètres au-dessus, l'herbe poussait plus haut. Lahar, qui surveillait les environs tout en marchant, s'aperçut soudain qu'elle bougeait, comme si quelqu'un la piétinait.

– Ahun, chuchota-t-il, regarde là-haut. Il y a quelque chose dans les hautes herbes.

Ils s'arrêtèrent. Le mouvement dans l'herbe cessa.

– C'est sûrement le lion qui nous suit depuis tout à l'heure, dit Ahun. Ils font souvent ça. Il attend qu'il y ait un traînard pour l'attaquer tranquillement.

Ils observaient le champ, la tension était intense.

– Alors, qu'est-ce qu'on fait ? demanda Ninmah.

– Tais-toi, laisse-moi réfléchir, répondit Ahun, agacé.

D'un coup d'œil circulaire, il jaugea la configuration du terrain. La zone steppique s'étendait encore loin devant et aussi vers le bas, alors qu'au-dessus d'eux, dans cette même direction, les herbes hautes allaient en diminuant.

– Avançons, reprit-il, mais de façon à perdre de l'altitude. Ainsi, nous nous éloignerons du lion et en même temps nous l'attirerons vers une étendue où il ne pourra plus se dissimuler. Je pense qu'il s'arrêtera là. Ils n'aiment pas se découvrir.

Il avait bien jugé. Tout se passa comme il l'avait prévu. Ils remontèrent pour retrouver leur piste et poursuivirent leur chemin sans encombre.

Toutefois, les changements de niveau les avaient contraints à quelques détours et ils avaient perdu du temps. Ils arrivèrent trop tard pour la cueillette. Ils s'installèrent près de la zone des aigremoines pour dîner et dormir. Par précaution, ils allumèrent un feu qui serait entretenu jusqu'à l'aube. Il y aurait un roulement.

La nuit fut calme.

L'aigremoine, qui servait à arrêter le saignement des blessures et à en diminuer l'inflammation, est une belle plante vivace herbacée de 40 à 60 centimètres de haut, à tige velue et rougeâtre. Elle porte des feuilles à la face inférieure vert pastel, de taille variable, les grandes alternant avec les petites. Les fleurs d'un joli jaune d'or sont petites, très nombreuses et groupées en longues grappes terminales. À l'endroit où ils se trouvaient, elles ne formaient pas un champ, mais poussaient en quantité importante, disséminées çà et là. À cause de cette dispersion, la cueillette durerait longtemps, bien que seules les feuilles et les sommités fleuries faciles à récolter soient recherchées. Toutefois, c'était prévu.

Ils se levèrent tôt pour rattraper le temps perdu. Pendant que les femmes cueillaient, les hommes surveillaient les environs. Ils n'avaient pas oublié le lion. Tout se passa bien. Ils entendirent un rugissement, mais si éloigné que c'était plutôt rassurant. Au moment du départ, Ahun décida néanmoins qu'elles ne chanteraient pas. Mahal se pressa pour remercier l'esprit de la cueillette du succès rencontré jusque-là, et le prier de leur accorder une suite favorable.

Ils se remirent en route. Ce jour-là, ils avaient prévu de récolter du coquelicot, de la bourrache, de la sauge et de l'achillée.

Pour le coquelicot, c'était facile. Il poussait dans un endroit qui se voyait de loin. Lorsqu'ils s'en approchèrent, ils furent déçus. Le champ avait dû être piétiné par un troupeau, presque toutes les fleurs étaient à terre, écrasées. Ils cueillirent les beaux pétales rouges tachés de noir sur les quelques fleurs restantes, mais la jarre était aux trois quarts vide et ils ne connaissaient pas d'autre site. Le coquelicot est une plante annuelle, ils devraient s'en passer jusqu'à l'année prochaine. Tant pis. Au moins, ils finiraient de regagner le temps perdu.

Ils avaient atteint le point le plus éloigné de leur périple. À présent, ils prendraient la direction du sud, vers la grotte. Ils zigzagueraient sur la pente de la montagne pour aller d'un lieu de cueillette vers le suivant. Ils se dirigèrent vers l'endroit où la bardane abondait.

Lors de la journée de préparation, Mahal n'avait pas eu besoin de s'assurer que chacun en connaissait l'aspect. Depuis toujours, elle faisait la joie des enfants qui se bombardaient avec ses fruits hérissés de crochets minuscules. Les petites boules violet-pourpre s'accrochaient dans les cheveux ou sur les pagnes et on avait le plus grand mal à les enlever. Seules les feuilles et les racines étaient utilisées pour les remèdes contre les piqûres d'insectes et les affections de la peau. C'étaient elles que l'on récolterait. Pour les fleurs, on laisserait les plus jeunes jouer sur place quelques minutes, et cela suffirait.

Ils durent prendre de l'altitude pour trouver les belles plantes, avec leurs tiges rougeâtres d'un mètre ou plus et leurs grandes feuilles dentées, d'un joli vert dessus et cotonneuses au-dessous. Ils arrivèrent essoufflés.

Le terrain était très pentu, ce qui rendait la cueillette difficile, surtout pour les femmes les plus âgées. Pendant que les enfants se lançaient les fleurs, elles se reposèrent quelques instants. Puis elles se mirent au travail et la jarre fut remplie.

Ils descendirent pour s'installer dans un endroit plus plat où manger un morceau. Ahun ne pressa pas le mouvement, tout le monde avait besoin de récupérer ; de plus l'étape de l'après-midi serait longue. La pause fit grand bien. Avant de repartir, les femmes chantèrent et Mahal pria.

Enfin, la petite troupe se remit en route en direction du site où la guérisseuse savait qu'ils trouveraient de la sauge. Cette plante était l'une des plus efficaces, on utilisait ses feuilles de différentes manières, infusion, décoction, pure ou mélangée. Elle servait dans de nombreuses situations, mauvaise digestion, règles douloureuses, transpiration excessive, fièvre, etc. On en consommait beaucoup. Mahal avait décidé d'en remplir une jarre plus la moitié d'une autre.

Cette fois, il fallait perdre de l'altitude. Ils partirent. Ils marchaient à la queue leu leu, silencieux, avançaient avec régularité, pas trop vite mais sans pause. Ils regardaient leurs pas. Parfois, ils tournaient les yeux vers le paysage de la grande plaine. À d'autres moments, ils les levaient vers le ciel pour suivre le vol d'un oiseau. De temps en temps, ils échangeaient un commentaire sur telle plante qui poussait là, sur tel petit animal qui se sauvait à leur approche.

Ils progressaient depuis plus de trois heures lorsque Mahal s'arrêta soudain. Elle suivait Ahun qui marchait en tête. Depuis déjà un bon moment, elle observait les sites traversés, vers le haut, vers le bas, mais elle ne trouvait pas ce qu'elle cherchait.

– Ça n'est pas possible, dit-elle, le champ n'est pas si éloigné de la bardane. Nous sommes allés trop loin.

Tout le groupe fouillait les environs des yeux.

– Nous sommes peut-être descendus trop bas, suggéra Ahun.

– Ou peut-être pas assez, rétorqua Lahar.

– De toute façon, nous avons dépassé l'endroit, affirma Mahal d'un ton définitif. Il faut revenir sur nos pas.

– De beaucoup ? demanda Ahun.

– C'est difficile à dire, répondit Mahal.

– Passe devant, dit Ahun, nous te suivons.

Ils firent demi-tour. Ils avaient ralenti l'allure. Mahal prenait le temps de scruter les environs. Elle guettait le moindre indice.

Ils avaient rebroussé chemin depuis déjà une demi-heure. La guérisseuse fit de nouveau halte.

– J'ai l'impression que ce n'est pas loin, dit-elle, j'ai le souvenir que la grande plaine se présentait à peu près comme on la voit maintenant. Pourtant, je ne reconnais pas ce petit bois au-dessus, ni cette prairie en contrebas. La sauge doit se trouver soit au-dessus d'ici, soit nettement plus bas.

– Dans ces conditions, décida Ahun, nous allons nous scinder en deux groupes et chacun explorera les endroits que tu dis. Ça ira plus vite. Le premier qui trouve envoie quelqu'un pour prévenir l'autre.

Il prit la tête du groupe qui irait vers l'amont, Lahar de celui vers l'aval.

Fin de cueillette

Le groupe d'Ahun, dans lequel Mahal se trouvait, montait dans le bois où les taillis devenaient de plus en plus touffus.

– Tu reconnais le coin ? lui demanda Ahun.

Elle s'apprêtait à répondre lorsque, soudain, ils entendirent le bruit d'une cavalcade. Ils tournèrent brusquement leurs regards : un énorme sanglier gris-noir déboulait d'un fourré au-dessus. Il poussait des grognements rageurs et son souffle haletant pulsait l'air au rythme de sa course folle.

Entraîné par la pente, l'animal fonçait tête baissée sur le groupe. Ce devait être un vieux mâle, il était lourd, puissant. Ses deux incisives inférieures formaient des défenses de près de vingt centimètres. Personne n'eut le temps de réagir. Le monstre bouscula violemment Mahal qui fut projetée à terre.

Le choc ne modifia en rien sa trajectoire. Il se rua vers Ahun qui se trouvait sur son passage. Sa défense gauche pénétra dans le bas-ventre du garçon. On entendit le bruit mou de la déchirure. D'un coup de tête, la bête fit passer sa victime par-dessus elle. Elle ralentit à peine et disparut dans un fourré. La charge n'avait pas duré cinq secondes.

Ahun était à terre, il se tenait le ventre à deux mains, les genoux repliés en position fœtale. Il grimaçait de douleur, il poussait des râles sourds. Du sang giclait entre ses doigts. À quelques mètres, Mahal gisait, inanimée. Les autres restaient immobiles, tétanisés.

Ninmah faisait elle aussi partie du petit groupe d'Ahun. Elle fut la première à reprendre ses esprits. Elle se précipita vers Mahal toujours inconsciente. Elle la secoua un peu, lui donna quelques gifles légères. Peine perdue. Que faire ? Elle s'obligea à frapper plus fort. À son grand soulagement, la guérisseuse ouvrit les yeux. La vieille femme s'assit péniblement et secoua la tête, elle n'était que légèrement contusionnée. Au bout de quelques secondes, elle revint complètement à elle. Aussitôt, elle aperçut Ahun ensanglanté ; elle courut vers lui et vit tout de suite qu'il était gravement touché.

– Il faut stopper l'écoulement du sang, dit-elle, sinon il va mourir très vite. J'ai de l'aigremoine, mais elle n'agit qu'après macération. On doit trouver un autre remède.

Son regard fouillait les alentours, dans toutes les directions. Soudain ses yeux s'arrêtèrent :

– Tenez, cria-t-elle aux femmes, là-bas, il y a une plante grêle avec de longues feuilles vertes. À défaut d'autre chose, ça fera l'affaire. Rapportez-moi vite le plus de feuilles possible, je vais les appliquer sur la blessure.

Elles coururent les arracher. C'était facile. Le végétal inconnu mesurait un peu plus d'un mètre de hauteur et les feuilles les plus développées se trouvaient à la partie médiane et supérieure, presque à hauteur d'homme.

C'était du cannabis.

Dans leur précipitation, les femmes prirent aussi des fleurs. Quatre ou cinq gouttes de résine coulèrent, qui adhéraient aux pétales écrasés. Elles apportèrent le tout.

Mahal étendit Ahun avec précaution. Ce n'était pas facile. À demi conscient, le blessé crispait ses mains sur son ventre de toutes ses forces. Mahal réussit à les lui arracher, puis elle appliqua sur la blessure un emplâtre de feuilles de cannabis mêlées à de l'argile. L'homme gémissait doucement. La guérisseuse s'efforçait à des gestes légers pour ne pas le faire souffrir davantage.

Au bout d'un instant, le sang semblait couler moins fort et les gémissements d'Ahun diminuèrent. Il se détendait un peu. Mahal profita de ce répit pour observer avec curiosité la résine sur les pétales. Elle en prit une goutte minuscule sur le doigt et la porta à ses lèvres. C'était bizarre, mais pas désagréable. Elle avala.

Elle regarda les feuilles. Elles avaient une forme de palme comportant plusieurs folioles à bords dentés. Les fleurs étaient groupées soit en bouquets drus, soit en épis.

Un mouvement attira son attention. Ahun avait bougé. Elle posa sa main sur son front pour le calmer. Une forte fièvre le tenait, c'était indubitable.

Curieusement, elle-même se sentait bien, presque euphorique malgré la gravité de la situation. Ses contusions n'étaient plus douloureuses. Son esprit semblait flotter, léger et détaché de tout. Elle avait du mal à se concentrer. Elle observa de nouveau les feuilles de cannabis, les fleurs écrasées et les petites gouttes sombres et luisantes. Peut-être que cette résine calmerait les douleurs d'Ahun, se dit-elle. Elle en déposa une trace sur sa bouche ; très peu, car elle n'était pas sûre de l'effet. Elle vit qu'il l'avalait.

Elle n'arrivait pas à maîtriser ses idées qui tournaient en désordre dans sa tête. Sa mémoire était troublée. Elle pensa encore à Ahan. Des images floues et colorées défilaient dans son esprit.

La voix lointaine et ouatée de Ninmah fit soudain irruption :

– Il faudrait peut-être prévenir les autres, disait-elle.

– Comment ? fit Mahal sursautant comme si on l'éveillait.

Elle réalisa qu'elle n'avait pas sa lucidité habituelle. Elle secoua la tête et reprit aussitôt :

– Tu as raison, Ninmah. Va vite avertir l'autre groupe. On doit décider si on interrompt la cueillette pour ramener Ahun à la grotte le plus vite possible. S'il survit jusque-là, je pourrai peut-être le soigner.

La mémoire lui était revenue. Elle songeait à un remède qu'elle avait utilisé avec succès à plusieurs reprises : un liquide à boire, qui contenait à parts égales une décoction d'arnica (classique contre les hématomes), d'hysope (pour diminuer l'anxiété et purifier) et de pâquerette (pour abaisser la fièvre). De plus, un cataplasme d'arnica sur la blessure serait bénéfique.

Malgré son état d'esprit étrange, elle remarqua la pâleur croissante d'Ahun. « Le sang continue de couler à l'intérieur de son corps, se dit-elle. Il me faudrait d'urgence au moins de l'arnica, mais je n'ai rien ici. J'ai peur qu'il ne tienne pas jusqu'à la grotte, même si on part tout de suite. »

L'autre groupe arriva enfin, atterré. Hanol, l'épouse d'Ahun, en faisait partie, ainsi que ses deux filles. Mahal expliqua la situation. Hanol devint aussi pâle que le blessé.

– Maintenant, que fait-on ? demanda-t-elle. On continue ou on rentre ?

Lahar était le plus âgé des deux hommes valides. C'était à lui de prendre la direction des opérations. Il devait choisir.

C'était un choix difficile, le premier de sa vie. Interrompre la cueillette présentait de graves inconvénients. Beaucoup de plantes manquaient et c'était maintenant qu'il fallait les cueillir. Deux ou trois semaines après, il serait déjà trop tard, elles ne seraient plus utilisables. Pourtant, pouvait-on courir le risque de laisser Ahun mourir ? La peine serait immense ; de plus, c'était un homme dans la force de l'âge et le Peuple de la Grotte n'en comptait qu'un petit nombre. La santé de tous était en balance avec la vie d'un seul.

Comme toujours dans les situations difficiles, le groupe s'était mis sous l'autorité du chef naturel. Il attendait sa décision.

Lahar se tourna vers sa mère :

– Est-ce que les plantes qui nous manquent encore sont importantes ?

– Oui, malheureusement. Surtout l'aubépine, la sauge, le thym, la bourrache. Et aussi le fenugrec.

Il regarda le blessé. Il était d'une pâleur mortelle. Puis il s'adressa de nouveau à Mahal :

– Si nous partons maintenant, es-tu sûre de sauver Ahun ?

– Non. Mais si nous restons, je suis certaine qu'il mourra. Il est bien trop faible.

Il ne savait que faire. Les réponses de sa mère ne l'aidaient pas. Il croisa le regard de Ninmah. Il y lut une détermination forte. Cette fermeté l'incita à trancher :

– Nous rentrons, dit-il avec d'autant plus de force qu'il avait eu du mal à prendre position.

– Très bien, fit Mahal. Mais attention de ne pas secouer Ahun pendant le transport. Cela augmenterait son saignement et le ferait mourir tout de suite.

– Alors, nous allons fabriquer une civière, décida-t-il.

Il partit au pas de course avec Lipit pour trouver des branches. Il ne leur fallut que cinq minutes. Cinq autres minutes, et ils choisirent les tiges fibreuses du cannabis pour les lier et en faire une civière.

Moins d'une demi-heure plus tard, le groupe était sur la route du retour. Ils avançaient aussi vite que possible. Ninmah ouvrait la voie pour s'assurer que le chemin était suffisamment praticable. Lahar et Lipit suivaient en portant le brancard. Mahal marchait à côté pour surveiller le blessé. Elle constata que sa blessure ne saignait plus, au moins à l'extérieur. Il paraissait calme, presque serein. Un moment, il lui sembla même apercevoir l'esquisse d'un sourire. Elle se souvint de son euphorie bizarre. « Serait-ce cette goutte de résine ? » s'interrogea-t-elle, intriguée. Oui, elle avait bien fait de demander aux femmes de cueillir ces feuilles et ces inflorescences inconnues pendant la confection du brancard. Elle pourrait peut-être en tirer un remède d'un type nouveau.

Ahun était de plus en plus paisible, de plus en plus pâle aussi. Mahal fit mentalement une prière à l'esprit du sanglier : « Ahun a été blessé alors qu'il n'avait rien tenté contre la bête. Tu l'as pourtant puni. Il ne l'avait pas mérité. Alors en retour, montre ta justice et fais qu'il vive, je t'en prie avec humilité, esprit du sanglier. »

Elle savait que sa prière avait peu de chance d'être exaucée, car elle s'adressait à un esprit étranger. L'idée lui vint de faire appel à un autre plus familier, comme celui de la maladie. Mais elle pensa que l'esprit du sanglier pourrait s'en offusquer et aggraver la situation. Elle renonça.

Le blessé mourut doucement alors que la grotte n'était plus qu'à une demi-heure de marche. Hanol fondit en sanglots qui se transformèrent vite en larmes silencieuses. Ses deux filles si jeunes comprenaient que leur père était parti. Elles regardaient leur mère, consternées.

Le Peuple de la Grotte ne cachait pas la mort, les enfants la connaissaient dès leur plus jeune âge. C'était l'aboutissement normal de la vie. D'ailleurs, le mort ne disparaissait pas vraiment, il rejoignait le domaine des esprits. Bien sûr, il appartenait aux vivants de faire le nécessaire pour que cela se passe dans les meilleures conditions.

Hanol savait tout cela, mais elle était jeune et elle allait devoir attendre longtemps avant de retrouver Ahun.

Lorsqu'ils arrivèrent, les hommes comprirent qu'un malheur s'était produit. Kish se précipita vers Hanol pour la consoler.

Mahal se dit qu'en deux ans deux hommes avaient été tués par des animaux féroces. C'était beaucoup pour un petit peuple comme le leur. Certes, Ahan était vieux, mais Ahun se trouvait dans la force de l'âge. Il devenait urgent que Lahar et Ninmah se marient et fassent des enfants. Elle devait en parler à Kish, très vite.

Mort

Pour les hommes du Peuple de la Grotte, la nature était simple.

Ainsi en était-il pour leur vision de la mort. Elle ne représentait pas l'anéantissement définitif du défunt, mais le prolongement naturel de la vie dans un autre monde, celui des esprits. Le disparu échappait au regard des vivants, mais c'était provisoire : ils se rejoignaient tôt ou tard. Avec ses ossements, il laissait à ses proches le témoignage de son passage sur la Terre.

Ils appelaient « esprit » les êtres surhumains et sacrés qui gouvernaient le monde autour d'eux, comme l'esprit de l'arbre, de la roche, de la chasse, de la cueillette, comme les esprits de tout ce qui faisait leur univers et occupait leur vie. Ils utilisaient le même mot pour désigner l'âme des morts.

Pourtant, ils distinguaient les deux entités. Certes, l'esprit d'un mort ressemblait aux esprits sacrés : il était tout aussi aérien et présent lorsqu'on souhaitait s'adresser à lui par la pensée ou même par la parole. Toutefois, ses pouvoirs étaient moindres.

Tout homme pouvait formuler une prière à un esprit sacré avec l'espoir de voir sa demande satisfaite. Avec l'esprit d'un mort, il était loisible de faire de même, mais les possibilités étaient plus réduites. Il fallait être de sa famille proche, ascendant ou descendant direct, et l'on ne pouvait le solliciter que pour des motifs d'une gravité limitée, des petits sujets de la vie quotidienne qui auraient importuné les esprits sacrés : valait-il mieux manger des céréales ou de la viande au repas, était-ce un jour opportun pour faire l'amour, ce silex était-il taillé avec assez de finesse ou devait-on le travailler davantage, etc.

Les esprits des morts vivaient en voisinage avec les esprits sacrés. Ce n'était qu'une coexistence pacifique. Jamais ils ne se parlaient, jamais ils ne se mélangeaient, jamais ils ne se rencontraient. Pas de paradis pour les uns ni d'enfer pour les autres, simplement un monde des esprits où tous les esprits cohabitaient. Ce voisinage permanent ne posait aucun problème. Il n'y avait pas de conflit de territoire dans le Peuple de la Grotte ; pourquoi y en aurait-il eu entre les esprits ?

Les esprits des morts ne vivaient pas seuls. L'esprit d'un homme était rejoint par celui de son épouse lorsqu'elle mourrait, celui d'une mère par ceux de ses enfants. Les familles se reconstituaient dans le monde des esprits. Aussi, bien que la mort d'un proche aimé fût toujours douloureuse, on savait que la séparation n'était que provisoire. Cela la rendait beaucoup plus supportable.

Les esprits des morts étaient-ils éternels comme les esprits sacrés ? Sans doute. Pourtant, personne ne s'était vraiment posé la question. Ils étaient là tant qu'on avait besoin de faire appel à eux. Mais trois ou quatre générations après qu'ils soient apparus, personne ne s'adressait plus à eux. Ils tombaient dans les brumes de l'oubli comme les ancêtres de la famille. On ne les invoquait plus, on n'y pensait plus.

Parfois, un membre du Peuple réussissait à parler aux morts. Il s'agissait souvent d'une femme âgée, elle-même proche du terme de sa vie. On expliquait ce phénomène par le fait qu'elle avait déjà un pied dans le royaume des esprits. Mais cela n'était plus arrivé depuis longtemps.

Le Peuple de la Grotte préparait la cérémonie du départ d'Ahun, un enterrement. Le cimetière se trouvait de l'autre côté de la rivière, au-delà de la forêt de chênes, assez loin, à environ quatre cents mètres de la grotte. Ils n'avaient pas peur des morts et leur objectif n'était pas de les éloigner. Ils souhaitaient simplement qu'ils reposent en paix, sans être dérangés par l'agitation des vivants, afin que leurs esprits sereins soient bien disposés et enclins à répondre aux demandes.

Ahun était mort depuis deux jours. Hanol l'avait lavé, coiffé et l'avait revêtu de son plus beau pagne, une pièce taillée dans la peau d'un lion. La terrible blessure au bas-ventre était dissimulée. À présent, il gisait sur la civière en branches liées par les tiges de cannabis, les yeux fermés, le visage détendu, paisible.

Il était mort pendant que Lipit et Lahar le transportaient, alors que son esprit se préparait à partir. Ce furent eux qui soulevèrent le brancard pour se diriger vers le petit cimetière. L'escorte qui avait recueilli le dernier souffle d'Ahun le conduisait aussi jusqu'à son ultime demeure. C'était dans l'ordre des choses.

Le soir tombait, le ciel avait pris une teinte gris-orangé. On ensevelissait les morts au moment où le soleil se couchait. La lumière du jour disparaissait, le mort aussi.

Hanol se trouvait à droite du brancard. Elle était abattue mais ne pleurait pas. Pilah et Mohin, les deux filles d'Ahun, se tenaient à gauche. Tout le Peuple de la Grotte suivait, les femmes d'abord, puis les hommes. Dès que la procession s'ébranla, les femmes entonnèrent le chant des morts, encore une mélodie sans paroles. Ce n'était pas un air triste, car la mort ne l'était pas. Cela évoquait plutôt la nostalgie, la peine douce que l'on éprouvait pour tout le temps qu'il faudrait attendre avant de retrouver l'esprit du disparu.

Ils marchaient lentement pour lui permettre de s'envoler paisiblement. Leur pas était régulier, calé sur le rythme de la mélodie des morts. Ils mirent plus de dix minutes pour arriver à la rivière. Ils entreprirent de la franchir par le passage à gué habituel.

En plein milieu, Lipit glissa bêtement sur une pierre et se tordit la cheville. Il faillit tomber et retrouva son équilibre de justesse. Le brancard avait vacillé. Il regarda Hanol et s'excusa à mi-voix. Il s'était fait mal et marchait difficilement. Enihl, le plus jeune chef de famille du Peuple, dut le remplacer.

La marche lente et monotone reprit. Bientôt, ils furent proches du cimetière. Ils abordaient la dernière partie du sentier quand Mahal s'arrêta brusquement :

– Un esprit vient de me parler, dit-elle, la gorge serrée.

Il était inhabituel que le cortège marque une pause avant d'arriver. Le chant devait alors s'interrompre et cela risquait de troubler la sérénité de l'esprit en instance de départ. Il y avait déjà eu un arrêt à cause de Lipit, et voilà qu'un autre incident perturbait la procession. C'était très fâcheux. Mais Mahal se trouvait en tête des femmes et on ne pouvait la bousculer.

– Posez la civière à terre, ordonna-t-elle d'une voix d'outre-tombe.

– Mais... Il faut avancer, murmura Hanol, angoissée.

– Posez la civière à terre, répéta Mahal d'un ton impérieux.

Les deux porteurs se regardèrent, puis se tournèrent vers Hanol, interrogateurs. L'indécision était générale. Finalement, Hanol leur fit signe d'obtempérer. Tous les yeux étaient fixés sur Mahal.

Elle avait une expression singulière. Les traits de son visage fatigué semblaient plus mous qu'à l'accoutumée. Ninmah, qui se trouvait près d'elle, remarqua une tache noire qui brillait sur sa lèvre inférieure. Mahal saisit son regard et se passa la langue sur la bouche ; la marque avait disparu.

À présent, elle avait tourné la tête. Elle regardait droit devant elle, dans le vide.

– Ahun me parle, déclara-t-elle avec emphase.

Hanol poussa un petit cri et se mit à pleurer doucement. Mahal ne s'en aperçut même pas.

– J'entends des paroles, continua-t-elle. Oui, je l'entends, mais... les mots sont indistincts. Il me dit... il s'agit de quelque chose de neuf, de noir. Non, d'un œuf. D'un œuf noir. Il... il ne dit plus rien.

Elle parlait fort, mais avait du mal à articuler. Seuls Ninmah et Kish qui lui aussi se tenait près d'elle comprirent ce qu'elle marmonnait. Ils la regardèrent, interloqués. Son visage prenait des impressions inconnues, ses yeux brillaient d'une lumière singulière. Elle semblait égarée dans un rêve. Lahar s'approcha d'elle.

– Mère, dit-il avec douceur, l'esprit d'Ahun doit s'envoler en paix, il faut reprendre la procession. Nous verrons tout cela après.

Elle ne réagit pas, comme si elle n'avait rien entendu. Il lui mit la main sur l'épaule. « Mère... » répéta-t-il. Elle frémit à ce contact et sortit d'un coup de sa transe.

– Pardonnez-moi, murmura-t-elle. Nous pouvons repartir.

Ils arrivèrent au cimetière sans autre incident.

Il était entouré d'un mur bas de pierres empilées. Une dizaine de grandes tombes se trouvaient là, autant que de familles pas trop anciennes. Comme elles se retrouvaient dans le monde des esprits, elles étaient unies dans la tombe sépulcrale. Il n'y avait pas de sépulture individuelle.

Ils s'étaient arrêtés devant la tombe familiale. C'était une fosse de six à sept mètres de longueur, deux mètres de largeur et environ un mètre vingt de profondeur. On lui donnait une orientation nord-sud. Les corps étaient déposés côte à côte, allongés dans le sens de la largeur. Les femmes reposaient avec la famille de leur époux. Chaque nouveau mort prenait place à la droite des autres. Ailleurs, les têtes étaient tournées vers le levant. Pour le Peuple de la Grotte, cette direction était barrée par les hautes et inaccessibles montagnes du Zagros. Alors, on orientait les têtes vers le couchant, en direction de la grande plaine ocre.

La tombe n'était pas comblée. On la refermait simplement par des dalles jointives posées au niveau du sol, puis on répandait de la terre par-dessus, pour qu'elles ne se distinguent pas du terrain avoisinant. Sur la terre, on plaçait une autre dalle, pierre tombale qui portait un dessin gravé représentatif du mort le plus récent.

Quelques heures avant la cérémonie, on avait ouvert la tombe de la famille d'Ahun. Lahar et Enihl déposèrent doucement la civière à terre, à côté. Ils prirent le corps, l'un par les pieds, l'autre par la tête et les épaules. Ils le couchèrent avec respect dans la fosse, à la droite des squelettes qui gisaient là.

Tout le Peuple se tenait autour. Hormis les plus jeunes, chacun pouvait mettre un nom sur les ossements les plus récents : « le premier à gauche d'Ahun est Sin, la mère d'Ahun ; le suivant, c'est le frère d'Ahun ; celui d'après, son père », etc. Hanol, qui n'avait que vingt ans, se dit qu'elle devrait attendre longtemps avant de se retrouver à côté de son époux.

Les femmes entonnèrent un autre air sans paroles. C'était le salut du Peuple de la Grotte à celui dont l'âme rejoignait le royaume des morts. Cette fois, il n'était plus question de nostalgie, mais de communion avec l'esprit qui s'envolait.

Les esprits n'avaient pas besoin de se nourrir, ni de boire ni de s'habiller, ni de quoi que ce fût. Il était alors inutile que les morts partent avec de la nourriture, des vêtements ou d'autres ressources comme cela se pratiquait ailleurs. En revanche, ils étaient enterrés pour laisser une trace physique aux vivants. Pour que le souvenir fût complet, les objets qui avaient le plus compté dans leur vie étaient ensevelis avec eux. Un chasseur était mis en terre avec ses armes, un tailleur de silex avec ses outils.

Comme les autres, Ahun avait su faire à peu près tout, mais il s'était toujours montré le meilleur à la pêche. Hanol déposa près de lui son plus beau harpon, une branche rectiligne terminée par une fine pointe d'obsidienne avec des barbelures. C'était une pièce magnifique, taillée et montée par Enihl, le plus habile dans cet art. Il devait faire bon partir dans le monde des esprits alors qu'une telle arme accompagnait le corps dans la tombe. Hanol en était toute contente.

Les dalles furent replacées, de la terre répandue dessus. Une nouvelle dalle qui portait la gravure d'un homme brandissant un poisson fut posée sur l'ensemble. Comme toujours, c'était Ilahn, l'épouse d'Enhil, qui l'avait réalisée. Elle avait un don. Ses œuvres ne comportaient que quelques traits simples, mais elles rayonnaient d'une force incroyable.

Puis le Peuple rejoignit la grotte en silence. Chacun marchait tête baissée, songeant au mort. Malgré les deux arrêts, l'esprit d'Ahun était parti ainsi qu'il convenait. C'était bien. La vie pouvait reprendre.

Vie

Le lendemain matin, Mahal aborda Kish.

– Puis-je te parler discrètement ? lui demanda-t-elle.

Ils se retirèrent à l'écart vers le champ d'amidonnier. Tout le monde les avait vus. Une conversation importante allait intervenir, c'était sûr, mais chacun fit comme si de rien n'était.

– Kish, lui dit-elle, je voudrais discuter avec toi du mariage de Ninmah et de Lahar.

– Je pensais bien qu'il s'agissait de cela, et je suis d'accord, le sujet est grave. Mais j'aimerais d'abord te poser une question. Peux-tu m'expliquer ce qui s'est passé hier, pendant l'enterrement d'Ahun ? Tu as vraiment entendu une voix qui te parlait d'un œuf ?

Mahal lui jeta un regard aigu. Elle aurait souhaité ne pas évoquer ce sujet. Pourtant, il était compréhensible que Kish veuille s'informer d'événements qui intéressaient peut-être l'ensemble de la communauté. Elle était embarrassée et se demandait comment lui présenter les faits.

– Écoute, Kish, c'est un peu difficile. Moi-même, je ne sais pas très bien ce qui s'est passé. J'ai effectivement entendu ce que j'ai dit, mais je n'étais pas dans mon état normal.

– Tu étais malade ?

– Peut-être…

Elle murmurait, presque inaudible. C'était inhabituel pour elle.

– Mahal, tu n'as pas à être gênée, tout le monde a le droit d'être mal en point.

Il lui parlait comme à une enfant et ça l'énervait.

– Je le sais bien, répondit-elle, agacée. Je suis la guérisseuse, je ne suis pas une gamine. Mais il y avait quelque chose de spécial… Oui, de spécial…

Elle se jeta à l'eau :

– Kish, je vais te dire ce que je pense, mais je te demande de le garder pour toi. D'accord ?

– Je resterai discret.

– Bien. Comme tu le sais, nous n'avons pas pu rapporter de la cueillette toutes les plantes que nous cherchions. En revanche, nous en avons une qui est nouvelle, complètement inconnue. Comme on ignore ses pouvoirs, je ne l'ai pas mise dans la réserve, je l'ai conservée comme d'habitude pour voir si on peut l'utiliser. Or, j'ai le sentiment qu'elle provoque des effets étranges.

– Comment ça ?

– Pendant la cueillette, j'ai goûté une quantité minuscule de son suc. Quelques instants plus tard, j'ai senti que mon esprit s'envolait. J'avais l'impression d'être dans un monde féerique plein de couleurs, où je flottais avec légèreté comme un oiseau, où tout était harmonieux, sans douleur et sans soucis. J'avais perdu la mémoire. J'avais envie de rire, et Ahun était là en train de mourir. C'était merveilleux. Je me dis aujourd'hui que c'était effrayant. Si un lion avait été devant moi, j'aurais pu aller l'embrasser.

– Tu es sûre que c'était à cause de la plante ?

– Maintenant, oui. J'en ai donné un tout petit peu à Ahun alors qu'il souffrait terriblement et je l'ai vu sourire. Puis j'en ai repris juste avant l'enterrement, et j'ai ressenti les mêmes effets. L'esprit d'Ahun m'a-t-il vraiment parlé à ce moment-là ? Je l'ignore. Pourtant, je sais ce que j'ai cru entendre : il me disait quelque chose à propos d'un œuf noir.

Kish restait songeur.

– Pourquoi me demandes-tu de conserver le secret ?

– Parce que les sensations que produit cette plante sont merveilleuses. C'est plus fantastique que tout ce que tu peux imaginer. Si on l'apprend, d'autres voudront essayer, peut-être tous. Et je pense que c'est dangereux. D'une part, j'ignore ce qui se passe si on en prend souvent ; d'autre part, je ne crois pas que notre groupe si stable ait besoin de s'évader dans des rêves incontrôlés. Tu imagines la plupart des membres de notre Peuple coupés de la réalité, en train de planer dans un monde coloré ? Nous vivons bien, mais il faut rester vigilants. Ce n'est pas parce qu'on ne voit plus le danger qu'il a disparu. C'est même le contraire.

– Mahal, tu as le langage de la sagesse, comme toujours. Mais ta description me donne quand même envie d'essayer cette plante.

Les hommes ne touchaient jamais aux plantes. Seules les femmes les rangeaient dans la grotte, les préparaient, les manipulaient. Mahal avait la haute main sur tout cela. Pour que Kish goûte le suc mystérieux, il fallait que Mahal lui en donne. Il venait de lui en demander.

– Si tu es tenté, toi, le chef, qu'en sera-t-il des autres ? Crois-moi, ne prends pas ce risque.

Mahal refusait poliment. Il avait l'air très déçu.

– On verra, maugréa-t-il. Mais toi, tu ne t'es pas privée d'en reprendre après en avoir constaté les effets.

– Je l'ai fait pour une seule raison : je voulais être sûre qu'elle était bien à l'origine des sensations que j'avais éprouvées. Maintenant, je suis fixée, et j'ai compris que c'est dangereux.

– En attendant, qu'as-tu l'intention d'en faire ? Tu ne vas pas la détruire, tout de même.

– Je ne sais pas. Ce serait peut-être une sage décision. Mais je n'oublie pas qu'elle a supprimé les douleurs d'Ahun ainsi que les miennes après que le sanglier m'eut jetée à terre. Il est possible qu'elle fasse un remède précieux. Je verrai. En tout cas, je n'en consommerai plus pour ressentir les mêmes effets. Si je la garde, ça ne sera que pour soigner. Mais je compte sur ta discrétion, n'est-ce pas ? Inutile de tenter les autres !

– Je t'ai déjà dit que je resterai silencieux. Tu n'as rien à craindre.

C'était vrai, Kish respectait sa parole, même quand c'était difficile. C'était l'une des raisons de son autorité implicite.

Ils gardèrent le silence un moment, tout à leurs pensées. Puis Kish reprit :

– Tu voulais me parler de nos jeunes à marier, je crois.

On aurait dit qu'il avait oublié son mouvement d'humeur.

Mahal lui fit part de ses préoccupations au sujet de Ninmah et de Lahar, puis elle conclut :

– Depuis la mort d'Ahun, il est devenu urgent de régler cette question. Il nous reste peu d'hommes adultes, pas plus que les doigts d'une main. De plus, Umahl est très âgé, il nous quittera bientôt. Il est impératif que nos deux jeunes fondent une famille. Ce n'est pas ton avis ?

– Si, bien sûr. Si la population de notre Peuple se réduit encore, sa survie est en danger. Il suffit d'un autre accident pour que notre situation devienne grave. Le temps est venu pour nos enfants de se marier, pour eux et surtout pour notre Peuple.

– Alors, tâche de faire évoluer les choses dans la bonne direction. Tu es le père de Ninmah et l'autorité de notre Peuple. Lahar est prêt. Tu devrais pouvoir agir sur ta fille. Convaincs-la d'abandonner ses rêves de voyage puérils et décide-la. Ça ne devrait pas être trop difficile, elle est intelligente, elle comprendra.

Kish réfléchit un instant. Ce genre de démarche était inhabituel. On laissait les jeunes faire leur choix comme ils le souhaitaient. Cela s'était toujours révélé positif. De mémoire d'homme, la démographie n'avait jamais connu de problème grave. En général, la question se posait à l'inverse et les femmes cherchaient plutôt à limiter le nombre des naissances.

– Tu as raison, dit-il. Ça n'est pas dans nos manières, mais la situation est exceptionnelle. Je vais essayer de parler à Ninmah.

Pendant ce temps, Ninmah et Lahar se promenaient ensemble vers le bois de chênes. C'est Ninmah qui avait pris l'initiative de cette petite marche.

– Tu ne trouves pas que depuis quelques jours, Mahal a un comportement bizarre ? demanda-t-elle.

– Si, c'est vrai. Que veux-tu, elle n'est plus très jeune et il lui tarde de retrouver Ahan. Elle attend que certains problèmes soient réglés et elle rejoindra avec joie le monde des esprits.

Ninmah avait parfaitement compris de quels problèmes il s'agissait.

– Pendant l'enterrement, elle n'avait pas les réactions d'une femme âgée, dit-elle. C'était autre chose. Je me demande ce qu'elle a cru entendre. Elle avait une expression si étrange quand elle a évoqué cet œuf noir !

Lahar n'avait pas perçu clairement les paroles bizarres de Mahal. Du commentaire de Ninmah, il ne retint que la mimique inhabituelle de sa mère.

– Elle a eu des petits malaises. Sans doute la fatigue de l'expédition. Je pense que maintenant, c'est fini.

Ils marchèrent en silence, puis soudain Ninmah lui dit :

– Asseyons-nous, j'ai à te parler.

Elle le regarda dans les yeux. Il sentit son corps frémir.

– Lahar, poursuivit-elle, j'ai bien réfléchi. La mort d'Ahun a créé une situation dangereuse pour notre Peuple. Nous risquons de manquer d'hommes, notre communauté a besoin de nouveaux membres. Pour nous, l'heure n'est plus aux rêves de voyages.

Elle tourna la tête pour contempler l'immense plaine ocre, puis arrêta de nouveau son regard sur lui :

– J'ai décidé de renoncer à mes projets de départ. Je pense qu'il est temps de nous marier et d'avoir des enfants au plus vite.

Ninmah ne lui avait pas demandé son avis, il allait de soi. Lahar ne trouva rien à répondre, les mots lui manquaient. Il prit Ninmah dans ses bras et l'embrassa longuement. Il voulut davantage, mais elle l'en empêcha. Elle était moins pressée que lui.

– Ninmah, dit-il lorsqu'il eut retrouvé son sang-froid, si tu es d'accord pour que notre mariage se fasse le plus tôt possible, on doit tout de suite informer Mahal et Kish. Cela consolera tout le monde de la mort d'Ahun.

Les épousailles de deux jeunes donnaient lieu à une fête bien réglée. L'événement n'était pas plus important qu'un enterrement, mais les cérémonies étaient plus marquantes. Les parents les organisaient avec l'aide des autres. Il fallait plusieurs jours pour cela, c'est pourquoi la noce ne pourrait prendre place avant une semaine.

Mahal sortait juste de son entrevue avec Kish quand Lahar lui apprit la nouvelle. Elle la reçut avec soulagement. Enfin, le problème était réglé et c'était bien mieux que si Kish avait dû intervenir.

– Tu as de la chance, Lahar, Ninmah est une excellente fille. Vous aurez de beaux enfants.

Ils discutèrent de la cérémonie du mariage. Puis elle lui dit :

– Mon fils, je suis fatiguée et mon corps est las. Lorsque vous serez mariés, je n'aurai plus rien à faire ici et je rejoindrai Ahan.

– Je sais, coupa Lahar. Mais rien ne presse. Tu ne souhaites pas connaître tes petits-enfants ?

C'était un dialogue rituel. Toutefois, Mahal voulait vraiment partir, et Lahar désirait réellement qu'elle voie sa descendance. Cependant, le souhait de la mère prévaudrait. Tous deux le savaient. C'était dans l'ordre des choses.

– Si j'en ai la force, j'attendrai, poursuivit-elle. De toute façon cela ne durera pas longtemps, je le sens. Mais, avant de m'en aller, je dois transmettre la fonction de guérisseuse. J'ai décidé que je remettrai cette responsabilité à Ninmah. Elle est encore très jeune, mais je lui trouve une grande maturité. Elle connaît remarquablement les plantes, je l'ai de nouveau vérifié lors de notre dernière cueillette. Elle comprend vite. La seule réserve que je vois concerne son dialogue avec les esprits. Mais ce n'est pas grave, je le lui apprendrai. Elle saura faire.

– Tu penses qu'elle sera d'accord ?

– Je n'en ai pas le moindre doute.

– Est-ce que je peux le lui dire ?

– Je le ferai moi-même en temps utile, ne t'en occupe pas. Ce sont des histoires de femmes.

La nouvelle du mariage fit le tour de la communauté en un instant. L'affaire couvait depuis longtemps et tout le monde attendait cette issue. Les deux jeunes gens reçurent les félicitations de tous.

Quelques jours étaient passés. Le mariage avait été retardé à la demande d'Hanol. Elle était très choquée par la mort d'Ahun et souhaitait récupérer pour participer pleinement à la fête. Ninmah, qui l'aimait beaucoup, avait tout de suite donné son accord et Lahar avait suivi. Il attendait depuis longtemps, il pouvait patienter encore un peu.

En ce milieu d'après-midi, il était retourné s'asseoir au pied de son chêne favori. Il était seul et voulait jouir de son bonheur. Il ne pensait qu'à ses problèmes enfin résolus. Il regardait la grande plaine de Mésopotamie, en bas. C'était bientôt le plein été. Le soleil brûlait tout, même l'air qui semblait vibrer sous la chaleur. Dire qu'il n'avait plus à s'inquiéter d'avoir un jour à s'aventurer dans cette fournaise ! Quel soulagement !

Il n'en revenait pas. Ses projets de voyage lui tenaient tant à cœur, et elle y avait renoncé d'elle-même. Quelle chance d'avoir pour femme cette fille exceptionnelle !

Il laissait le temps s'écouler doucement lorsque soudain il perçut un vague mouvement plus bas, au loin. Il se leva aussitôt. Face à lui, le soleil dans sa phase descendante l'éblouissait. Il mit la main en visière pour se protéger : oui, cela bougeait en contrebas. Il se dissimula derrière l'arbre, passant juste la tête pour observer. Cela semblait monter lentement la pente. Il entendit Gal, son jeune frère de seize ans qui le hélait d'en haut. Il se retourna, lui fit signe de se taire et de venir près de lui. Gal le rejoignit, plissa les yeux pour mieux voir :

– Oui, il y a du mouvement, dit-il. J'ai l'impression que c'est un groupe d'hommes.

Quelques minutes passèrent, silencieuses.

– Regarde, reprit Lahar, ils sont avec des animaux qui portent des charges.

– Tu penses que c'est une attaque ? demanda Gal.

– Je ne sais pas. Il faut les laisser s'approcher encore un peu. Cours avertir Kish. Il avait projeté une partie de chasse, mais je crois qu'il y a renoncé. Je reste ici pour surveiller.

Le jeune homme revint bientôt accompagné du vieux chef. Tous trois observaient avec attention la progression du groupe. De toute leur communauté, c'est Kish qui avait la vue la plus perçante, malgré son âge. Il se redressa et affirma :

– C'est une caravane de marchands.

Un large sourire illuminait son visage ridé. La venue des marchands était toujours une fête, un événement. Cela ne se produisait qu'une ou deux fois par an, rarement trois. Parfois, une année entière s'écoulait sans visite.

L'arrivée d'une caravane était la promesse de toutes sortes de produits inattendus, qui apporteraient au Peuple de la Grotte surprise, nouveauté et changement. C'était aussi la certitude de longues conversations, avec quantité d'informations sur la vallée, peut-être sur des contrées encore plus lointaines, sur des communautés étrangères et leurs manières de vivre. Avec un peu de chance, il y aurait l'un de ces conteurs qui savait captiver l'âme et enflammer l'imagination grâce à des histoires extraordinaires, des légendes mystérieuses venues du fond des âges. Kish se souvenait d'autres convois, où ces diseurs de mythes arrivaient à prolonger les veillées jusque tard dans la nuit. Longtemps après leur départ, on évoquait encore ces fables, ces anecdotes vécues ou inventées.

– Gal, va vite prévenir les femmes. Il faut que nous les recevions bien.

Puis, après avoir fermé les yeux pour mieux s'isoler et se concentrer, il pria en lui-même :

– Merci, ô esprit des marchands, de faire venir à nous ces visiteurs de contrées lointaines. Je t'en supplie, fais que la venue de cette caravane soit fructueuse, que les échanges soient équitables et bénéfiques pour tous et que ces étrangers agissent en amis. Fais que l'événement soit joyeux, qu'il apporte à mon peuple l'ouverture, que nous nous enrichissions non seulement de nouveaux produits, mais aussi de savoirs jusque-là inconnus. Nous te révérerons tous pour cela. Merci, ô esprit des marchands.

Il se tourna vers Lahar et lui demanda de rester à son poste d'observation, pour s'assurer que les visiteurs étaient bien des marchands, et pas des assaillants déguisés. Kish aimait recevoir en ami, mais il n'était pas naïf. Il ne pensait pas qu'il y eût un piège, mais il fallait toujours être prudent. Il avait une très longue expérience. Il avait connu nombre de caravanes amicales et d'autres qui l'étaient beaucoup moins.

Lui-même, dit-il à Lahar, devait remonter à la grotte pour diriger les préparatifs.

La circonstance était exceptionnelle. Le Peuple de la Grotte avait besoin d'un chef. Tout naturellement, Kish avait pris la situation en main.

Il ne savait pas encore à quel point elle allait lui échapper.

Les marchands

C'était bien une caravane de marchands.

Ils étaient vingt, sept hommes, cinq femmes et huit enfants d'âges divers. Les adultes et les adolescents guidaient chacun deux ou trois animaux de la taille d'un petit onagre, chargés pour la plupart d'une montagne de marchandises. Le Peuple de la Grotte n'avait jamais vu de telles bêtes.

Lorsque les caravaniers arrivèrent en vue de la grotte, ils trouvèrent le Peuple en deux rangées qui bordaient leur chemin de part et d'autre, et au milieu, Kish, prêt à les accueillir. Ils arboraient un large sourire de satisfaction et de remerciement pour la chaleur de l'accueil. Ils s'avancèrent à la queue leu leu entre les deux files sous les applaudissements et les acclamations de tous.

Dans le passé, des marchands étaient revenus à plusieurs reprises, à quelques années d'intervalle. Le groupe avait eu plaisir à les retrouver et les relations étaient immédiatement familières. Cette caravane-là venait pour la première fois.

Kish marcha vers l'homme de tête qui devait être le chef. Ce dernier était très grand, maigre, brûlé par le soleil. Il boitait légèrement et son genou gauche, que l'on apercevait sous la peau de chèvre qui le ceignait, présentait une forte inflammation. Son visage était marqué de scarifications rituelles, longues et profondes cicatrices qui lui donnaient une expression sévère et hautaine. L'une entaillait le bas de l'arête du nez et chaque joue en portait deux autres très longues, à peu près horizontales, qui s'écartaient vers l'arrière.

– Le salut sur toi, dit Kish. Tu parles notre langue ?

– Sur toi le salut, répondit le visiteur d'une voix calme et posée. Je parle votre langue.

Son accent était très différent de celui de Kish, mais il restait intelligible pour le Peuple de la Grotte. Plus tard, les deux communautés découvriraient des mots ou des tournures de phrases difficiles à comprendre ; pourtant, à quelques exceptions près, le dialogue demeurerait possible.

Ça n'avait pas toujours été le cas. Ainsi, il y avait bien longtemps, des caravaniers venus du Sud avaient parlé une langue incompréhensible. Kish n'était alors qu'un adolescent, mais il s'en souvenait bien. La prononciation n'était pas en cause, ni même le vocabulaire. Il s'agissait vraiment d'une manière différente de s'exprimer, avec des sonorités insolites, le plus souvent mono ou bi-syllabiques. Le marchand montrait un rocher et prononçait un mot étrange d'une syllabe qui signifiait évidemment « rocher » ; de même pour d'autres mots qui désignaient des objets ou des parties du corps. Et lorsqu'une phrase était articulée avec ces vocables devenus identifiables par le groupe, de nouveaux termes inconnus apparaissaient, dont on se demandait ce qu'ils venaient faire là. Au bout du compte, personne n'y comprenait rien.

Ces gens du Sud avaient d'ailleurs un type physique particulier. Kish se souvenait surtout de leurs grands yeux surmontés d'épais sourcils noirs. Finalement, tout s'était passé par gestes et borborygmes. Seuls quelques échanges de marchandises, peu intéressants, avaient pu se faire.

Cette fois, les marchands venaient du Nord-Ouest. Comme toujours dans ce cas, il serait possible de discuter et de se comprendre. Kish leur proposa de les aider à décharger les bêtes, et à s'organiser pour les deux ou trois jours qu'ils passeraient là, ce qui fut fait. Les visiteurs avaient prévu de dormir en plein air, aussi l'installation fut-elle rapide.

– Ces animaux sont des ânes, dit le chef des caravaniers en réponse à la question muette qu'il lisait depuis un moment sur le visage de Kish.

Le Peuple de la Grotte ne connaissait pas le mot « âne », il ignorait l'existence même de ces bêtes. Leur vocabulaire s'enrichissait d'un terme nouveau.

Tous regardaient les petits ânes avec un étonnement qu'ils ne pouvaient dissimuler. Ils n'avaient pas d'animaux domestiques ; la nature était suffisamment généreuse pour qu'ils n'en aient pas l'usage. Ils n'avaient même pas de chien, pourtant domestiqué depuis longtemps dans la région. Par d'autres caravaniers, ils avaient entendu parler de troupeaux qui n'étaient là que pour la subsistance de l'homme, chèvres, moutons ou bovidés, mais aucune caravane n'avait jamais mentionné l'existence d'ânes. Il y avait bien les onagres, mais ils n'existaient qu'à l'état sauvage.

Ils étaient stupéfaits de voir ces animaux si dociles qui obéissaient à la moindre injonction de leurs maîtres. Ils réalisaient que, sans eux, jamais les marchands n'auraient pu convoyer tant de marchandises. Kish venait de comprendre un point capital. L'utilisation des ânes changeait le mode de vie de leurs propriétaires.

Il ignorait qu'ils étaient les seuls de toute la Mésopotamie. Les caravaniers s'en étaient emparés à l'issue d'un combat contre une tribu de guerriers à la peau très foncée, originaires d'on ne sait où au sud-ouest. Ce troupeau unique allait disparaître en l'espace d'une vie d'homme et aucun autre âne ne se verrait dans la région avant trois mille ans.

Les enfants étaient les plus agités. Guidés par les plus jeunes de la caravane, ils tournaient autour des petits ânes, ils caressaient leur poil dru de leurs doigts menus, ils leur tiraient parfois la queue. Les marchands proposèrent de les asseoir dessus pour leur faire faire un tour. L'excitation était à son comble, ce n'étaient que cris de joie, rires, commentaires animés, applaudissements des deux mains.

Le soir était tombé. Le dîner partagé avait été copieux. Ils avaient fait rôtir des chevrettes qui s'étaient révélées délicieuses. L'air était doux. La lune presque pleine s'était levée et ils se voyaient bien les uns les autres. L'heure de la discussion était venue. À part les plus jeunes enfants qui dormaient, ils formaient tous un grand cercle.

– Vous venez de loin ? demanda Kish.

– Ça dépend comment on voit les choses, répondit Halaf, le chef des marchands. Nous venons de nulle part et allons ailleurs. Pas de point de départ, pas de destination finale. Nous voyageons en permanence et échangeons les marchandises dans les différentes communautés que nous visitons, voilà toute notre vie. Nos dernières étapes ont toutes été dans la direction du levant ou plus par là (il montrait le sud-est de la main)[1], depuis la mer lointaine que nous avons quittée il y a maintenant bien longtemps. Nous n'irons pas au-delà de votre grotte, les montagnes sont trop rudes, nous a-t-on dit. Quand nous repartirons, après-demain, nous descendrons de la montagne et nous la longerons dans le sens du courant du Grand Fleuve. Puis nous remonterons vers le couchant, pour retrouver la mer.

– Comment saviez-vous que nous vivons ici ?

– Nous avons croisé une caravane qui nous a parlé d'un peuple prospère qui vivait sur les flancs de ces hautes montagnes. Elle nous a indiqué la direction et le chemin.

Hormis la caravane de Halaf, aucune de celles qui avaient visité le Peuple de la Grotte n'avait accompli ce genre de périple. En général, elles venaient d'un endroit précis avec des produits spécifiques et y retournaient lorsqu'elles avaient échangé tout ce qu'elles avaient emporté. Halaf et ses gens menaient une vie tout à fait différente. Ils pratiquaient le nomadisme, sans aucun point d'attache. Kish le fit observer à Halaf.

– Je le sais, dit Halaf, je ne connais pas d'autres caravanes comme la nôtre. C'est que nous sommes les premiers à utiliser les ânes. Nous n'avons plus à porter les charges lourdes à dos d'homme. Cela nous donne une grande mobilité.

– Il n'y a pas de ces animaux par ici, observa Kish. C'est incroyable comme ils vous obéissent. Je n'ai jamais vu des bêtes aussi dociles.

– Ils sont domestiqués, expliqua Halaf.

Si le mot « domestiqué « n'était pas non plus d'un usage courant pour le Peuple de la Grotte, il avait déjà été prononcé par d'autres marchands. À l'époque, le contexte avait été tel que personne n'avait vraiment cherché à en approfondir le sens ou n'y avait simplement prêté attention. Cette fois, ils voyaient un exemple de domestication et leur étonnement était considérable.

---

1. Les points cardinaux ne portaient aucun nom, à cette lointaine époque. On parlait du levant, du couchant, et on indiquait les autres directions de la main.

Cela signifie qu'ils vous sont complètement soumis, qu'ils obéissent à toutes vos volontés ? demanda Kish.

– Oui, répondit Halaf, ils ont été élevés comme cela. Ainsi, par exemple, lorsque nous sommes dessus et que nous frappons leur ventre de notre talon, ils savent qu'ils doivent avancer. En revanche, ils dépendent de nous pour tout, y compris pour leur subsistance.

– En plus de vous nourrir vous-mêmes, vous devez leur donner à manger ?

C'était Lahar qui posait la question. L'idée d'alimenter des animaux qui pouvaient très bien se débrouiller tout seuls lui semblait burlesque. Ninmah lui lança un rapide coup d'œil.

– Oui, nous devons nous occuper d'eux, puisqu'ils ne sont pas libres. Il faut leur fournir la nourriture, les soigner, les surveiller. C'est un travail supplémentaire, c'est vrai, mais nous sommes largement récompensés par ce qu'ils nous apportent. Ils sont forts, résistants et peuvent porter sur leur dos des poids considérables. Sans eux, nous n'aurions pas pu accomplir ces longs voyages. Demain, vous verrez vous-mêmes les richesses que cela nous permet de vous proposer. En fait, ce nouveau mode de vie qui nous convient très bien a pu naître grâce à eux.

– Dans ces conditions, reprit Kish, vous-mêmes dépendez d'eux : s'ils sont malades, vous êtes perdus.

– C'est vrai. Nous devons nous organiser pour en tenir compte. Nous surveillons leur reproduction, nous leur fournissons une alimentation correcte, nous les soignons. Cela nous occupe beaucoup, mais avec ces animaux nos possibilités sont incomparables. Il y a bien plus d'avantages que d'inconvénients.

Le Peuple de la Grotte était accoutumé depuis toujours à vivre confortablement de ce que la nature lui offrait généreusement, sans effort particulier. Il remerciait régulièrement les esprits et la vie s'écoulait, tranquille, avec les aléas habituels. L'idée de fournir un travail supplémentaire pour avoir plus ne les avait jamais effleurés. Ils étaient heureux ainsi.

– Nous avons entendu parler d'autres peuples dans la vallée qui ont des troupeaux de chèvres ou de moutons pour se nourrir, car ils ne trouvent pas assez à manger, observa Enihl, le plus jeune chef de famille du groupe. Doivent-ils s'occuper de ces bêtes comme vous des vôtres ?

– Bien sûr, répondit Halaf, dissimulant l'ébahissement que lui causait l'ignorance de ces gens. D'ailleurs, ils font de même pour l'orge, l'engrain et d'autres plantes.

– Je ne comprends pas.

– Les végétaux se maîtrisent comme des animaux. On peut les domestiquer, c'est-à-dire les faire sortir de terre et grandir à des endroits choisis. Pour cela, il faut récolter les grains et les répandre là où l'on veut les voir se développer. Évidemment, le sol doit être préparé.

Le groupe était sidéré. Pourquoi tout ce travail, alors que les plantes poussaient naturellement et qu'il suffisait de se baisser pour en ramasser ? Sans doute les choses n'étaient-elles pas aussi faciles ailleurs. Somehl, un autre père de famille, prit la parole :

– Comment faut-il préparer le sol ?

– En vérité, je ne sais pas très bien. Nous n'avons fait que passer quelques jours dans les endroits où cela se pratique. Pourtant, je vous assure que nous avons vu des champs de blé, d'orge, d'engrain entièrement créés par des peuples travailleurs. Ils les entretiennent avec soin, avec un arrosage régulier et toutes sortes d'autres procédés. Ces champs sont considérés comme des biens de valeur.

– Je comprends, dit Kish, qui ignorait ce qu'était l'irrigation, mais ne voulait pas donner l'impression de tout découvrir.

Le silence s'était installé. Les deux communautés s'observaient, sans indiscrétion, mais sans dissimulation. Les minutes s'écoulaient ; en ce temps-là, les hommes ne ressentaient pas le besoin que les choses aillent vite.

Il n'y avait aucune tension dans ce mutisme partagé. Ils savouraient tous le plaisir de la découverte réciproque. Les marchands n'étaient évidemment pas hostiles et le Peuple de la Grotte était chaleureux. Ils pouvaient laisser une curiosité paisible s'installer. Certes, la méfiance n'avait pas complètement quitté les esprits, mais il ne s'agissait pas d'un mauvais soupçon. Ce n'était que de la prudence, naturelle pour des êtres soumis en permanence aux aléas de la nature.

Les hommes de la caravane ressemblaient à leur chef, grands et émaciés, avec de profonds sillons gravés sur le visage comme par une pierre tranchante. Mais au lieu de deux cicatrices sur les joues, ils n'en avaient qu'une. Les femmes n'en portaient pas, mais quatre longues stries horizontales superposées parcouraient leur corps entre leurs seins et leur nombril. Chez l'une d'elles, le front était marqué en plus d'un dessin en relief très compliqué. Les enfants ne présentaient aucune lacération.

Kish était intrigué par ces marques profondes, il n'avait jamais rien vu de tel. Avaient-ils été blessés lors d'un terrible combat ? Non, les cicatrices n'auraient pas été si régulières. Avaient-ils été capturés et leur avait-on fait subir quelque supplice raffiné ? Dans ce cas, le résultat avait dû surprendre les tortionnaires, car ces sillons de chair conféraient à ceux qui les portaient une noblesse surprenante. Kish songea à l'esprit des cicatrices. Pour la première fois, il s'adressa à lui par la pensée, pour lui demander la signification de ces entailles. Aucune réponse ne lui parvint. Il se tourna alors vers Halaf et rompit le silence :

– Si ma question n'est pas indiscrète, puis-je te demander d'où viennent ces marques que vous portez tous ?

– Ta question n'est pas indiscrète. Nous sommes nomades, mais nous appartenons à un peuple qui habite très loin, là-bas (il montra le nord-ouest), dans un pays situé sur un haut plateau dissimulé au cœur de montagnes aussi rudes et sauvages que celles qui dominent votre grotte. Les scarifications que nous portons ont un sens fort à nos yeux.

« Lorsque nos jeunes atteignent l'âge adulte, nous devons remercier les dieux de les avoir protégés jusque-là. Nous leur demandons de leur accorder soutien et assistance dans la suite de leur existence. Pour leur prouver qu'ils sont dignes de leur attention, les enfants doivent se soumettre à la cérémonie de la mutilation volontaire et résister à cette épreuve douloureuse sans aucune plainte.

« Cela se passe au printemps. Le chef désigne celui qui doit opérer, en général le prêtre. Ce dernier pratique les incisions avec une lancette de bambou. L'entaille faite, la cicatrisation est retardée pour qu'il se forme un bourrelet et que la marque soit saillante. Comme tu le vois, les hommes et les femmes reçoivent des dessins différents. Et lorsqu'un nouveau chef est nommé, on lui applique une entaille supplémentaire. L'épouse du chef bénéficie de scarifications particulières, comme des formes dessinées.

Ni Kish ni aucun des autres membres du groupe n'avaient bien compris la réponse de Halaf. Plusieurs termes leur étaient inconnus, comme scarification, bambou ou dieux. Ils pouvaient en deviner le sens approximatif, mais le discours de Halaf restait obscur. Ainsi, à supposer que le mot « dieux » ait la même signification que « esprits », comme cela semblait probable, que diable voulait dire Halaf ? En quoi des entailles pouvaient-elles prouver quoi que ce fût aux « dieux » ? Aucun esprit n'avait jamais demandé un geste de cette nature au Peuple de la Grotte.

Ils n'étaient pas surpris de ces problèmes de compréhension. Il y en avait toujours avec les caravanes. Indépendamment des questions de vocabulaire ou d'accent, elles apportaient tant d'informations, décrivaient tant de coutumes des différents peuples qu'ils avaient rencontrés, d'événements qu'ils avaient vécus, de pays qu'ils avaient traversés, de paysages qui s'étaient offerts à leurs yeux, qu'il était impossible de tout assimiler. Mais peu importait aux membres du groupe que certaines choses leur échappent, ils aimaient le pittoresque des narrations.

Les marchands en étaient conscients. Enhardis par l'attention de leurs auditeurs, ils se laissaient facilement aller au plaisir de l'enjolivement ou de l'exagération ; ils n'hésitaient pas à inventer. L'exotisme dont ils agrémentaient leurs récits rejaillissait sur les marchandises qu'ils apportaient et les transactions en étaient facilitées. Souvent il y avait le conteur, dont le rôle était de charmer, le soir sous la lune, avec des légendes qu'il convoyait d'étape en étape et qu'il enrichissait de trouvailles qui lui venaient à l'esprit au cours des voyages. Les produits que la caravane proposait se paraient alors de couleurs magiques.

Cette fois-ci, Kish était intrigué par ces « dieux » bizarres. Il en était de même pour Mahal, qui vivait avec les « esprits » plus intensément que tous les autres membres du groupe. Elle prit la parole, à la surprise des marchands dont les femmes étaient toujours silencieuses.

– Pourquoi vos esprits ou vos dieux, comme vous les appelez, ont-ils besoin des entailles pour savoir qui est digne de leur attention ? Ne connaissent-ils pas le fond de votre pensée ?

– Tous les peuples que nous visitons ont leurs esprits, comme vous. Nos dieux sont différents.

Si le ton de la réponse n'avait pas été sec, il exprimait néanmoins une certaine fermeté. Visiblement, Halaf n'avait pas envie de s'étendre sur le sujet.

Kish avait compris. Le chef de la caravane ne voulait pas aborder une question qui risquait d'envenimer les rapports des deux communautés, au détriment des ventes espérées. Le commerce existait depuis une éternité, ses lois étaient bien établies, les marchands les maîtrisaient, le Peuple de la Grotte en accueillait depuis toujours et connaissait les règles. On avait découvert les ânes, c'était déjà extraordinaire.

On fit l'impasse sur les dieux.

Veillée

La soirée était bien avancée et le sommeil gagnait les caravaniers fatigués de leur dernière étape.

Une agréable fraîcheur s'était installée. Kish suggéra que l'heure du repos était venue. Par courtoisie, il proposa aux marchands de visiter la grotte avant de se coucher. Il était fier de la propreté, de l'ordre et du confort qui y régnaient, il voulait les montrer. Ils acceptèrent avec plaisir. Par prudence, il avait jugé utile de cacher les silos et les richesses qui les remplissaient. Il avait fait tendre un rideau de peaux qui dissimulait tout le fond. Le feu se trouvait masqué et plusieurs torches en bois avaient été allumées, chacune tenue par un homme.

Il passa devant, pour guider les visiteurs. Toute l'assemblée était à présent dans la caverne. Les flammes des torches jetaient des lueurs orangées sur les parois où dansaient les ombres.

Les marchands observaient l'antre immense, leurs yeux se tournaient dans toutes les directions. Ils remarquèrent tous le rideau de peaux qui dissimulait le fond de la grotte, mais ne firent aucun commentaire. Kish nota avec satisfaction leur expression admirative. Oui, c'était une belle et grande grotte, aérée, bien organisée, il faisait bon y vivre.

Soudain, le regard de Halaf se fixa sur la paroi de gauche, au droit du territoire de la famille la plus nombreuse du groupe, celle d'Enihl et de son épouse Ilahn qui comptait six membres (en plus d'eux, leurs deux enfants, Loneh et Jahol, et les deux parents d'Ilahn).

Halaf avait remarqué dans la pénombre les dessins qui couvraient presque complètement la roche à cet endroit, sur une hauteur d'environ un mètre quarante à deux mètres. Seuls des animaux étaient représentés, chèvres, aurochs, sangliers, de toutes tailles, courant, au repos, au combat ; aucun végétal ni être humain. Les œuvres voisinaient, se chevauchaient, se superposaient les unes aux autres, sans la moindre organisation. Visiblement, l'artiste devait chercher un emplacement vierge pour chaque nouvelle création, et s'il n'en trouvait pas il travaillait en surimpression sur une production antérieure. Les proportions n'étaient pas respectées et certaines chèvres paraissaient plus grandes que de puissants sangliers.

Halaf interrompit sa contemplation pour demander s'il pouvait s'approcher de la paroi. Kish se tourna alors vers Enihl qui donna son assentiment d'un hochement de tête. Le chef des marchands s'avança. En plus des torches, on se servait pour s'éclairer de lampes à suif, récipients de pierre où l'on brûlait de la graisse de mouton. Kish prit une lampe pour que Halaf puisse mieux voir. Le caravanier constata qu'il s'agissait en fait de gravures. Il n'y avait aucune couleur.

Il admira un travail récent : c'était un aurochs de plus de un mètre cinquante, en train de mourir. Il figurait de profil, le mufle vers la gauche. Une lance perçait son flanc et du sang coulait. Ses pattes avant ne pouvaient plus supporter son poids, il était à genoux. Sa tête pendait, sa langue sortait de la bouche comme pour chercher de l'eau ou de l'air. C'était puissant, dramatique, poignant.

– Comment se fait-il qu'il n'y ait que des gravures ? demanda Halaf. Vous n'aimez pas la peinture et ses couleurs ?

– Les colorants sont difficiles à trouver par ici, répondit Kish, et la gravure est une tradition qui existe chez nous depuis la nuit des temps.

Halaf reprit son examen.

– Qui a dessiné cet aurochs ?

– Ilahn, l'épouse d'Enihl. Elle est notre artiste attitrée, c'est presque toujours elle que l'on choisit lorsqu'une gravure doit être exécutée.

– « Doit être exécutée » ? Il y a des circonstances qui exigent l'exécution d'une gravure ?

– Bien entendu. Le plus souvent, c'est pour remercier des esprits, ou des dieux si tu préfères.

Il ajouta, avec une pointe d'ironie :

– Vous faites les entailles sur les visages et sur les corps, nous, nous les gravons dans la roche. Nous pensons que la meilleure manière d'exprimer notre gratitude à un esprit est de lui offrir une œuvre de qualité, dans laquelle nous essayons de mettre le plus de beauté possible. Notre groupe dispose toujours de quelqu'un pour ça, choisi pour son habileté. Actuellement, c'est Ilahn (il la désigna de la main). L'aurochs mourant que tu vois a été réalisé récemment pour l'esprit de la chasse, car il nous a soutenus dans la traque que nous avons menée. Ilahn doit prochainement graver un autre aurochs pour l'esprit de l'aurochs, qui nous a permis de tuer un superbe animal.

– Ilahn a du talent, murmura Halaf.

Il se tourna vers elle et lui demanda :

– Pourrais-tu exécuter une gravure devant nous ?

– Bien sûr, répondit-elle après quelques secondes de réflexion, mais pas à cet endroit. Il est réservé aux esprits déjà existants.

Elle chercha des yeux une surface suffisamment plane et en vit une qui se trouvait sur le territoire de la famille d'Ahun.

– Je peux ? demanda-t-elle à Hanol.

– Oui, dit simplement la jeune veuve.

Ilahn alla derrière le rideau de peaux qui cachaient les silos et revint avec un bâton de bois à l'extrémité duquel une pointe d'obsidienne était solidement enchâssée.

Elle tenait l'instrument de la main gauche. Elle se plaça devant la paroi, la regarda attentivement et se concentra, les yeux baissés. Elle leva le bras à hauteur de son visage et, sans la moindre hésitation, traça sur la pierre une ligne continue qu'elle referma sur lui-même. Elle se recula et chacun put voir un âne d'une cinquantaine de centimètres, en marche, d'un réalisme stupéfiant. Elle s'approcha de nouveau, et ajouta en quelques traits un œil et quelques poils sous le ventre et au bout des longues oreilles.

L'économie de moyens était remarquable.

– Cet endroit est nouveau, dit-elle. Aussi, je dédie cette gravure à un esprit jusque-là inconnu de nous, celui de l'âne.

– C'est très beau, affirma Halaf. Je suis sûr qu'avec des couleurs tu ferais des représentations superbes.

Il pensait aux affaires du lendemain et préparait le terrain. Il sentait qu'un contact positif s'était établi entre la caravane et le Peuple de la Grotte ; les ventes seraient bonnes.

Il regarda les autres marchands. La visite de la grotte les avait animés, personne n'avait plus envie de se coucher. Il décida brusquement que l'heure de la convivialité était venue.

– Kish, lança-t-il, amis du Peuple de la Grotte, votre organisation, votre mode de vie, votre civilisation sont remarquables. Les gravures d'Ilahn nous ont impressionnés. Je serais très heureux qu'en témoignage d'amitié nous puissions vous présenter notre meilleur artiste. Il a lui aussi un grand talent.

– De quoi s'agit-il ? interrogea Kish, curieux

– Je veux parler de Hiram le conteur. Ceux qui l'ont écouté se souviennent de ses histoires très longtemps, parfois jusqu'à la mort. Cela vous plairait-il de l'entendre ?

Halaf savait ce qu'il faisait. Dans tous les pays qu'il traversait, les gens n'aimaient rien tant que les histoires de Hiram. À cette époque où l'on se déplaçait à la vitesse du pas de l'homme, c'est surtout par l'imagination que l'on explorait les contrées lointaines et inconnues.

– Chef des marchands, dit Kish, si tes amis ne sont pas fatigués de leur longue journée, nous sommes prêts à écouter Hiram le conteur.

Ils sortirent de la grotte, s'assirent en rond et reconstituèrent le cercle sous la pleine lune.

Hiram était minuscule, sec, très maigre. Ses côtes saillaient sur son thorax étroit. Il avait l'air âgé, il était presque chauve et devait avoir largement dépassé la trentaine. Il aurait dû passer inaperçu. Pourtant c'était l'inverse. Son maintien et son visage extraordinaire lui donnaient une formidable présence. Il se tenait très droit, avec un port de tête altier. Son front haut, ses yeux noirs et perçants étonnamment écartés sous de sombres et épais sourcils, son nez aigu comme un bec d'aigle, sa bouche si fine qu'il paraissait ne pas avoir de lèvres, ses joues aux profondes scarifications, tout cela contribuait à une expression d'une puissance saisissante. Sa barbe ample lui descendait au nombril.

Sans parler, il suscitait déjà l'intérêt.

L'attention de tous se concentrait sur lui. Pour faire monter l'attente, il garda le silence un long moment, se contentant d'englober l'assistance dans un regard circulaire.

Enfin, il prit la parole.

– Amis, Peuple de la Grotte, marchands, mes frères, écoutez-moi. Dans le lointain autrefois de ma jeunesse, j'eus la chance de rencontrer un très vieil homme au soir de son existence. Il était plein de l'expérience d'une vie remplie de péripéties et d'aventures, un sage parmi les sages s'il en fut jamais. Et ce vieillard me rapporta une légende venue du temps d'avant le temps, de cette époque reculée où les hommes ont commencé à transmettre le savoir par le souffle subtil de la parole.

Hiram avait une voix étrange et pénétrante au timbre cuivré. Nul n'aurait imaginé qu'une sonorité si puissante, si vibrante, puisse jaillir d'un corps aussi frêle. Son phrasé lent, sa diction précise permettaient à chacun de saisir sans effort la plus faible intonation, la plus brève syllabe. Il s'exprimait dans un style poétique et coloré, avec un vocabulaire d'une richesse extraordinaire dont de nombreux termes étaient inconnus du Peuple de la Grotte. Peu importait. Chacun imaginait ce qu'il ne comprenait pas et l'esprit de ces peuples confinés dans un territoire limité, celui du pays de l'argile, s'envolait aussitôt vers des espaces inexplorés. Hiram était un maître du conte. Il ne parlait que depuis quelques secondes, mais déjà, il tenait son auditoire en haleine.

– Mais, poursuivit-il, était-ce bien une légende ? Quelque merveilleux conteur du temps passé avait-il vraiment inventé cette histoire ? Ne s'agissait-il pas plutôt de faits réels, tout aussi anciens, qui auraient pris les couleurs de la fable au fil des transmissions de génération en génération, et que la magie du verbe aurait embellis ?

« Ô amis, peu importe. Car, réels ou imaginés, les contes reflètent toujours les obscures profondeurs de l'âme des hommes.

« Alors, voici cette histoire.

« On raconte que, dans l'extrême passé du temps, il y a des lunes et des lunes et des lunes, bien plus qu'on en peut imaginer, un jeune berger nommé Enli gardait son troupeau de chèvres noires sur les flancs d'une haute montagne, loin au nord du pays de l'argile.

« Or cette montagne dépassait le concevable par ses aspects extraordinaires.

Hiram parla deux heures. Pas une seconde, l'attention ne fléchit. Pas un souffle ne vint perturber la narration. Il prit l'assemblée sur les ailes du conte et l'emporta.

Ils remontèrent à l'origine des temps, où seuls les dieux existaient. Bien que tout-puissants, ils devaient produire eux-mêmes les biens nécessaires à leur subsistance et effectuer tous les travaux pénibles, puisqu'ils étaient seuls. Un jour, las du labeur et désireux de s'adonner aux loisirs, ils eurent l'idée de créer les hommes pour qu'ils travaillent à leur place. Ils les firent d'argile, pour qu'ils soient mortels, une argile humectée de la chair et du sang d'une divinité inférieure pour insuffler la vie.

Au début, l'arrangement s'avéra très satisfaisant. Toutefois, au bout d'un certain temps, les hommes devinrent très nombreux. Ils parlaient beaucoup (surtout les femmes), une rumeur sans fin montait de leur multitude. Ce tumulte incessant importunait leurs créateurs qui ne pouvaient plus dormir : ceux-ci, lassés, les condamnèrent à disparaître. Après avoir utilisé sans succès la peste, la sécheresse et la famine, ils décidèrent de les noyer par un déluge qui devait recouvrir d'eau la Terre entière.

Cependant, l'un de ces hommes avait noué amitié avec un dieu qui le prévint au moyen d'un rêve prémonitoire qui décrivait le désastre. Il eut ainsi le temps de construire un grand radeau, sur lequel il embarqua famille, amis, animaux et plantes les plus utiles. Alors, le ciel devint liquide et le déluge s'abattit sur la Terre.

Il se déversa sans trêve pendant six jours et sept nuits. Tout n'était plus qu'un lac infini. Mais, le septième jour, le déluge prit fin, l'eau commença à refluer et le navire se retrouva au sommet d'une montagne noire. C'était la montagne du berger Enli.

Un autre dieu parmi les plus puissants aperçut l'embarcation échouée sur la cime. Il comprit que les hommes n'avaient pas tous disparu. De colère, il métamorphosa la montagne en un monstre diabolique, qui se mit à vomir par son sommet éclaté des flots de roches incandescentes. Le torrent de feu s'écoula durant un temps considérable. Un jour, il rencontra une rivière, il se solidifia instantanément et se transforma en obsidienne noire.

Toutefois, les quelques hommes qui avaient survécu au déluge purent échapper à ce nouveau et terrible cataclysme. Alors, le dieu furieux arracha un gigantesque pan de la montagne d'obsidienne et le lança de toute sa force sur les survivants. L'énorme bloc roula longtemps, longtemps sur la pente, pendant des jours et des jours. Il s'usa et se polit. Lorsqu'il s'arrêta, ayant perdu tout élan avant d'avoir atteint les hommes, il avait pris la forme d'un bel œuf noir.

Ninmah redoubla d'attention. Kish au contraire sembla n'avoir rien remarqué. Mahal pâlit légèrement, mais resta impassible.

– On raconte, continua Hiram, que cet œuf d'obsidienne noire existe toujours. Il révèle son origine divine par sa position verticale inamovible. Il se trouve sur les flancs des hautes montagnes où naissent les Grands Fleuves, d'où notre race est originaire. Et, dans le refroidissement brutal dont il est issu, l'image du douloureux visage du dieu furieux qui crie sa colère de n'avoir pu exterminer les hommes s'est figée pour l'éternité. Les sages parmi les sages racontent que si l'on tourne autour de l'œuf dans la lumière du soleil, on distingue toujours, au cœur de sa mystérieuse transparence, la terrible figure verdâtre qui hurle sa rage. Puisqu'il a épargné l'humanité, affirment-ils, celui qui le possède verra tous ses vœux réalisés et il est assuré d'un bonheur éternel.

« Or, nombreux sont ceux qui sont partis à l'aventure pour en prendre possession. Beaucoup ont franchi les fleuves, les rivières et les torrents, à gué ou à la nage, ont traversé les déserts, ont escaladé les montagnes, sont descendus dans les vallées puis ont gravi d'autres montagnes, ont bravé le soleil brûlant, la neige, le froid, les tempêtes, ont souffert de la faim et de la soif, ont affronté tous les dangers connus ou inconnus.

« Ils n'ont rien trouvé. L'œuf noir se tient toujours là où s'est brisé l'élan de la colère divine.

« Et telle est mon histoire.

Un long silence suivit. Personne ne parlait, ne posait de question. Il fallait que les pensées emportées par la magie du mythe reviennent sur terre.

À présent, le Peuple de la Grotte comprenait mieux ce qu'étaient les dieux : ils ressemblaient aux esprits, mais paraissaient plus distants. L'esprit de l'arbre vivait dans l'arbre ; en touchant l'arbre, on entrait presque en contact avec lui. Il n'existait pas de dieu de l'arbre. Apparemment, les dieux vivaient ailleurs, plus haut, plus loin, en des lieux imprécis d'où ils voyaient une plus grande partie du monde. Ils étaient moins familiers, hors d'atteinte. Peut-être plus puissants.

Dans ces conditions, comment s'adresser à eux ? Le vocabulaire manquait au Peuple de la Grotte pour exprimer les sentiments que suscitaient l'éloignement et la grandeur de ces nouveaux êtres. Ceux qui s'attardaient à y songer ressentaient une fascination vague mêlée d'une anxiété diffuse. Et si les esprits n'étaient que les esclaves des dieux ? Non ! Si tel était le cas, ils l'auraient fait savoir. Il valait mieux laisser ces caravaniers s'en aller avec leurs dieux, oublier ces créatures bizarres et continuer à vivre avec les esprits.

Après qu'un long moment se fut écoulé, Kish échangea un regard avec Halaf. Ils hochèrent brièvement la tête en signe de compréhension et se levèrent ensemble. Les autres suivirent le mouvement et tout le monde partit se coucher, sans un mot.

Halaf et ses compagnons étaient des commerçants accomplis : le Peuple de la Grotte rêvait déjà du lendemain, impatient de découvrir ce qu'apportaient ces étonnants marchands.

Mais, de tous, c'était Ninmah que l'imagination entraînait le plus loin. L'image de l'œuf noir la fascinait. Mahal aussi avait parlé d'un œuf noir. Se pouvait-il qu'il s'agisse du même ? Kish pensait à la manière dont s'organiserait la suite des opérations. Mahal avait classé l'épisode de l'œuf au rang des coïncidences.

Commerce

Le lendemain matin, après que tout le monde se fut rapidement restauré, le marché s'ouvrit.

L'excitation était grande du côté du Peuple de la Grotte. Ce n'étaient que discussions à mi-voix, commentaires amusés, rires étouffés, regards discrets ou indiscrets en direction des marchandises emballées. Les yeux des femmes brillaient de plaisir et de curiosité, les hommes affichaient un flegme dont on voyait bien qu'il n'était qu'apparent, les enfants couraient en tous sens avec des cris aigus.

Halaf n'avait pas le talent de conteur de Hiram. En revanche, c'était un commerçant de première force. D'un coup d'œil, il savait discerner les attentes de ses acheteurs potentiels et adaptait instantanément son comportement en conséquence. En l'occurrence, pour faire monter un peu plus l'impatience de ses clients, il avait décidé de présenter les marchandises non pas toutes simultanément, mais l'une après l'autre.

Les marchands étendirent devant la caverne de grands tapis de peaux grossièrement cousues entre elles, sur lesquels ils se préparaient à déposer leurs produits.

Halaf prit la parole :

– Amis, nous avons quantité de choses à vous proposer. Nos voyages nous mènent dans de multiples contrées, d'où nous rapportons des trésors qui vous paraîtront, j'en suis certain, nouveaux et originaux.

Il faisait l'article, comme un bon camelot.

– Afin que vous puissiez apprécier l'intérêt de notre offre, poursuivit-il, nous n'allons pas tout vous présenter en vrac. Il vaut mieux opérer d'une manière plus organisée.

Petit sentiment de déception, surtout chez les femmes qui auraient préféré farfouiller dans le désordre, sentiment vite oublié dans le flot de la curiosité.

– Nous commencerons, dit Halaf, par les articles d'utilité immédiate. Nous continuerons par ceux qui joignent l'utile à l'agréable. Puis nous terminerons par les objets qui n'existent que pour le plaisir.

– Les ânes font-ils partie du lot ? demanda soudain Ninmah, pleine d'audace.

Sa question surprit toute l'assemblée. Seuls Lahar et Mahal avaient compris son but. Halaf lui jeta un regard vif ; comme les autres caravaniers, il était étonné, presque choqué, qu'une si jeune femme s'adresse à lui aussi directement. Cela ne se faisait pas dans la caravane. Toutefois, il avait appris à s'adapter aux mœurs des peuples qu'il rencontrait. Il ne montra qu'un léger raidissement, aussitôt effacé.

– Non, dit-il, nos ânes sont nos outils de travail. Je regrette, ils ne sont pas à vendre.

Il se tourna vers les marchands et, dans un geste théâtral, le corps droit comme un arbre, il claqua deux fois des mains. Deux hommes empoignèrent une grande jarre fermée par une peau et la posèrent sur l'un des tapis. Ils l'ouvrirent, et chacun put apercevoir un produit fait de minuscules cristaux brillants, d'un blanc éclatant. Un autre apporta deux morceaux de chèvres cuits qui restaient du repas de la veille. Il prit une pincée de la substance blanche entre le pouce et l'index et en saupoudra l'un des quartiers de viande.

– La matière dans la jarre s'appelle le « sel », déclara Halaf avec emphase. Elle provient de très loin vers le couchant, d'un pays où se trouve un lac immense dont l'eau contient ce produit en très grande quantité[1]. Lorsqu'on recueille cette eau et qu'elle s'évapore, il reste le sel. Or, cette substance a une particularité étonnante : elle rehausse la saveur des aliments et leur donne en plus un arôme particulier, tout en procurant une sensation délicieuse sur la langue et dans la bouche. C'est un véritable don du ciel, un enchantement.

1. La mer Morte.

Pour le Peuple de la Grotte, l'alimentation n'avait qu'un but utilitaire : apaiser la faim, en premier lieu. Elle contribuait aussi à la santé du corps, ils l'avaient compris depuis longtemps. Saveur et arôme étaient des mots qu'ils n'avaient jamais entendus, des notions qu'aucun d'eux n'avait imaginées. Ils aimaient satisfaire leur appétit, comme tout animal vivant. L'idée que l'on puisse ajouter quelque chose aux aliments juste pour augmenter le plaisir de les avaler ne leur était jamais venue. Bien sûr, le sel leur était inconnu.

Tous écoutaient, regardaient, les yeux écarquillés, sans bien comprendre. Des affirmations de Halaf, ils n'avaient retenu que le don du ciel, l'enchantement et l'origine exotique du produit. Cela suffisait pour exciter la curiosité.

– Quelqu'un veut-il goûter un morceau de chèvre sans sel et un autre avec ? demanda Halaf.

– Oui, moi !

C'était Ninmah, qui surprenait de nouveau tout le monde.

– Un instant, dit Kish, s'adressant à Halaf. Ce sel est-il assez sain pour que tu sois prêt à en manger toi-même ?

Halaf sourit avec une certaine arrogance. Il n'avait pas aimé la question de Kish ni ce qu'elle sous-entendait, mais il avait appris depuis longtemps à faire montre d'ouverture avec les peuples qu'il rencontrait :

– Ami, je comprends ta méfiance. Je t'assure que nous sommes ici pour commercer, et pas pour nous emparer de votre grotte.

Sans un mot de plus, il avala un bout de viande salée.

Ninmah put alors saisir les deux morceaux qu'on lui tendait. Sans hésiter, elle mordit dans celui qui était salé, mâcha lentement, les yeux baissés, concentrée. Elle prit le temps d'analyser ce qu'elle ressentait et fixa son attention sur la perception gustative. C'était la première fois qu'un membre du groupe pensait consciemment au goût. Les autres attendaient, intrigués. Elle avala soudain ce qu'elle avait dans la bouche et s'exclama :

– Oh ! C'est extraordinaire ! Je n'ai jamais rien mangé de pareil. Ça pique délicatement la langue, et cette viande dégage un parfum inconnu mais étonnant. Je trouve ça… je trouve ça… je ne sais comment dire, mais j'adore. Essayez tous, vous ne le regretterez pas.

Elle passa la viande à la ronde et tous se précipitèrent pour goûter. Il fallut apporter d'autres morceaux. Ce n'étaient que cris d'étonnement, exclamations enthousiastes. On découvrait le plaisir dans la plus banale des activités. Les quartiers de chèvre furent bientôt épuisés, mais les commentaires se poursuivirent longtemps. Leur civilisation venait de s'enrichir d'une dimension nouvelle.

Halaf se gardait bien d'intervenir. En commerçant avisé, il laissait l'engouement prendre racine. Ninmah résuma le sentiment général en s'exclamant :

– Il faut acheter ce sel, on ne peut s'en passer !

– Oui, oui, il faut l'acheter, dirent en écho Lahar, Enihl et quelques autres.

Si Halaf était un vendeur talentueux, Kish, qui avait vu défiler nombre de caravanes, n'était pas tombé de la dernière pluie. Il se tourna vers le Peuple de la Grotte et cria vivement :

– Pas si vite, ne vous précipitez pas comme ça. Nous allons d'abord réfléchir.

Puis, plus calme, il s'adressa à Halaf :

– Ce sel se conserve-t-il ?

– Oui, répondit Halaf, presque indéfiniment.

Kish réfléchit quelques instants, puis reprit :

– Ton sel est une nouveauté séduisante et il nous intéresse. Mais, avant de prendre une décision, nous souhaitons voir ce que vous avez d'autre à nous proposer.

– Très bien, dit Halaf l'air assuré, nos ânes ont convoyé quantité de richesses inattendues. Mais restons pour l'instant dans le domaine alimentaire. Votre montagne est riche de plantes de toutes sortes, comestibles ou autres. Pourtant, je ne pense pas que vous connaissiez celle que je vais vous montrer maintenant.

Il frappa de nouveau dans ses mains et un marchand vint déposer sur l'un des tapis un légume unique. Il était ridiculement petit, perdu au centre des grandes peaux. C'était un minuscule bulbe blanc, brillant, très légèrement aplati, surmonté de longues feuilles vertes. Il donnait une agréable impression de fraîcheur.

– Savez-vous de quel légume il s'agit ? demanda Halaf.

La question était inutile, l'expression des gens de la grotte parlait pour eux. Toutefois, Halaf tenait à ce qu'ils expriment eux-mêmes leur ignorance. Lorsque ce fut fait, il reprit :

– C'est de l'ail. Je ne vous encouragerai pas à mordre dedans tel quel. Il est petit, mais son goût est puissant. En fait, il s'utilise comme le sel, en faible quantité pour mêler son parfum à celui d'autres aliments.

Parfum, arôme, saveur, goût, le vocabulaire du Peuple de la Grotte ne s'était jamais tant enrichi en une seule fois. Halaf prit la plante et la fit circuler de mains en mains, pour que chacun puisse humer l'odeur forte. Certains grimaçaient, d'autres affichaient une moue dubitative. Mais tous étaient sidérés : un étranger leur apportait une plante inconnue, à eux qui connaissaient si bien les plantes ! Ça n'était jamais arrivé. Finalement, ce fut encore Ninmah qui fit une proposition :

– Nous devrions en acheter une petite quantité, pour l'essayer.

– Nous verrons, marmonna Kish.

La matinée avançait vite. Il fallait laisser du temps pour les négociations qui dureraient sans doute une bonne partie de l'après-midi. Il fut donc décidé de passer aux articles joignant l'utile à l'agréable. Le même scénario se répéta plusieurs fois, claquements des mains de Halaf, présentation, commentaires, discussions.

Parmi les offres qui parurent intéressantes au Peuple de la Grotte figurait le bitume. C'était une matière plus ou moins pâteuse, noire, d'aspect peu engageant, avec une odeur forte et désagréable. Selon Halaf, elle affleurait au niveau du sol dans certaines contrées du Nord, de l'Ouest et du Sud-Ouest.

Il expliqua qu'on lui connaissait deux usages essentiels. Il servait à rendre étanches les maisons (grottes construites de main d'homme, commenta Halaf), ainsi que les radeaux qui naviguaient sur les grands fleuves. La nature dense et pâteuse du produit permettait de colmater les plus petits interstices. Compte tenu du mode de vie du Peuple de la Grotte, ajouta-t-il, ces caractéristiques ne pouvaient être utilisées que pour l'étanchéité de certaines poteries. Rien d'autre.

Toutefois, il disposait de quelques jarres d'une sorte de bitume différent, plus liquide, qui brûlait bien. Et là, il y avait un point décisif : une fois enflammé, il procurait de l'éclairage.

Halaf affirma qu'il pouvait avantageusement remplacer le suif, car la lumière obtenue était plus agréable. Et comme le sel, il ne pourrissait pas. N'était-ce pas intéressant, pour un peuple dont la vie s'organisait autour d'une grotte aussi magnifique ? Ilahn ne réaliserait-elle pas ses gravures dans des conditions plus confortables ?

Si, bien sûr, c'était intéressant, très intéressant, tous le pensaient dans le Peuple de la Grotte. D'autant que les marchands pouvaient en fournir plusieurs grandes jarres, ce qui assurerait l'éclairage pour longtemps.

Kish demanda à faire l'expérience. Il constata que le système fonctionnait, l'éclairement s'avérait assez intense. Toutefois, la combustion laissait une odeur déplaisante. Peut-être faudrait-il essayer de mélanger ce bitume au suif.

Ils étaient ébahis par toutes ces nouveautés, et à l'évidence ce n'était pas fini. Aucune caravane n'était jamais venue avec tant de richesses. L'utilisation des ânes pour le transport, se disait Kish, ouvrait d'immenses possibilités et révolutionnait le commerce.

En même temps, il était inquiet : les marchands n'avaient pas encore précisé ce qu'ils voulaient en échange de leurs produits. À l'époque de Kish la monnaie n'existait pas, seul le troc était pratiqué. Qu'est-ce que le Peuple de la Grotte pouvait offrir que les caravaniers ne possédaient pas ? Les discussions allaient être difficiles.

Halaf continuait. À présent, il déroulait des pièces de textile. Le Peuple de la Grotte en avait déjà vu et même acheté. Mais il s'agissait alors de laine de mouton, tandis que cette fois-ci, le tissu était en lin. Il y en avait de deux sortes, correspondant à deux méthodes de tissage différentes. Les femmes se levèrent pour toucher l'étoffe. Elles adoraient.

Diverses peaux furent ensuite offertes à la convoitise. Kish éprouva un plaisir intense à affirmer qu'elles ne les intéressaient pas, car ils en étaient amplement pourvus.

Il profita de ce moment où la tentation s'était un peu calmée pour proposer une pause pour le déjeuner. Ils mangèrent du mouton froid, cuit l'avant-veille. Bien entendu, ils eurent droit au sel. Ils ne perdirent pas de temps, chacun était impatient de se remettre aux affaires. En moins d'une demi-heure, tout était terminé. Puis la présentation des marchandises reprit.

C'était le tour des poteries, qui à elles seules mobilisaient quatre ânes.

La poterie n'avait pas été inventée depuis très longtemps dans la région. Dans le mode de vie de cette époque, elle constituait un apport essentiel : facilité de stockage des graines, des liquides, de la farine. Cela valait pour les communautés sédentaires, et aussi pour les nomades.

Il existait des vases de toutes tailles, de toutes sortes. Le Peuple de la Grotte en possédait déjà beaucoup, il n'était pas nécessaire de descendre dans la vallée pour trouver de l'argile.

Celles des marchands avaient évidemment été choisies pour leur diversité et leur beauté : formes qui allaient du plat à l'amphore effilée ; colorations multiples, dues aux glaises de compositions différentes, aux modes de cuisson divers, aux traitements de surface particuliers ; décorations d'une variété infinie, aux représentations de toutes natures, surtout des animaux, gravés, dessinés, peints. Certaines portaient des ornementations en forme de dessins géométriques, quadrillages, lignes brisées, triangles, qui exploitaient pleinement les symétries axiales, un type de symétrie parmi les plus primitives, car il renvoie à la structure axiale du corps humain. D'autres avaient des silhouettes d'oiseaux, avec des yeux en pierre colorée. D'autres encore représentaient des femmes.

Le Peuple de la Grotte appréciait. Cependant, d'autres caravanes avaient déjà présenté de belles pièces et aujourd'hui rien d'exceptionnel n'émergeait du lot.

Halaf avait gardé le plus étonnant pour la fin. Il fit apporter une dernière jarre, et lorsque les marchands l'eurent posée sur un tapis, le Peuple de la Grotte poussa un oooh ! d'étonnement : l'objet avait une forme d'une régularité absolue. Le galbe ne montrait pas le moindre défaut, pas la moindre marque de doigts. Quel que soit l'angle d'observation, il était identique à lui-même. Il existait des potiers très habiles, mais les vases comportaient toujours des petites irrégularités çà et là. Tous se demandaient comment un travail aussi achevé avait pu être exécuté.

– Ce récipient, expliqua Halaf, a été réalisé grâce à une technique inventée par un peuple de la vallée. Il garde le procédé secret, pour être le seul à produire ces vases au contour parfait. Du coup, ils prennent une grande valeur.

On ne pouvait le nier. Néanmoins, pensa Kish, cela ne changeait pas la capacité.

La plupart des tapis de peaux étaient à présent recouverts de marchandises. La fin approchait. Halaf annonça qu'il allait passer aux objets de plaisir.

– Ilahn nous a présenté hier ses superbes gravures et Kish nous a dit qu'elle n'utilisait pas la couleur car on ne trouvait pas par ici de quoi en fabriquer. Je voudrais vous montrer des produits et des instruments qui combleraient ce manque.

Il étala sur l'un des derniers tapis une magnifique collection de minéraux, d'où, indiqua-t-il, on pouvait tirer de beaux colorants : ocre de fer, rouge, brun, jaune ; azurite bleu brillant, malachite verte ; cinabre, d'un rouge profond ; hématite, qui permettait de produire du rouge, manganèse pour le mauve, gris de galène pour le pourpre ; minium, d'un rouge orangé, céruse gris-blanc ; terre extraite des profondeurs d'un lac, pour les fonds de plâtre, crème ou blanc cassé ; suie, pour le noir.

Puis il présenta un mortier et un pilon, tous deux en pierre, qui servaient à broyer les minéraux colorants en une poudre fine. Bien entendu, il était possible de mêler plusieurs composants dans ce récipient et d'obtenir ainsi des couleurs intermédiaires. Il précisa que le mélange pouvait être séché en petites masses compactes ou en forme de bâtonnets courts et allongés. On pouvait les utiliser directement sous cette forme. Toutefois, précisa-t-il, « certains peuples mélangent le contenu du mortier avec de la graisse animale ou de l'huile végétale, ce qui permet d'autres techniques de mise en œuvre ».

Ilahn posa une ou deux questions sur le volume de colorants que l'on pouvait obtenir à partir d'une certaine quantité de minéraux, ainsi que sur leur résistance dans le temps. Halaf assura que, dans une grotte sèche comme la leur, de nombreuses générations passeraient avant que les couleurs ne pâlissent.

Enfin, il étala des objets de parure et de décoration : coquillages multiples et colorés qu'il avait achetés à d'autres caravanes, en provenance de la mer très loin vers le couchant[1], au-delà d'un immense désert qu'il n'avait jamais traversé ; pierres de lapis-lazuli bleu nuit, apportées d'obscures régions de l'Est par des marchands, certaines taillées en perle ; turquoise bleu ciel d'au-delà de la montagne à l'est ; perles de cuivre, de la même région ; cristal de roche ; jadéite vert pomme. Il expliqua que toutes les pierres pouvaient se tailler en perles. Les yeux des femmes brillaient, autres perles.

Toutefois, selon son habitude, Halaf avait gardé le plus spectaculaire pour la fin :

– Nessar, appela-t-il.

L'un des caravaniers s'avança. Il tenait dans ses deux mains tendues en avant un magnifique œuf d'obsidienne noire d'environ une quinzaine de centimètres, avec de fascinants reflets verdâtres lorsqu'on le tournait dans le soleil. Il le posa avec précaution sur un tapis. Le Peuple de la Grotte, qui avait encore à l'esprit l'histoire de Hiram, en resta bouche bée. Ninmah fut la première à réagir :

– C'est l'œuf dont nous a parlé Hiram ? demanda-t-elle sur un ton étrange.

– Non, répondit Halaf, l'œuf de Hiram se trouve là où il l'a indiqué, sur les pentes d'une montagne, loin au nord. Celui-ci est au moins deux fois plus petit. Il est tout de même superbe. Regardez cette forme douce et régulière, ce poli parfait, ces reflets mystérieux. C'est une pièce d'exception. Et lui aussi porte chance.

Cet œuf ressemblait tant à celui du conte ! Il devait y avoir un rapport entre les deux. Et qu'en était-il de celui de Mahal ? se demandait Ninmah. Elle ne pouvait détacher ses yeux de l'objet étrange.

---

1. La Méditerranée.

La totalité des marchandises se trouvait maintenant exposée aux yeux de tous. Le Peuple de la Grotte n'avait jamais vu un étalage aussi extraordinaire et les regards couraient partout, pleins d'envie, au milieu de commentaires murmurés à l'oreille. Ils ne pourraient pas tout avoir, c'était évident. Le choix serait difficile. Les marchands observaient et attendaient patiemment la suite des opérations.

Kish prit enfin la parole :

– Nous sommes sans doute intéressés par plusieurs des produits que vous nous avez présentés et votre voyage jusqu'à nous ne sera pas inutile. Vos marchandises sont nombreuses et chacun d'entre nous doit avoir un avis sur ce qu'il voudrait. Nous devons nous mettre d'accord sur un choix définitif. Il faut que je réunisse mon peuple pour en discuter.

– Je comprends très bien.

Ils se retirèrent au fond de la grotte. Ils avaient eux aussi beaucoup de choses dans l'aire de stockage, déclara Kish. Néanmoins, il lui semblait que seule une faible partie serait intéressante aux yeux d'une caravane qui détenait de telles richesses. Chacun devait donc rester raisonnable.

Ils débattirent environ une heure. Ils fixèrent leur choix sur le sel et le bitume liquide, en aussi grande quantité qu'il se pourrait. Malgré l'insistance des plus jeunes femmes, ils renonceraient aux pierres et aux belles poteries. Les colorants firent l'objet d'un débat houleux. En définitive, il fut décidé que l'on verrait à une autre occasion. En revanche, ils essayeraient d'avoir l'œuf. Quant à la procédure de l'échange, ils convieraient les marchands dans la grotte, ils enlèveraient le rideau qui cachait les réserves, ils leur demanderaient ce qu'ils souhaitaient, puis ils négocieraient les quantités.

Kish rapporta ces conclusions à Halaf.

– Votre choix est pertinent, commenta Halaf, très amical. Je suis d'accord sur la manière d'opérer les transactions. Si tu le veux, allons voir vos réserves tout de suite.

Fâcherie

Autant le Peuple de la Grotte était consensuel, autant les caravaniers obéissaient aveuglément à leur chef. Leur vie étant pleine de dangers et d'imprévus, il ne pouvait en être autrement. Halaf, qui à part Hiram et les jeunes enfants avait été le seul à s'adresser au Peuple de la Grotte, pénétra sans aucun de ses compagnons dans la caverne avec Kish, pour procéder au choix.

Il fit le tour des silos avec soin, attentif aux commentaires de Kish. Dans un coin du silo des plantes médicinales, il remarqua plusieurs petits vases qui contenaient des plantes et des préparations. Kish nota son intérêt :

– Depuis longtemps, dit-il, nos femmes possèdent la science des herbes, qu'elles se transmettent dans le secret de génération en génération. Elles savent faire de nombreuses compositions, des mélanges de plantes préparées de différentes manières. Elles sont cueillies à un stade bien précis de leur croissance, puis elles sont conservées et traitées selon des procédés ancestraux qui se perfectionnent au fil du temps. Nous nous en servons pour le corps et la santé. Certaines préparations permettent de limiter les naissances, d'autres soignent des maladies, aident à la cicatrisation des blessures ou à la réparation des membres brisés. C'est souvent très efficace.

L'attention de Halaf était brusquement montée d'un cran. On lui avait parlé dans la vallée de cette science que possédait le Peuple de la Grotte. C'était l'une des raisons de sa venue.

– Je ne savais pas que cela existait, mentit-il. C'est très intéressant, fit-il comme si ça ne l'était pas. Mais j'y pense, il se trouve que plusieurs membres de notre caravane sont affligés par un mal qui nous gêne considérablement : au-delà d'un certain âge, les genoux deviennent douloureux, gonflent facilement et sont chauds au toucher. C'est peut-être dû au fait que nous marchons en permanence. Nous soignons cette gêne par l'application d'un tissu imbibé d'eau froide, mais le soulagement n'est que temporaire. Crois-tu que vos femmes ont une préparation d'herbes pour ce genre de trouble ?

– Oui, tout à fait. Il nous arrive aussi d'avoir ce problème. Nous avons un remède très efficace pour le guérir. Il s'agit d'un liquide, d'une odeur d'ailleurs très désagréable. Nous n'enduisons pas le genou avec, nous l'absorbons. En général, il suffit d'en prendre une fois ou deux et la douleur disparaît.

Il tendit le doigt vers un petit vase :

– Tiens, dit-il, c'est ce liquide verdâtre.

– Vous n'en avez pas beaucoup, remarqua Halaf.

– C'est vrai, répondit Kish. Il faut une grande quantité d'herbes pour n'obtenir qu'un peu de liquide, et de plus elles ne sont pas faciles à trouver. Je crois d'ailleurs qu'elles n'existent que dans notre région. Par chance, il suffit de quelques gouttes de ce produit pour être guéri.

Ils continuèrent la visite. Lorsqu'elle fut terminée, Halaf n'attendit pas d'être ressorti de la grotte :

– Je sais ce qui nous intéresse. Nos réserves de nourriture sont en diminution et nous aurions besoin de quelques-unes de vos plantes légumineuses, en particulier les lentilles et les pois chiches qui sont nourrissants et se transportent facilement. Je suis aussi preneur de vos pointes d'obsidienne, pour renforcer notre armement. Tu as sans doute un artisan très habile, j'en ai rarement vu d'aussi aiguës.

« Pourtant, ce que j'aimerais par-dessus tout, c'est ton liquide pour soigner les genoux.

– Je regrette, répondit Kish sans hésiter, c'est comme tes ânes, ce liquide n'est pas à vendre.

– Je serais prêt pour la circonstance à te céder quelques ânes.

– Non, merci. Ce liquide n'est pas à vendre.

Halaf cachait mal sa déception. L'amertume se lisait dans son expression. Le ressentiment n'était pas loin.

– Je comprends que ce liquide soit très précieux pour vous, reprit-il. Je suis prêt à donner beaucoup pour l'avoir, ce pourrait être une excellente affaire pour ton peuple et ce serait un énorme soulagement pour notre caravane. Il suffirait ensuite que tes femmes s'activent pour produire très vite de nouvelles quantités de produit.

– C'est malheureusement impossible. Ces plantes ne peuvent être cueillies qu'au printemps, pendant une période très brève. Nous ne prendrons pas le risque de rester si longtemps sans ce liquide. Je regrette beaucoup, je ne peux pas te le vendre.

– Peut-être pourrais-tu nous en céder une partie ?

– Tu l'as constaté toi-même, nous en avons très peu.

Un éclair mauvais passa dans l'œil de Halaf. Kish le perçut, mais il décida pour l'heure de n'en pas tenir compte. Le chef des marchands reprit vite son contrôle. Son visage était devenu impénétrable.

– Soit, oublions tes herbes.

« Pour le reste, voici ce que je propose : une grande jarre de sel pour une jarre de lentilles et une autre de pois chiches, et je peux te céder toutes les jarres que je transporte, sauf une que je veux garder (il illustra cette quantité en présentant ses deux mains, cela faisait autant de jarres que les doigts d'une main plus deux) ; une grande jarre de bitume pour un ensemble de pointes d'obsidienne comme celui-là (il montra les cinq doigts de sa main ouverte), et tu peux avoir toutes les jarres dont je dispose (également le nombre de doigts d'une main).

« Quant à l'œuf, dont tu as compris qu'il était d'une valeur inestimable, je le garde. J'aurais pu échanger quelques ânes contre ton liquide magique ; mais puisque tu souhaites le conserver, n'en parlons plus.

La dernière tentative de Halaf n'avait pas échappé à Kish. Il préféra l'ignorer.

– Halaf, il faut beaucoup de temps et d'habileté pour fabriquer les pointes d'obsidienne que tu désires. Tu as raison, il est rare d'en trouver de cette qualité. C'est Enihl, l'époux d'Ilahn, qui les fait. Il utilise une technique que nous nous transmettons de génération en génération et qu'il a perfectionnée : par pression d'une béquille tenue en biais, il débite les blocs maintenus avec fermeté au sol. La force à appliquer, la direction de la pression, l'endroit du bloc où elle s'exerce, autant de points qui nécessitent un long apprentissage, un tour de main sans faille et surtout du talent.

« Alors cet ensemble de pointes pour une jarre de bitume, c'est trop. Je te propose le tout moins une pointe. Et je t'assure que c'est un arrangement très avantageux pour toi, que j'accepte parce que je veux compenser l'impossibilité de te vendre le liquide.

– Soit, dit Halaf. Dans ces conditions, tu me donnes une jarre de fèves en plus des jarres de lentilles et de pois chiches.

– D'accord, acquiesça aussitôt Kish.

La transaction était terminée, le marché conclu.

Cela avait duré moins d'une heure. D'habitude, les négociations étaient beaucoup plus longues. C'était un jeu aux règles bien établies, auquel les partenaires prenaient toujours beaucoup de plaisir.

Cette fois-ci, un froid s'était installé. Aucun de deux interlocuteurs n'avait envie de jouer, chacun était pressé d'en finir. Sans un mot, Halaf sortit avec Kish de la grotte.

– Si cela ne t'ennuie pas, dit le chef de la caravane, je préférerais que nous ne déménagions les jarres que demain matin. Ce soir, mes amis et moi devons nous réunir pour préparer notre départ. Et comme nous avons beaucoup à discuter, je souhaiterais que nous prenions le repas du soir à part, si tu n'y vois pas d'inconvénient.

– Fais comme tu l'entends.

La convivialité de la veille s'était nettement refroidie.

Les deux communautés se restaurèrent chacune de leur côté. La fête était finie. L'ambiance était maussade. Le Peuple de la Grotte, qui aimait la visite des caravaniers, en éprouvait une certaine mélancolie. Le repas fut silencieux, chacun ruminait ses pensées. Contrairement à l'habitude, il n'y avait aucun rire, aucune gaieté.

Tous étaient d'accord avec la décision de Kish : il ne fallait pas échanger le liquide vert. Pour le reste, les termes de la transaction convenaient. Du point de vue pratique, les affaires s'étaient bien passées. Cependant, l'amitié n'y trouvait pas son compte.

Les caravaniers s'étaient déjà couchés. Ils voulaient sans doute prendre du repos avant leur prochaine étape. Le Peuple de la Grotte, peu enclin ce soir-là à une longue veillée, décida de faire de même. Ils se levèrent et se dirigèrent vers la grotte.

Ninmah, elle, n'avait pas sommeil. Les caravaniers, avec leur parfum d'aventure, leurs voyages sans fin, Hiram avec son conte merveilleux, Halaf et son œuf d'obsidienne qui donnait une réalité physique à l'histoire de Hiram, tout cela l'avait remuée au plus profond. Et que penser de l'œuf de Mahal ? Et que dire de ces marchandises si tentantes, sel, pierreries, minerais et colorants, coquillages ? Et ces commentaires passionnants sur l'origine lointaine et exotique de tel ou tel produit ! Elle aurait tant aimé pouvoir disposer d'un âne et s'en aller au loin avec Lahar, peut-être jusqu'à la montagne, jusqu'à l'œuf du conte de Hiram.

Son imagination bouillonnait, traversée de mille rêves. Sa tête était en feu. Elle ne pourrait dormir, il fallait qu'elle marche un peu, qu'elle prenne l'air frais du soir.

Au lieu de se diriger vers la grotte comme les autres, elle partit vers l'endroit où elle avait donné à Lahar son accord au mariage, l'avant-veille, de l'autre côté de la rivière. La nuit était complètement tombée. Elle s'assit et leva la tête pour contempler le ciel lumineux du Moyen-Orient. Puis elle ferma les yeux, de nouveau saisie par ses rêves.

Elle sursauta soudain. Quelqu'un s'approchait, elle en était certaine. Elle se retourna brusquement : c'était Gal, le frère de Lahar.

– Je t'ai fait peur ? demanda-t-il.

– Je ne t'ai pas entendu arriver.

– Désolé. Tout le monde dormait là-haut, sauf moi et je m'ennuyais. Je t'ai vue partir tout à l'heure et ça m'a donné l'idée de faire un tour.

À seize ans, Gal ressemblait beaucoup à son frère ; même silhouette haute et élancée, mêmes traits du visage, même chevelure. En revanche, leurs personnalités différaient. Il était aussi irréfléchi que Lahar était posé, aussi exubérant que son frère était réservé, aussi bavard que son aîné était taciturne. Comme lui, il avait un contact très agréable, mais d'une tout autre manière, plus superficielle.

– Ces caravaniers n'ont aucun intérêt, dit-il. Ils font leur commerce, c'est tout. Ils se montrent amicaux dans l'unique espoir de faire des échanges plus avantageux.

Tout le monde dans le groupe avait remarqué que Gal pensait vite et bien.

– C'est vrai, répondit Ninmah avec une douceur triste.

Un long moment passa. Ils se taisaient, partageant le plaisir de l'ambiance nocturne. Un hibou hulula au loin.

Gal se tourna soudain vers le campement des caravaniers, à peine éloigné d'une trentaine de mètres. Il avait entendu le craquement d'une branche. Il fit signe à Ninmah de rester silencieuse et pointa le doigt dans la direction de son regard. Des silhouettes noires bougeaient, étouffant le moindre bruit. Gal se jeta à plat ventre et tira Ninmah par un bras pour la contraindre à en faire autant.

– Regarde, chuchota-t-il dans un souffle. Je ne sais pas ce qu'ils fabriquent. On dirait qu'ils préparent quelque chose.

Maintenant, les ombres formaient un cercle. Elles avaient un genou à terre et parlaient dans un murmure inaudible depuis la cachette de Gal et Ninmah. Gal en compta autant que les doigts des deux mains, sans doute tous les hommes et les plus grands des garçons. L'échange ne dura que quelques instants. Alors, lentement, comme des fantômes, les silhouettes noires se tournèrent vers la grotte et se mirent en marche.

Elles avançaient toutes ensemble, elles montaient la pente, le buste incliné pour être le moins visible possible. Les spectres progressaient très doucement, à l'évidence pour éviter le moindre bruit. Le sang se glaça dans les veines de Gal : il venait de voir que tous tenaient dans la main un objet long et pointu ; une arme, c'était certain.

– Ninmah, ils attaquent la grotte !

Il était épouvanté. Il avait du mal à articuler.

– On ne peut pas les laisser faire, il faut les arrêter, poursuivit-il sur un ton saccadé. Écoute, on va crier aussi fort que possible pour prévenir nos parents.

Ninmah était terrorisée, mais elle gardait toute sa lucidité.

– C'est inutile, dit-elle, la grotte est trop éloignée et de l'intérieur ils n'entendront rien. Nous ne réussirions qu'à attirer vers nous les caravaniers.

– On ne peut quand même pas rester ici inactifs !

Ils parlaient en chuchotant, les mots jaillissaient à toute vitesse, précipités par un torrent d'effroi.

– Gal, reprends ton sang-froid et réfléchis ! C'est horrible, mais nous ne pouvons rien faire, les caravaniers sont déjà à mi-chemin ! Ce sont des tueurs, j'en suis sûre ! Ils vont massacrer tout le monde dans la grotte à cause de nos herbes qu'ils veulent prendre, et pour se venger de notre refus !

– Et tu peux rester ici pour voir ça, sans rien faire ?

– Gal, je t'en supplie, réfléchis et aide-moi (elle se tordait les mains), nous sommes devant un dilemme affreux : soit nous ne bougeons pas, nous assistons impuissants à cette horreur, et tôt ou tard ils nous trouveront et nous tueront aussi ; soit nous nous sauvons et porterons toute notre vie le poids de cette décision.

– Je refuse de m'enfuir. On ne peut pas abandonner notre peuple.

Ninmah fit son choix :

– Ce n'est pas parce que tu restes que tu le tireras d'affaire : tu ne peux que regarder ou te faire massacrer. De toute façon, ils sont perdus. Ils vont être pris par surprise et n'auront pas le temps de se défendre. La seule solution, c'est de nous enfuir assez loin, de nous cacher quelque part. Nous reviendrons plus tard, quand les tueurs seront partis. On s'affole peut-être pour rien. Si ça se trouve, ils seront seulement blessés ou contusionnés.

– C'est affreux, Ninmah, comment peux-tu parler ainsi ? Tu ne penses qu'à ta sécurité.

Gal pleurait presque d'anxiété, de terreur, de rage impuissante.

– Pas du tout, idiot ! Ne crois pas ça ! Je suis déchirée, comme toi. Mais si nous ne gardons pas la tête froide, nous sommes morts ! J'essaie de trouver la moins mauvaise option, et vite, vite. Gal, il faut nous enfuir ! Il faut partir maintenant, dans un instant il sera trop tard !

Les caravaniers arrivaient à l'entrée de la grotte. Celui de tête fit un signal. Ils se levèrent d'un coup et se ruèrent dans la caverne. Ils hurlaient comme des fous, ils brandissaient leurs armes. Le massacre commençait.

– Maintenant ! cria Ninmah.

Elle prit la main de Gal et il se laissa entraîner. Ils se ruaient dans la descente lorsqu'un âne sans doute effrayé par les hurlements des attaquants se mit à braire. Ninmah s'arrêta net et aperçut les animaux attachés une dizaine de mètres plus loin.

– Gal, cria-t-elle, prenons deux ânes ! Nous irons plus vite et ils ne pourront pas nous retrouver !

Quelques instants plus tard, chacun avait enfourché une monture et, frappant à coups de talon dans le ventre des bêtes, comme Halaf l'avait expliqué, ils s'enfuirent vers la vallée, bouchant leurs oreilles aux clameurs qui venaient de la caverne.

Ainsi périt le Peuple de la Grotte. À l'exception de Ninmah et de Gal.

Descente

Ninmah et Gal dévalaient la pente, épouvantés. Ils se laissaient emporter par la course éperdue des petits ânes. Terriblement secoués par le trot précipité de leurs montures, ils avaient du mal à se maintenir sur leurs dos. Pour ne pas tomber, ils se cramponnaient de toutes leurs forces à la crinière ou au cou des animaux. Ils étaient terrorisés, leurs mains et leurs bras crispés étaient douloureux. Ils haletaient.

Arrivés dans un bois touffu, les ânes ralentirent leur allure, puis s'arrêtèrent d'eux-mêmes. Ninmah et Gal se laissèrent glisser à terre. Ils sanglotaient de désespoir. Ils ne savaient pas combien de temps la cavalcade avait duré. Lorsqu'ils reprirent quelque peu leurs esprits, ils virent qu'ils étaient à l'abri.

Ils décidèrent d'attendre la fin de l'horreur pour retourner à la grotte, dans l'espoir de trouver des survivants. Ils patientèrent quelques minutes fiévreuses. Puis, trop angoissés pour rester sur place, ils se mirent en route, se faisant aussi discrets que possible. Ils tiraient les bêtes par la corde qu'ils avaient autour du cou et surveillaient les environs avec attention.

Ils avaient presque remonté tout le chemin parcouru lorsque l'un des deux ânes se mit soudain à braire de toutes ses forces.

– Il faut le faire taire ! cria Ninmah, terrorisée.

Gal ne savait que faire. Il tenta bêtement de lui maintenir la bouche fermée. Peine perdue, l'animal était beaucoup plus fort et se débattait. Il continua de plus belle.

– Je ne peux pas arrêter cette sale bête, hurla-t-il. Tant pis, qu'il braille, je vais voir là-haut.

Il oublia toute prudence et abandonna l'âne pour se ruer bruyamment vers la caverne.

Or, les caravaniers partis à la recherche des deux montures qui leur manquaient ne s'étaient pas trop éloignés. Ils entendirent le cri de l'animal.

– Là-bas, dit Halaf.

Il montrait du doigt l'endroit d'où provenait le bruit. Deux hommes coururent aussitôt dans cette direction, silencieux. Ils ne virent pas Ninmah qui était dissimulée, mais Gal fut tout de suite repéré. Ils se précipitèrent sur lui. Le jeune garçon était vif, mais léger et moins vigoureux. Le combat fut bref. Ils le capturèrent, le tenant chacun par un bras, et l'amenèrent devant leur chef.

Cachée avec son âne, Ninmah retenait sa respiration. Elle priait l'esprit du silence pour que l'animal ne bronche pas. Elle entendit Halaf dire à Gal d'un ton posé :

– Tu es revenu pour rien, tout le monde est mort. Et surtout, tu n'aurais pas dû voler nos ânes ; maintenant, c'est toi qui vas mourir.

– Vous n'êtes que des assassins, s'exclama Gal avec crânerie.

– Tais-toi. Tu es un voleur d'âne et tu vas le payer.

Ils l'égorgèrent sur-le-champ avec l'une des pointes d'obsidienne d'Enihl. Ninmah n'oublia jamais son long cri d'agonie.

Quelques instants plus tard, elle vit les tueurs s'éloigner, chargés de toutes les réserves de la grotte. Par prudence, elle attendit encore. Longtemps, lui sembla-t-il. Enfin, certaine du départ des assassins, elle décida de monter voir ce qui restait du groupe.

Mal lui en prit. Les caravaniers qui voulaient récupérer leur dernier âne n'avaient pas quitté l'endroit. Des guetteurs se trouvaient près de la grotte, embusqués. Ninmah fut capturée à son tour et amenée sans douceur devant Halaf.

– Ton peuple est mort pour nous avoir refusé une marchandise vitale, lui dit-il. Je le regrette. Nous n'étions pas venus pour ça, nous ne tuons pas pour rien. Ton compagnon est mort pour avoir volé un âne. C'est pour nous un outil de travail essentiel et ce vol méritait la mort. Il ne reste que toi. Tu as aussi volé un âne et il serait juste que tu le payes de ta vie.

« Mais tu as de la chance : nous avons besoin de femmes. Tu ne vas pas mourir, nous allons te garder. Mais attention. Si nous t'emmenons avec nous, c'est pour que tu deviennes membre de notre peuple. Cela veut dire que tu devras te plier à notre mode de vie et à nos coutumes. Hier, tu parlais trop. Nos femmes n'ont pas ce genre d'impudence. Alors, observe notre manière d'être et respecte-la. Faute de quoi nous ferons ce qu'il faut pour te mettre dans le droit chemin. En revanche, si tu te soumets à nos règles, tu seras considérée et traitée à l'égal des autres. C'est bien clair ?

Au moins, elle ne serait pas réduite en esclavage. Elle fit juste un signe de la tête pour marquer son assentiment. Il lui montra du doigt une femme d'une vingtaine d'années :

– Voici Achar, dit-il. Je te confie à elle. Tu dois l'écouter et lui obéir. Elle va s'occuper de ton éducation.

Ninmah se plaça docilement près d'elle et cette fois la caravane partit vers la vallée.

Elle était seule, sans ressources, sans défense. Bien que d'une maturité exceptionnelle, elle n'avait que treize ans. Elle devait vivre avec ces étrangers qui avaient massacré sa famille, son peuple. Un cauchemar. Elle les haïssait. Toutefois, sa survie immédiate était assurée. Elle décida d'étouffer sa répulsion. Plus tard, elle verrait bien.

Le plan de Halaf, après avoir quitté le Peuple de la Grotte, était d'aller légèrement vers le sud-est, puis de remonter quelques jours après vers le nord-ouest pour retrouver la mer, ainsi qu'il l'avait précisé à Kish. Ce détour était motivé par la crue des deux grands fleuves, qui ne s'appelaient pas encore le Tigre et l'Euphrate. Certes, avec le début de l'été arrivait le reflux. Il faudrait néanmoins attendre plusieurs semaines pour pouvoir les franchir sans trop de difficultés. Il valait mieux profiter de ce délai pour s'aventurer quelque temps dans des contrées encore inconnues de la caravane.

À présent, la donne avait changé.

Après le massacre, les caravaniers avaient constaté combien les réserves de la grotte étaient importantes. S'ils emportaient tout, hommes et ânes seraient chargés à l'extrême limite. Il avait fallu choisir entre deux solutions : abandonner une partie du butin ou accepter des étapes beaucoup plus courtes qu'à l'accoutumée. Après discussions, Halaf avait opté pour la seconde. La caravane disposerait d'une autonomie plus grande, ce qui lui ouvrait une possibilité qu'il n'avait pas envisagée jusque-là et qui le tentait beaucoup : aller plus loin au sud-est.

Deux motifs l'attiraient dans cette direction.

En premier lieu, on lui avait parlé dans un voyage antérieur d'un peuple mystérieux qui vivait dans cette région. Sa langue était incompréhensible, son type physique très différent de celui des habitants traditionnels du pays de l'argile. Nul ne savait d'où venaient ces gens, mais quelle que fût leur origine, disait-on, ils avaient apporté des nouveautés extraordinaires. Halaf était très curieux de les rencontrer, de les connaître et peut-être de commercer avec eux.

Il ne pouvait savoir que Kish les avait vus, alors qu'il n'était encore qu'un enfant.

Une seconde raison incitait Halaf à aller vers le sud-est : le Tigre et l'Euphrate coulaient dans cette direction. Au bout, pensait-on dans le pays de l'argile, il devait y avoir une autre mer. Halaf voulait la découvrir.

Pendant plusieurs jours, la caravane descendit de la montagne en suivant la rivière sur sa rive gauche. Le cours d'eau ne sortait de son lit que dans les années exceptionnelles. Le plus souvent, il se contentait d'accroître fortement son débit à la fonte des neiges. Cela avait été le cas cette année-là. À présent, sa décrue était bien engagée. Ils purent se déplacer sur ses berges. Cela leur évitait les sous-bois pleins de broussailles, mais pas le relief tourmenté.

Le terrain très pentu était rocailleux, avec des pierrailles qui roulaient sous les pieds. Ils étaient arrivés par là, mais les conditions avaient changé. Ils étaient très chargés, et de plus se trouvaient dans le sens de la descente. Ils comprirent qu'elle serait bien plus difficile que la montée.

Malgré toutes les précautions qu'ils prenaient, ils trébuchaient souvent, presque à chaque pas. Ils n'étaient pas habitués à ce type de marche. Halaf avait beau crier toutes sortes de recommandations, il ne pouvait être partout. Plusieurs chutèrent, heureusement sans gravité. Chaque fois il fallait s'arrêter, ramasser le chargement éparpillé, le remettre en place.

L'un des enfants se blessa à une cheville. Les ânes étant trop chargés pour le porter, l'un des hommes le prit sur ses épaules. C'était très dur.

De plus, les ânes d'habitude fort dociles se montraient rétifs. La montagne ne leur faisait pas peur, mais ces amoncellements de marchandises sur leur dos les déséquilibraient au moindre accident de terrain. De temps à autre, l'un d'entre eux s'arrêtait et refusait de faire un pas de plus. On devait les guider en permanence, les tirer, crier dessus au milieu de leurs braiments assourdissants.

Mais les caravaniers avaient connu d'autres situations difficiles. Il en aurait fallu plus pour les abattre. Ils allaient moins vite que Halaf ne l'avait prévu, mais ils progressaient. Chaque jour, ils perdaient un peu d'altitude.

Durant ces premières journées avec eux, Ninmah pensa qu'elle ne pourrait pas supporter sa condition. Son univers était anéanti, les siens, ses repères, son horizon, tout ce qui faisait sa vie. Elle avait assisté à la mort de Gal, et son cri terrible résonnait sans cesse à ses oreilles. Elle était assommée, détruite, elle vivait comme une somnambule. Elle se noyait dans l'effort physique de la marche, aveugle, insensible à tout.

Personne dans la caravane ne lui apportait le moindre réconfort, ni Achar ni aucun des autres. Ils n'avaient rien changé à leurs habitudes ni à leur manière d'être. Simplement, lorsque venait le repas, elle recevait une part comme chacun :

– Voici ta part, lui disait-on, sans un mot de plus.

Elle mangeait en silence, sans prêter attention à ce qu'elle avalait.

Le soir, on lui laissait une place pour dormir, près d'Achar.

– Tu passeras la nuit à côté de moi, lui avait-elle ordonné la première fois.

Personne ne faisait d'effort pour aller vers elle. Elle se sentait en dehors de ce groupe inhumain. Elle gisait seule au fond de son gouffre, inerte, passive. Achar n'avait rien à lui interdire.

Jamais elle ne suspecta qu'ils obéissaient tous à un ordre de Halaf. Il estimait qu'elle devait démontrer une volonté réelle de s'intégrer à la caravane et qu'il lui appartenait de faire le premier pas.

Un soir, ils arrivèrent au niveau du champ d'armoises. Quand Ninmah l'aperçut, quelques dizaines de mètres plus loin, sur l'autre rive, elle sortit un instant de son brouillard intérieur. Au souvenir de la récente journée de fête qui s'était terminée si tragiquement, des larmes lui montèrent aux yeux.

Lorsqu'ils furent descendus jusqu'à une cinquantaine de mètres au-dessus de la plaine, Halaf décida qu'il fallait quitter les bords de la rivière pour obliquer vers le sud-est. Il ne voulait plus perdre d'altitude. La plaine était encore détrempée, il serait plus commode de circuler sur les flancs inférieurs de la montagne, déjà presque plats. Toutefois, ils feraient auparavant étape quelques jours : tous, hommes et animaux étaient très fatigués. Halaf savait qu'ils se dirigeaient vers des terres à peu près inexplorées qui hébergeaient sans doute des peuples inconnus. Il se pouvait qu'ils soient hostiles. Mieux valait être en forme.

Ils trouvèrent une large clairière ouverte sur la plaine et y établirent le campement. Ils avaient de la nourriture en abondance et l'herbe pour les ânes poussait à profusion. Autant en profiter.

La caravane resta quatre jours sur ce site. Halaf avait estimé qu'il ne fallait pas moins pour qu'hommes et bêtes récupèrent.

Il décida d'occuper ces quelques journées au farniente. Ce n'était pas dans leur nature et les caravaniers seraient volontiers repartis plus tôt. Malgré leur insistance, Halaf fut inflexible. S'ils étaient prêts à reprendre la route, il n'en était probablement pas de même pour les ânes. Ces animaux étaient leur bien le plus précieux. Il fallait veiller sur eux avec le plus grand soin.

À plusieurs reprises, ils descendirent au fleuve et se trempèrent dans l'eau jusqu'au cou. Aucun ne savait nager, mais cela ne posait pas de problème, le courant était faible. Ils se maintenaient au bord où ils avaient pied et s'accroupissaient ou s'asseyaient. Une fois ce furent les hommes, sauf ceux qui restaient pour garder le camp. Ces derniers y allèrent après que les autres furent revenus. Une autre fois, ce furent les femmes. Il faisait très chaud et ils prenaient beaucoup de plaisir à sentir cette eau tiède caresser leurs corps nus et secs. Ces récréations aquatiques les remirent en forme plus que tout le reste.

Ninmah était alors captive depuis une quinzaine de jours. Plongée dans sa solitude, elle ne s'intéressait à rien. Elle ne participa pas à la baignade, on ne la força pas. Elle n'eut pas un coup d'œil pour ce paysage auquel elle avait tant rêvé.

Il était pourtant magnifique. La crue ne s'était pas encore résorbée en totalité. Aussi loin que portait le regard, on ne voyait qu'entrelacs de terres et de lacs de toutes tailles. C'était un monde d'eau et de limon interpénétrés. Il y avait peu de vent et la surface liquide restait le plus souvent lisse comme un miroir. Le soleil brûlant étincelait comme mille diamants dans toutes ces flaques. Parfois, un arbre aux racines noyées dépassait et se reflétait avec une netteté parfaite. Les petits monticules d'alluvions verdissaient déjà, car la végétation s'empressait de conquérir ces espaces si fertiles. Le soir, au soleil couchant, la beauté touchait à l'apothéose. L'eau devenait du feu liquide, elle prenait toutes les nuances de l'orange au rouge, on aurait dit de l'or en fusion, du sang céleste.

Dès qu'elle se serait évaporée ou qu'elle aurait été absorbée par le sol, la vie exploserait. Les deux fleuves avaient transformé un désert en l'une des régions les plus fertiles du globe et tous les ans ils renouvelaient le miracle.

Plusieurs fois, Nessar sortit l'œuf noir de son tissu de protection pour le présenter aux lumières du ciel, le soir. Il en était le dépositaire et Ninmah remarqua que lui seul le manipulait. Souvent, il marmonnait en même temps des incantations dont elle ne pouvait comprendre le sens. Les caravaniers aimaient contempler l'extraordinaire pierre ovoïde éclairée par le soleil couchant. Lorsque les éclats orangés le pénétraient, il prenait une apparence presque surnaturelle. Les lueurs vertes qui oscillaient en permanence en son sein paraissaient s'enflammer.

Une magie habitait l'œuf. Tous en étaient fascinés. Une fois, après une baignade, Ninmah saisit quelques mots d'une conversation entre Halaf et Nessar, où il était question de leur œuf et de sa relation avec celui de l'histoire de Hiram. Immergée dans ses difficultés, elle n'y prêta aucune attention. Cependant, comme cela arrive parfois, elle enregistra ces bribes d'information sans s'en rendre compte.

C'était le soir du troisième jour à l'étape. Les caravaniers étaient précisément en train d'admirer l'œuf. Un groupe entourait Nessar occupé à le faire pivoter dans les rayons solaires.

Soudain, des hurlements terrifiants s'élevèrent tout près. Une dizaine de courtes flèches s'abattirent sur eux. Des hommes surgirent de derrière les arbres au-dessus du campement. Ils devaient s'être dissimulés là depuis un certain temps, dans l'attente du meilleur moment. Ils étaient à peine une demi-douzaine. Il fut tout de suite évident qu'ils en avaient après l'œuf. Ils bondirent dans sa direction en poussant des cris terribles, une sagaie à la main, comme une horde sauvage. Leurs visages étaient barbouillés de signes peints qui accentuaient le caractère effrayant de leurs expressions grimaçantes.

C'est alors que l'organisation de Halaf prouva toute son efficacité. À l'inverse de ce qu'escomptaient les attaquants, la surprise ne fut pas totale. Les guetteurs avaient bien rempli leur rôle. Ils avaient eu le temps de pousser un cri d'alerte qui permit à Halaf et à ses hommes de prendre leurs armes, toujours à portée de main. Leur réflexe fut si rapide que la stupéfaction fut pour les agresseurs : au lieu de se trouver face au groupe impuissant auquel ils s'attendaient, il leur fallut affronter des guerriers implacables.

Le combat s'engagea aussitôt, terrible, intense, sans pitié. Chacun voulait tuer son adversaire, vite. Halaf ne donnait aucun ordre, les caravaniers savaient tous ce qu'ils avaient à faire. Les femmes s'étaient immédiatement regroupées à l'écart avec les enfants les plus jeunes, les autres se battaient avec une détermination froide et farouche. Ninmah les regardait et se disait que le Peuple de la Grotte n'avait eu aucune chance face à ces hommes-là. Les armes s'entrechoquaient, les cris fusaient, il y avait du sang.

En moins d'une minute, tout fut réglé : les bandits étaient en fuite. Ils laissaient deux morts sur le terrain. Ils disparurent aussi vite qu'ils étaient apparus. Halaf décréta qu'il était inutile de les poursuivre. Il n'y avait plus rien à craindre d'eux.

Il donna l'ordre de ramasser les armes abandonnées. À part les sagaies, ils trouvèrent des arcs et des flèches dans leur carquois derrière les arbres où les assaillants s'étaient cachés.

Ils avaient déjà vu des arcs mais n'en possédaient pas. Ceux-là étaient en bois d'if, avec les cordes en tendons d'animaux torsadés. La pointe des flèches était en silex et l'empennage fait de plumes de canard. Halaf n'aimait pas les arcs. Ils tiraient loin, mais nécessitaient de l'entraînement et de l'adresse pour atteindre leur cible à coup sûr. Autre impératif, la longueur des flèches devait être adaptée à la puissance de l'arc et à la taille du tireur. Cela faisait beaucoup de conditions. Les flèches que les agresseurs avaient lancées n'avaient d'ailleurs blessé personne, bien qu'ils se soient trouvés à faible distance. Ils devaient sans doute être nerveux alors qu'un tir précis exigeait calme et concentration. De plus, ces flèches semblaient trop courtes pour permettre un ajustement rigoureux de la trajectoire.

Halaf décida néanmoins de conserver ces armes. Elles pourraient toujours faire une marchandise d'échange.

Dès que le ramassage fut terminé, Halaf éloigna les femmes et s'adressa aux hommes.

– Vous vous êtes bien battus, leur dit-il. Mais nous devons nous faire un reproche. Ces voleurs devaient nous suivre depuis un certain temps. Ils avaient préparé leur coup, puisqu'ils n'ont attaqué qu'au moment où il était facile de s'emparer de l'œuf. Or, nous n'avons rien vu venir. Cela signifie que nous n'avons pas été assez vigilants. Cela ne doit pas se reproduire.

Il n'avait pas haussé la voix, mais sa menace glacée aurait impressionné les plus endurcis. Il s'englobait dans les reproches puisqu'il avait dit « nous ». Néanmoins, les responsables du guet comprirent qu'ils étaient visés. L'alerte qu'ils avaient lancée avait sauvé la caravane, mais ils auraient dû repérer les agresseurs bien avant. Ils baissèrent les yeux. Halaf n'avait pas ordonné de châtiment, mais il était mécontent. Ils savaient qu'il avait raison. Ils étaient reconnaissants de sa clémence, mais ils n'ignoraient pas qu'elle n'était due qu'à leur efficacité et à leur bravoure pendant le combat.

Il n'y avait que deux blessés légers. La région était encore forestière et les femmes partirent chercher les plantes adéquates, sans Ninmah. Elles aussi en avaient une certaine connaissance. Elles trouvèrent presque tout ce qu'elles souhaitaient. Elles rapportèrent des feuilles, fabriquèrent un emplâtre avec de l'argile et l'appliquèrent sur les plaies. Deux des plus grands garçons allèrent déposer les deux corps sans vie dans les sous-bois.

Alors que les femmes soignaient les blessés, Halaf appela Ninmah qui les regardait faire :

– Tu connais les plantes comme les femmes de ton ancien peuple ?

– Oui, un peu, répondit-elle.

– Penses-tu que les deux blessés ont reçu de bonnes herbes ?

– Oui. Mais il en existe d'autres qui peuvent être meilleures.

– Tu saurais les trouver ?

– Pas par ici, l'endroit m'est inconnu. Mais si je les vois, je les reconnaîtrai.

– Nos femmes ne connaissent pas non plus cette région. Elles ont quand même rapporté les plantes nécessaires.

– C'est parce qu'il s'agit d'herbes très communes qui poussent presque partout. Il en existe d'autres, plus rares, mais aussi plus efficaces, et c'est celles-là dont je parlais.

Il resta songeur un moment, puis lui demanda :

– Tu pourrais fabriquer la liqueur verte pour les genoux ?

– Oui, si je disposais des plantes nécessaires. Malheureusement, elles sont encore plus rares que les autres. Elles ne poussent que haut dans la montagne, la chaleur les tue. Je ne pense pas qu'il y en ait par ici.

– Tu prétends connaître beaucoup de choses, lui dit-il, mais tu as toujours une bonne raison pour ne pas les appliquer. Tout ça ne sert à rien. Tâche plutôt d'apprendre notre science des plantes. Nos femmes doivent la posséder.

Ninmah ne répondit rien. Elle pensa que Halaf avait tort de se priver de son savoir, mais c'était tant pis pour la caravane. Et d'ailleurs, c'était tant mieux pour elle. Elle n'avait aucune envie de les soigner.

Plus tard, alors que les hommes discutaient de l'attaque, elle put enregistrer une autre bribe d'information : il n'y avait pas de doute, les agresseurs devaient les surveiller depuis plusieurs jours et voulaient s'approprier l'œuf.

« Encore l'œuf ? » se dit-elle avant de replonger dans ses mornes pensées.

Le lendemain matin, ils prirent la route du sud-est.

Sud-est

Ils marchaient sans se presser. Ils surveillaient les alentours, observaient le paysage, guettaient d'éventuels habitants.

Durant plusieurs jours, la caravane avança sans rencontrer âme qui vive. Le panorama demeurait inchangé. La crue se retirait lentement, contraignant le groupe à se maintenir à une cinquantaine de mètres au-dessus de la plaine.

Excepté quelques épisodes de chasse à l'apparition d'une chèvre ou d'un mouflon, le déroulement de la journée était inamovible. Ils se levaient avec le soleil, puis, les préparatifs terminés, ils marchaient jusqu'au repas de midi. Il était très frugal, ils se contentaient des restes du dîner de la veille. Un bref repos, et ils repartaient jusqu'au soir, sans tenir compte de la chaleur.

La sécurité était une préoccupation de chaque instant. Ce petit groupe d'une vingtaine d'individus, parmi lesquels plusieurs enfants, était lourdement chargé de marchandises de valeur. Ils étaient en permanence sur leurs gardes.

L'organisation que Halaf avait mise en place pour protéger leur communauté était parfaitement rodée. Comme la récente attaque l'avait montré, elle fonctionnait à merveille, malgré quelques imperfections de temps à autre.

Les guetteurs n'étaient pas répartis au hasard. Ils encadraient la caravane en modulant leurs positions respectives selon la configuration du terrain. Il était rare que Halaf ait à intervenir, chacun savait ce qu'il avait à faire. Mieux valait pour eux ne pas commettre d'erreur d'emplacement, c'était une faute grave punie avec sévérité.

Les hommes et les garçons en âge de se battre s'entraînaient au combat régulièrement, après les marches. Au moindre signal d'un guetteur, ils étaient prêts à empoigner les armes. Lors des engagements, ils savaient où se placer pour protéger les marchandises, les ânes, les femmes, les enfants et les vieux. Ces derniers étaient d'ailleurs peu nombreux. L'âge de trente ans était rarement atteint. On mourait avant, de maladie ou dans les attaques.

Les jours passaient. Ninmah, qui n'était pas habituée à ces longs déplacements, attendait souvent la halte du soir avec impatience. Celle-ci n'avait lieu que lorsque Halaf jugeait l'état de fatigue de la caravane suffisant et après qu'il avait trouvé un endroit convenable.

– Halte ici, criait-il alors d'une manière rituelle.

En fin d'après-midi, quand les jambes commençaient à peiner, les caravaniers se chuchotaient cette injonction en souriant et guettaient la décision de Halaf.

Avant le repas de soir, pendant que les hommes s'entraînaient au combat, les femmes se livraient aux occupations pratiques : soins aux blessés, alimentation des ânes, réparations diverses, préparation du repas. Ensuite venait l'heure des discussions paisibles, plutôt brèves. Ce peuple n'était pas bavard. À l'occasion, Hiram disait un conte. Puis ils allaient se coucher.

Ils dormaient souvent à la belle étoile, sur des peaux. Les nuits étaient belles, douces, avec un ciel brillant d'étoiles. Parfois, ils montaient la tente, une de ces maisons mobiles dont Ninmah rêvait autrefois. C'étaient d'autres peaux, cousues entre elles, que les caravaniers tendaient sur une armature de branches d'arbres droites et taillées.

En plein air ou sous leur abri, les dormeurs étaient protégés. Des tours de garde étaient systématiquement organisés. Les veilleurs étaient placés aux points stratégiques. Aucun agresseur ne pouvait prendre la caravane par surprise. Leurs derniers attaquants en avaient fait les frais.

Comme pour tout, Halaf décidait de l'heure du coucher. Son autorité était respectée sans objection. Tous reconnaissaient son intelligence, son sens pratique, son équilibre, sa force de caractère. Il était dur mais juste, sans cruauté inutile. Il portait le poids de toutes les décisions importantes. Il écoutait les suggestions, mais n'en tenait compte que s'il le jugeait bon.

Sans l'application de ces règles strictes acceptées par tous, la communauté n'aurait pas survécu. Une discipline de fer régnait. Halaf, chef absolu et incontesté, l'appliquait sans indulgence, avec rigueur. Quand la loi était transgressée, on n'était pas avare du fouet, une longue branche d'arbre flexible.

Ninmah sortait parfois de son apathie lorsque son attention était attirée par l'ingéniosité de certaines techniques. Une fois ou deux, elle vit les femmes recoudre les peaux de la tente qui s'étaient défaites. Elle découvrit à cette occasion des aiguilles en os bien plus fines que celles qu'elle connaissait. Elle se souvenait que Lahar, le pauvre Lahar, était adroit pour en fabriquer. Avec un burin en silex, il prélevait les baguettes d'os sur un os long d'animal, il les affinait avec un racloir, puis les polissait avec une pierre abrasive en granit. Il les sciait à la bonne dimension avec une lame de silex, il amincissait une extrémité en pointe aiguë et à l'autre bout perforait le chas avec un perçoir. Elle revoyait ses gestes habiles, précis. Le résultat était concluant. Dans le Peuple de la Grotte, tous l'admiraient pour ce travail minutieux.

Cependant, les aiguilles qu'elle voyait là étaient beaucoup plus fines. Elle se demanda qui, dans la caravane, disposait de l'habileté et du temps nécessaires pour une telle réalisation. La réponse lui vint d'une manière imprévue. L'une des femmes en brisa deux dans la même soirée, alors qu'elle réparait un sac de cuir d'antilope déchiré. Halaf était fort mécontent :

– Tu ne portes pas assez d'attention à ces aiguilles, dit-il. Nous les avons obtenues en échange de produits de valeur et nous ne pourrons pas en trouver d'aussi fines avant longtemps. Dorénavant, tu n'utiliseras que les aiguilles plus grossières. Comme punition, tu effectueras seule les travaux de couture pendant cinq jours.

Il n'avait pas ordonné le fouet, mais c'était tout de même un châtiment sévère. Pour perforer le cuir avec les grosses aiguilles, il fallait appuyer fort et la pression blessait cruellement les doigts.

Une autre fois où l'on montait la tente et que le vent soufflait avec violence, Ninmah s'étonna de la structure qui supportait l'abri. Son efficacité la surprit beaucoup. Les longues perches de bois étaient plantées dans le sol et liées entre elles au sommet. Les peaux étaient fixées dessus. L'ensemble prenait une forme conique. La construction était rigide, mais grâce à la souplesse des perches elle conservait une légère flexibilité et résistait aux fortes bourrasques qui s'élevaient de temps à autre. Seule une violente tempête de sable aurait pu la renverser. Pour obtenir cet effet, il avait fallu bien choisir la longueur des perches, leur grosseur et leur nombre. C'était remarquable d'ingéniosité.

En principe, la caravane ne s'arrêtait jamais. Ainsi que Ninmah le découvrirait par la suite, il n'y avait de loisir que lors des étapes chez les peuples visités. C'était la seule occasion de récupérer de la fatigue.

Il y avait eu une exception après la descente de la montagne. Halaf avait constaté le bienfait des baignades. Or, depuis près d'une semaine, la température atteignait des sommets inégalés. Il autorisa de nouveau les bains dans le fleuve, mais seulement après la halte du soir. Cette fois, Ninmah en profita et fut surprise du plaisir qu'elle en éprouva.

La monotonie des jours qui s'écoulaient semblables les uns aux autres fut brisée par une chasse plus importante qu'à l'accoutumée. Elle dura deux grandes journées. Ils avaient aperçu des traces qui croisaient leur route. Ils se penchèrent sur elles pour les examiner :

– À mon avis, c'est un loup, dit Halaf.

– Je pense plutôt que c'est un chien sauvage, affirma Karim, un homme de dix-sept ans.

Il était le meilleur dans cet exercice, personne ne contesta son opinion. De toute façon, cela n'avait pas grande importance, la traque était la même dans les deux cas. Halaf désigna trois hommes pour l'accompagner dans la chasse, Karim et deux autres. Ceux qui restaient protégeraient la caravane. Halaf les avait autorisés à faire deux baignades par jour, par roulement.

Les quatre compagnons partirent, fortement armés. Ils suivaient les traces. Souvent, elles étaient à peine visibles, mais ils connaissaient bien le comportement de ces bêtes. Ils finissaient toujours par retrouver la piste grâce à de minuscules indices, comme une branche brisée à bonne hauteur, un feuillage arraché ou une empreinte de patte dans un sol tendre.

La traque les conduisit haut dans la montagne. Ils n'en avaient cure ; à part leurs armes, ils ne portaient aucune charge et, à présent, ils étaient entraînés. Ils acculèrent leur proie dans un renfoncement rocheux. Karim ne s'était pas trompé, c'était bien un chien sauvage. La bête était seule, ce qui était rare. Le plus souvent, ces animaux vivaient en meute. C'était un spécimen magnifique, d'un gris-noir profond. On aurait presque dit un loup. Ils s'approchèrent prudemment de lui et le tuèrent avec leurs longues lances. Il fut dur à mourir.

Ils ne mangeaient pas cette viande, mais appréciaient la peau. Celle-là serait utilisée par Nessar pour certains de ses offices.

La caravane repartit le lendemain, avec son rythme inchangé.

Un jour où Ninmah était sortie de son gouffre intérieur et que la marche était difficile, elle remarqua qu'Achar souffrait d'un genou. Halaf s'approcha d'elle et lui posa une question, à laquelle elle répondit d'un hochement de tête. Ninmah le vit alors prendre le petit pot de liquide vert pour lequel son peuple était mort, en verser quelques précieuses gouttes dans une écuelle et tendre le récipient à Achar.

Le geste de Halaf ne contenait aucune tendresse, aucune émotion. Néanmoins, Ninmah y perçut une profonde humanité. En un éclair, elle prit conscience de la solidarité qui régnait dans la caravane. Elle comprit qu'on n'y exprimait jamais ce sentiment par des paroles ou des manifestations visibles, comme dans le Peuple de la Grotte. Pour les caravaniers, c'était la manière d'être, naturelle, authentique.

Cet incident changea sa vie. Elle s'éveilla de son cauchemar de solitude et commença à observer. Elle jeta un regard nouveau sur les silences, les gestes, les menus événements de chaque instant. En peu de temps, elle apprit à interpréter les comportements. Ces gens parlaient peu, extériorisaient encore moins. Ils ne ressemblaient en rien au Peuple de la Grotte, si chaleureux, si démonstratif. Néanmoins, derrière le mur de pierre, il y avait des humains, avec d'autres qualités et d'autres défauts.

Elle découvrait un nouveau peuple. Elle se surprit alors à penser qu'elle pourrait peut-être s'adapter.

Pour la première fois, elle se mit à réfléchir à son nouvel environnement. Elle avait découvert très vite que ces gens avaient la dureté de la pierre, mais elle comprit qu'avec leur mode de vie c'était indispensable.

Cela n'avait rien à voir avec l'existence facile qu'elle avait connue. Du temps du Peuple de la Grotte, ni l'alimentation ni l'abri ne posaient le moindre problème. L'abondance des ressources se traduisait par beaucoup de temps disponible, les risques d'agression étaient limités. C'était une société libre, avec un minimum de contraintes.

Dans la caravane, la situation était complètement différente. Jusqu'à présent, les provisions n'avaient pas manqué, mais, au fur et à mesure qu'ils progressaient, elles ne pouvaient que s'amenuiser. Ninmah demanda à Achar ce qui se passerait lorsqu'il n'y en aurait plus.

Pour une fois, son éducatrice sembla apprécier la question et elle répondit sans réticence. Un dialogue s'engagea et Ninmah commença à entrevoir ce qu'était la vie de son nouveau peuple.

La nourriture avait deux origines, expliqua Achar. On la prélevait en partie sur l'environnement par la chasse ou la cueillette. Mais cela n'assurait pas la totalité de l'alimentation : les régions traversées étaient variées, parfois très riches, d'autres fois désertiques. Aussi les caravaniers comptaient-ils sur le troc.

Achar faisait des descriptions sobres. Si une partie de l'approvisionnement provenait du troc, elle n'avait pas évoqué les difficultés qu'il présentait. À cette époque, le pays était peu peuplé et les petits groupes de population fréquemment éloignés les uns des autres. D'une communauté à la suivante, il fallait parcourir de grandes distances. Même si les ânes portaient les charges les plus lourdes, chacun emportait sur son dos un fardeau certes proportionné à ses possibilités, mais qui représentait tout de même un certain poids. Les longues marches, souvent sous un soleil de plomb, et la fatigue qui en découlait faisaient partie du quotidien.

La caravane était une société rude, solide, soudée. Il y avait peu de place pour la sensibilité ou l'affectivité. Les valeurs de force, d'endurance et d'efficacité primaient. Les caravaniers étaient durs car leur vie était dure.

La civilisation naissait dans le pays de l'argile et ils y apportaient leur contribution. Ce n'étaient pas des sauvages. Ninmah commençait à s'en apercevoir.

Intégration

Avant la capture de Ninmah, la caravane comptait sept hommes et cinq femmes. Deux hommes ne possédaient pas d'épouse. L'un était âgé, c'était un veuf de vingt-huit ans qui s'appelait Kahl. L'autre était Karim. Dès que Halaf comprit que Ninmah allait s'acclimater, il lui annonça qu'elle devait fonder une famille avec Karim.

Auparavant, ajouta-t-il, il faut que tu entres dans notre communauté d'une manière définitive. Tu dois te soumettre comme nous tous à la cérémonie de la scarification. D'habitude, cela se passe au printemps. Mais on ne peut pas attendre si longtemps, il est temps que tu épouses Karim.

Ninmah avait découvert avec intérêt les dieux de la caravane. Maintenant, elle les connaissait et les comprenait mieux. Ils habitaient haut dans le ciel ou au contraire dans les profondeurs de la Terre, selon qu'ils étaient bénéfiques ou maléfiques. Eux aussi formaient un peuple, avec des liens de parenté, des amitiés ou des inimitiés. Leur société s'apparentait à celle des hommes. Cependant, ils étaient immortels et très puissants. La scarification était dédiée au plus grand des dieux bénéfiques, afin qu'il protège du plus grand des dieux maléfiques.

Il ne s'agissait pas encore vraiment d'une religion, car les mentalités étaient toujours très proches de l'univers de la magie, mais les dieux donnaient déjà un sens à l'ordre du monde, tout au moins à celui des caravaniers.

Nessar, l'époux d'Achar, savait parler aux dieux. Chacun pouvait prier pour son propre compte, mais Nessar était le porte-parole officiel de la caravane auprès des dieux et celui des dieux auprès de la caravane.

C'était sans doute l'un des premiers prêtres de l'humanité.

La silhouette de cet homme rappelait celle de Halaf. Cependant, il y avait quelque chose de plus énigmatique et de plus solennel dans sa manière d'être.

Il déplaisait à Ninmah au plus haut point. Il l'impressionnait tant qu'elle en éprouvait presque de la terreur. Elle sentait que d'autres dans la caravane partageaient ces sentiments, et son intuition lui laissait entendre qu'il exploitait cette situation. C'est lui qui pratiquait les scarifications, dans un rituel où ses incantations tenaient une place essentielle.

Lorsque l'heure fut venue, elle se plaça devant Nessar. Il se trouvait au centre du cercle formé par tout le groupe silencieux. Il était debout, vêtu d'une superbe peau de lion de cérémonie. Elle-même était nue.

– Mets-toi à genoux, assise sur tes talons, lui ordonna-t-il.

Elle obtempéra, ferma les yeux et leva le visage vers le haut, prête, tout son courage mobilisé. La voix prenante de Nessar prononça mille paroles qu'elle n'écouta pas ; elle concentrait son attention sur la douleur provoquée par les pointes de bois durcies au feu qui lui déchiraient le corps des seins au nombril. Comme pour les autres femmes, le prêtre grava quatre fois les scarifications dans sa chair.

Elle voulut montrer qu'elle pouvait être aussi forte qu'eux. Elle n'émit pas une plainte, ne dit pas un mot. Les larmes coulaient de ses yeux fermés, mais elle tint bon.

Quand les entailles furent cicatrisées, Ninmah devint l'épouse de Karim. La cérémonie fut très simple. Elle se déroula un soir, après une marche ordinaire. Il y eut un repas à peine plus copieux qu'à l'accoutumée. Nessar chanta une vague mélopée, prononça quelques paroles qu'elle ne comprit qu'à moitié (il parlait avec un accent différent de celui des autres). Puis elle s'éloigna avec Karim, sous les applaudissements de tous.

Karim ne ressemblait en rien à Lahar, pauvre Lahar. Il était plus grand, encore plus maigre, avec un teint foncé et des cheveux noirs bouclés. Son corps était endurci aux épreuves. Sa personnalité était à l'avenant. Ses deux parents étaient morts lorsqu'il était très jeune et, bien que pris en charge par la communauté, il avait vite dû faire preuve d'autonomie. Il était sec, rude, farouche, avec sans doute un caractère solidement trempé. Ninmah n'avait pas échangé dix paroles avec lui avant d'apprendre qu'elle l'épouserait.

Elle craignait le pire.

Dans la vie facile du Peuple de la Grotte, qui laissait du temps disponible pour le bonheur, l'amour tenait une place de choix. Il y avait des rituels charmants et des préparatifs joyeux. Dans l'acte lui-même, où l'on mettait beaucoup de tendresse, les partenaires recherchaient un plaisir partagé et intense.

Depuis des générations et des générations, la culture valorisait l'épanouissement sexuel, le corps n'était pas honteux. Hommes et femmes étaient très habiles et, comme les naissances étaient contrôlées, aucune contrainte ne limitait la fréquence des rapports. On en profitait. L'amour était une occupation importante.

Bien que vierge lors du massacre, Ninmah, comme les autres jeunes filles de la communauté, n'ignorait rien de tout cela. Les femmes du groupe avaient souvent eu entre elles des conversations animées sur le sujet, pleines de rires et de curiosité. Les « jours des femmes », elles ne parlaient pas que de plantes. De plus, si les rapports avaient rarement lieu dans la grotte qui offrait peu d'intimité, chacun avait surpris un jour tel ou tel couple, dans le champ d'amidonnier ou derrière un buisson.

Ninmah, résignée, n'attendait de ses rapports d'épouse avec Karim que le style de comportement qu'il montrait dans la vie quotidienne. À son étonnement, elle découvrit une personnalité inattendue. Si Karim ne faisait pas preuve d'immenses débordements de tendresse, il ne manifestait pas non plus la dureté, la sécheresse, l'égoïsme qu'elle craignait. Il lui arrivait même de se laisser aller à des attentions, en particulier dans le confort relatif qu'il essayait de lui ménager avant l'amour. Karim n'était pas une brute. Derrière son apparence rude, lui aussi cachait une certaine sensibilité.

Il n'était pas devenu bavard, mais ils eurent des échanges. Petit à petit, au travers des brèves conversations qu'ils avaient, des réponses qu'il acceptait parfois de donner aux questions qu'elle lui posait, elle apprit à mieux connaître le peuple de la caravane. Elle commença à comprendre sa manière d'être.

C'est alors qu'elle fit une découverte qui la sidéra. L'idée ne l'avait jamais effleurée. C'était pourtant un fait : les caravaniers avaient choisi leur genre de vie et ils l'aimaient, avec passion.

Oui ! Ils l'aimaient !

Ils adoraient ces longues marches si dures, le soleil de plomb, le vent du désert, les grands fleuves coléreux, les déplacements permanents, les horizons infinis. Ils étaient curieux et appréciaient tout ce qui était nouveau, rencontres avec d'autres peuples ou découverte de régions nouvelles ou de paysages inconnus. Ils prisaient l'inconfort, dont ils pensaient qu'il les mettait en relation intime avec la nature. Ils tenaient leur dureté comme une haute qualité qui leur permettait d'affronter les hommes et les éléments avec courage. Les dieux les estimaient pour cela, ils en étaient convaincus. Ils jouissaient du moindre détail offert par leur environnement, depuis l'odeur forte des ânes jusqu'à la soif qu'ils savaient pouvoir apaiser avec plaisir tôt ou tard. Pour eux, rien ne pouvait surpasser l'errance perpétuelle au sein du pays de l'argile.

Avant Karim, Ninmah avait découvert un peuple dur mais humain. Avec lui, elle réalisa qu'il avait appris à donner un sens à son existence.

Le Peuple de la Grotte n'était plus. La douceur de vivre, le bonheur paisible avaient disparu avec lui. Cependant, le temps passait et elle était jeune. Elle sentit qu'elle sortait du néant où le désastre l'avait plongée : une vie nouvelle, différente, s'offrait à elle, dans une communauté qu'elle pourrait peut-être tolérer.

Jamais elle n'aima les caravaniers. Jamais elle n'oublia le massacre, ni le cri terrible de Gal mourant. Elle accepta pourtant d'entrer dans l'univers des tueurs de son peuple, car, à présent, elle les comprenait mieux. C'étaient d'autres hommes que ceux du Peuple de la Grotte, mais c'étaient des hommes.

Elle saisissait avec attention les petits faits de tous les jours. Très vite, elle fut attirée par le caractère captivant de tout ce qui touchait à l'œuf noir. Dans un premier temps, elle avait juste constaté la fascination que l'objet exerçait sur la caravane. Puis il y avait eu l'attaque.

Bientôt, elle eut le sentiment qu'avec cet œuf il s'agissait plus que d'un simple attrait. Elle avait déjà noté que Nessar en était le détenteur exclusif et que lui seul semblait habilité à le faire tourner dans la lumière. Même Halaf n'y touchait jamais, y compris lorsqu'il voulait le présenter lors du commerce. Elle réalisa que seuls les hommes adultes entouraient le prêtre pendant cette opération ; les autres n'étaient autorisés à observer que de loin. De plus, des conciliabules à voix basse accompagnaient systématiquement la cérémonie. Que se murmurait-il dans ces chuchotements, s'interrogeait-elle. S'agissait-il d'incantations de Nessar auxquelles un chœur faisait écho ? Tout cela l'intriguait.

– Karim, demanda-t-elle un jour à son compagnon, que représente l'œuf noir et pourquoi personne ne peut le toucher en dehors de Nessar ?

Karim lui jeta un regard terrible.

– Halaf t'a dit que tu posais trop de questions, répondit-il. Ce que tu dois savoir, je te l'apprendrai en temps utile. Ne t'occupe pas du reste.

Ninmah se tut. Elle pensa que Karim pouvait lui interdire ce qu'il voulait, ni lui ni personne ne l'empêcherait d'ouvrir les yeux sur ce qui l'intéresserait. Elle le ferait en silence, voilà tout.

Elle se demanda un jour comment il était possible que Halaf eût proposé cet œuf au Peuple de la Grotte, alors qu'il semblait si précieux. Plus tard, elle comprit : il le faisait toujours, mais exigeait tant en échange qu'aucune transaction ne pouvait jamais intervenir. Ce n'était qu'une manœuvre commerciale pour montrer à ses clients que la caravane disposait de marchandises merveilleuses. Même s'ils ne pouvaient acquérir l'œuf, ce qu'ils obtenaient avait déjà une valeur considérable.

La marche vers le sud-est continuait, les jours succédaient aux jours, juste marqués par les aléas de la vie quotidienne. Il faisait chaud. La crue se résorbait petit à petit.

On croisa une petite rivière qui descendait de la montagne. Elle était presque asséchée. C'était le milieu de l'après-midi. L'heure de prononcer le traditionnel « halte ici » n'était pas encore venue, mais Halaf décida d'établir le campement à cet endroit. Ils profiteraient des quelques heures jusqu'au soir pour remonter un peu le cours d'eau. Il pouvait y avoir des découvertes à faire, même si en cette saison ce n'était plus qu'un ruisseau.

– Halte ici, dit-il.

Après qu'ils se furent installés, il fit part de ses intentions. Il indiqua aux femmes les tâches dont elles devaient s'acquitter, puis il désigna deux hommes et deux des garçons les plus grands pour l'accompagner.

Ils partirent bientôt. Les autres restaient pour garder le campement.

Un nouveau peuple

Halaf et ses compagnons montaient. La forêt était dense, le terrain accidenté avec des arbres resserrés et des broussailles parsemées de rocailles. Cela grimpait dur. Les pas devaient s'adapter à la configuration irrégulière de l'endroit, parfois petits, d'autres fois plus grands pour enjamber une roche ou une grosse branche morte. Les respirations étaient courtes, les cœurs battaient fort. Après quelques centaines de mètres de cette escalade, le sol devint plus plat.

C'est là qu'ils trouvèrent le peuple étrange qu'ils cherchaient.

Ils ne s'y attendaient pas. Ils montaient en silence, pour économiser leur souffle. Ils zigzaguaient entre les rochers lorsqu'un homme sortit soudain de derrière un arbre, juste devant eux. Ils s'arrêtèrent net, les mains crispées sur leurs couteaux d'obsidienne. Ils virent qu'il ne portait pas d'arme. Apparemment, il était seul.

Ils se regardaient en chiens de faïence, sans un mot. Halaf détaillait l'inconnu. Il était d'une taille moyenne, mais trapu et fort. Son teint était mat, ses cheveux d'un noir profond, mi-longs, taillés avec soin. Noirs aussi la barbe courte, fournie et soignée, la moustache, les sourcils épais qui soulignaient la forme des grands yeux, également noirs. Ces tonalités sombres lui donnaient une expression intense. Tout dans son allure exprimait une assurance calme et pacifique. On le sentait parfaitement à l'aise.

Au contraire des caravaniers, il n'était pas vêtu d'une peau de bête ; il portait un pagne en tissu.

L'homme leur sourit. Il dévoilait des dents magnifiques. Son visage était chaleureux, rassurant. Quelques instants passèrent. Le silence devenait pesant. L'étranger prit l'initiative de la parole :

– *Silimšè.*

Halaf regarda ses compagnons. Pour tous, c'était incompréhensible. À voir l'expression de l'inconnu, ce terme devait être une salutation aimable. À tout hasard, il répondit sur le même ton :

– Le salut sur toi, étranger. Nous sommes des marchands voyageurs.

Toutefois, il n'avait pas retourné le sourire qui lui avait été adressé. Au contraire, sa posture tendue, contractée, sa main serrée sur son arme tranchante comme un rasoir montraient sans ambiguïté qu'il se tenait prêt à riposter à toute attaque. Il en était de même pour ses compagnons.

L'homme semblait ne pas voir la menace. Il articula d'autres paroles, toujours aussi impénétrables pour les caravaniers. Ils distinguèrent des sonorités bizarres, comme *zu-a, á-u-te-en, an-dùl, é-duru* ou *ga-sa*. Cela ne ressemblait ni de près ni de loin à quoi que ce fût de connu.

– Nous ne comprenons pas, reprit Halaf.

L'inconnu prononça d'autres mots, qui n'avaient toujours aucun sens pour Halaf et les siens. Le chef des caravaniers eut une moue d'impuissance. En même temps, il haussa les épaules pour souligner l'impossibilité du dialogue. L'homme éclata de rire. Il imita l'expression de Halaf pour signifier qu'au moins il avait compris que les échanges verbaux seraient difficiles.

C'était clair, il souhaitait établir un contact. Il réfléchissait à toute vitesse, il cherchait une idée. Les caravaniers attendaient, prudents.

Au bout d'un moment, il pointa l'index vers sa poitrine et dit : « *á-e*, Nammu. » « Nammu », répéta-t-il. Il donnait son nom, il n'y avait aucun doute. Puis il dirigea le doigt vers Halaf et prit l'air interrogateur. Ce dernier déclina son nom et montra ses compagnons un par un en les nommant. L'étranger opinait du bonnet à chaque fois. Il comprenait. À la fin, il se tourna vers Halaf et le regarda droit dans les yeux :

– Halaf ? répéta-t-il, comme pour avoir confirmation.

– Oui, Halaf, répondit le chef des caravaniers.

L'homme élargit son sourire en signe d'assentiment.

Le contact était établi, mais la conversation restait impossible. Après quelques instants, l'inconnu articula quelque chose qui ressemblait à « *Á-nam-ma-da* », avec un grand geste du bras : il invitait les visiteurs à l'accompagner. Halaf hocha la tête pour montrer qu'il était d'accord. Il dit aux autres :

– Suivons-le, il a l'air pacifique. Il doit vouloir nous conduire à son peuple. Mais restez sur vos gardes. Surveillez bien les alentours. Et attention lorsque nous arriverons chez lui.

Nammu ne parlait pas la langue des caravaniers, mais leurs mimiques lui avaient suffi : il avait compris. Il pointa le doigt vers l'arme de Halaf et eut un geste de dénégation pour montrer qu'il n'en possédait pas.

Ils marchèrent quelques centaines de mètres, guidés par l'inconnu. Ils montaient peu en altitude. Ils avançaient en biais sur le versant de la montagne. Ils arrivèrent dans une grande clairière au sol horizontal.

Là se situait le village de Nammu.

Ils découvrirent une population d'au moins soixante habitants. Il y avait des hommes, des femmes, des enfants, tous à leurs occupations. Ils s'interrompirent à l'appel de Nammu et se tournèrent vers les nouveaux arrivants. Ils regardaient les caravaniers, immobiles, l'air accueillant. Leur attitude, leurs expressions reflétaient une curiosité bienveillante. Aucune hostilité ne transparaissait. Au contraire, ils semblaient heureux de leur venue imprévue.

Halaf et ses amis constatèrent que tous présentaient le même type physique que Nammu. Les hommes portaient tous barbe et moustache.

Nammu eut de nouveau un ample geste circulaire du bras, qui désignait le village tout entier :

– Sumer, dit-il.

Une certaine fierté se lisait sur son visage.

– Sumer ? demanda Halaf, montrant à son tour le peuple de Nammu.

– Oui, Sumer, répondit Nammu qui avait compris et retenu la précédente réponse de Halaf.

Il riait de satisfaction et les autres en faisaient autant.

– Oui, répéta-t-il, oui, Sumer.

Son accent avait des tonalités inconnues ; on sentait que, pour prononcer ce « oui », il avait dû imposer à sa langue des contorsions inhabituelles.

Le regard de Halaf explorait tous les recoins du village. Il se composait d'une dizaine de maisons de tailles diverses, en dur, plus ou moins disposées en demi-cercle. L'implantation générale ne semblait pas due au hasard. Cela sautait aux yeux, les constructeurs avaient eu le souci de réaliser un ensemble harmonieux et ils avaient réussi. Des chemins en terre battue, assez larges et en excellent état, reliaient les constructions les unes aux autres. Au centre apparaissait une place pour le feu. Plus sur la droite se trouvait une autre aire entourée d'un muret de pierres dont les caravaniers n'arrivaient pas à imaginer l'usage.

Halaf comprit tout de suite qu'il avait affaire à un peuple sédentaire, organisé, civilisé. Ces Sumériens étaient des gens intéressants. Il remarqua qu'à l'instar de Nammu aucun ne portait d'arme.

Nammu leur fit signe d'attendre. Il s'éloigna, entra dans une maison, ressortit aussitôt accompagné d'un habitant du village et revint avec lui vers les caravaniers. Il lui manifestait toutes les marques du respect. Ce devait être le chef de ce peuple. Le nouveau venu était âgé mais se tenait très droit. Il rayonnait d'autorité. Arrivé près des visiteurs, il se présenta :

– Utu.

Halaf se demanda s'il s'agissait de son nom, ou s'il voulait signifier par ce terme qu'il était le chef. Dans le doute, il se contenta d'incliner légèrement le buste, expression d'un respect sans soumission.

– Halaf, articula-t-il.

Le chef des Sumériens hocha la tête pour marquer qu'il avait compris. Il fit signe à Halaf et aux siens de s'avancer avec lui dans le village. Le geste était chaleureux, accueillant. Halaf eut un bref regard vers ses hommes. Il se disait que les Sumériens étaient bien plus nombreux que leur petite équipe de cinq. D'un autre côté, aucun n'était armé. Bien sûr, on pouvait toujours imaginer que quelques-uns soient dissimulés quelque part, prêts à leur sauter dessus.

Ce n'était pas la première fois qu'il rencontrait un groupe beaucoup plus important que le sien. Cela arrivait même fréquemment. Cependant, à l'inverse de ce dont il avait l'habitude, il s'agissait ici de gens très différents, d'un peuple inconnu. Leur aspect physique était atypique, ils parlaient une langue inintelligible. Qui sait d'où ils venaient ? Quelles étaient leurs mœurs ? La traîtrise faisait-elle partie de leur manière d'être ? Ils pouvaient avoir un comportement très amical en apparence et préparer en même temps un mauvais coup.

Halaf n'était pas pour rien le chef de la caravane. Il se trompait rarement dans ses jugements et décidait vite. Il estima que, si les Sumériens avaient voulu les attaquer, ils l'auraient déjà fait en les prenant par surprise. Cela aurait été facile, ils n'auraient pas eu besoin de simuler cet accueil chaleureux. Non, ils pouvaient leur faire confiance, du moins dans un premier temps.

Dans leurs périples à travers la Mésopotamie, les caravaniers avaient vu nombre d'habitations construites de main d'homme. Elles étaient toujours faites de pisé, un mélange de paille et d'argile. Tel n'était pas le cas ici. Ces Sumériens utilisaient le bois, qu'ils trouvaient en abondance autour d'eux. Le plan des constructions était rectangulaire. Cela aussi était nouveau. Dans la vallée, elles étaient circulaires.

Les murs étaient faits de troncs superposés, habilement agencés. Les quelques jours qui restaient étaient obturés par de l'argile séchée. Des branchages entremêlés arrangés avec soin constituaient le toit. Chaque maison disposait d'une porte assez haute pour qu'un adulte puisse entrer sans se baisser, et de fenêtres. Toutes ces ouvertures pouvaient être fermées par de lourdes peaux de bêtes cousues ensemble.

Halaf et les autres suivirent le chef qui marchait dans le chemin central du village. Il se confirma qu'il se nommait bien Utu, Halaf s'en assura lorsqu'un Sumérien l'interpella. L'homme les conduisit vers l'habitation la plus au centre, qui était aussi la plus grande. Sans doute la sienne. Le rideau de la porte était maintenu grand ouvert. Il s'effaça pour les laisser passer.

Halaf marqua une hésitation. Était-ce une manifestation de politesse de la part d'Utu, ou les attendait-on à l'intérieur avec des intentions malveillantes ? Utu comprit son interrogation. Il sourit avec une pointe de mépris et entra le premier. Les caravaniers s'avancèrent derrière lui.

La maison comportait plusieurs pièces, mais ils s'arrêtèrent dans la première, assez spacieuse. Dans un coin se trouvaient des blocs de pierre qui entouraient un autre plus volumineux et plus haut. À l'invitation d'Utu, ils s'assirent sur les plus bas. Utu et Nammu firent de même. Le chef du village fit un signe et des femmes apportèrent des poteries en forme de bol, une pour chaque caravanier, une pour Utu et une autre pour Nammu. Elles les posèrent sur le bloc haut, en face de chacun des destinataires.

Les visiteurs découvraient ce qu'était une table entourée de sièges. Ils étaient impressionnés par cette installation si pratique et ingénieuse.

Une autre femme arriva avec un pot qui contenait un liquide jaune et parfumé. Elle en versa à chacun. Cela pétillait un peu. Il y avait une sorte de mousse blanche et légère à la surface.

– *Kašig*, dit simplement Utu en désignant le breuvage.

Il prit son bol avec ses deux mains, fit signe à ses invités d'en faire autant et se mit à boire. Il n'y avait aucun doute, il aimait ça. Les caravaniers le regardaient avec curiosité. Quand il eut terminé, Halaf l'imita, ainsi que ses trois compagnons. Il avait observé qu'Utu n'avait pas vidé son bol. Il fit de même et se contenta de deux ou trois gorgées.

Il trouva la saveur extraordinaire, et les autres aussi. Il eut une moue d'approbation et déclara :

– C'est vraiment délicieux.

– *Kašig*, répondit Utu dans sa langue incompréhensible.

Halaf se sentait bien, la tête comme dans un léger brouillard. Ses compagnons étaient gais et prêts à rire à la première occasion. Ils découvraient la bière. Ils n'étaient pas habitués à l'alcool. Les Sumériens les regardaient, amusés. Utu termina son bol. Il eut un signe amical pour les inviter à en faire autant. Ils burent avec plaisir.

Quelques instants plus tard, Utu leur posa une question :

– *E-zé ga-sa ?*

Si la bière réchauffait l'ambiance, elle ne rendait pas la langue plus accessible. Halaf écarta les bras en signe d'incompréhension. Il était tout sourire. Ça n'était pas fréquent chez lui, les trois autres osaient à peine le regarder. En tout cas, son geste était clair : impossible de se comprendre.

Utu se tourna vers Nammu pour échanger quelques mots avec lui. Puis, après un instant de réflexion, Nammu parut prendre une décision. Toujours souriant (Halaf commençait à trouver qu'il souriait trop), il ramassa tous les bols de la table et les plaça devant le chef des caravaniers, comme pour les lui donner. Puis, par un signe de la main sans équivoque, il lui demanda s'il voulait céder son couteau en échange.

Les visiteurs se raidirent aussitôt, soupçonneux, sauf Halaf qui avait compris : les Sumériens n'en avaient pas après les armes, ils souhaitaient faire du troc. Encore sous l'emprise de la bière, il en fut tout content. On allait pouvoir faire des affaires.

Mais l'après-midi était déjà avancé. Il se leva, attendit que les autres en fassent autant et sortit de la maison accompagné de tout le monde. Il montra l'ouest où le soleil déclinait. Puis il se tourna vers l'est et fit un mouvement ascendant du bras pour suggérer le soleil levant.

Le geste était sans ambiguïté, il proposait que le marché se tienne le lendemain matin.

– *Utu-è*, dit Utu.

« Il doit nous dire au revoir ou à demain », pensa Halaf. Il le salua d'une brève inclinaison du buste, Nammu d'un signe de la main, il fit signe aux autres caravaniers et quitta le village des Sumériens d'un pas volontairement lent et posé. Il tenait à paraître digne.

De retour au camp, il informa tout le monde de la situation. Il fallait se préparer pour le marché.

Le lendemain matin, la caravane au complet, hommes, femmes, enfants et les ânes avec tout leur chargement se présentait au village. À l'évidence, les Sumériens ne connaissaient pas l'existence de ces animaux et n'en avaient même jamais entendu parler. Ils étaient émerveillés de les voir de près, de les toucher.

– *Anše-bar-an, anše-bar-an*, criaient-ils.

Comme il l'avait fait avec le Peuple de la Grotte, Halaf les invita à faire monter les enfants dessus. La proposition rencontra un grand succès et près d'une heure se passa à promener les petits Sumériens ravis. Puis il en vint aux choses sérieuses.

Sa technique de vente était bien rodée quand la langue ne posait pas trop de problèmes. Avec les Sumériens, il lui fallut s'adapter. Cette fois, Hiram et ses histoires ne seraient d'aucune utilité. Il décida de les séduire par la vue.

Ils se trouvaient au centre du village, pas loin du feu. Par signes, il leur demanda de s'asseoir en demi-cercle. Il installa devant eux ses tapis de peau et d'un geste théâtral ordonna que toutes ses marchandises soient déballées à la fois. Trois caravaniers se précipitèrent. Il voulait surprendre ses hôtes par l'importance, la diversité et la qualité de son offre. Il ne rata pas son effet. De plus, il avait préparé une apothéose.

Une fois que tout fut étalé, Karim confectionna un présentoir fait de peaux entremêlées et le plaça derrière les tapis. Les Sumériens suivaient le manège avec intérêt. Nessar se présenta alors, énigmatique et mystérieux ; il sortit l'œuf noir de dessous le drap qui le dissimulait, il le brandit haut, puis il le posa sur le support.

Les Sumériens ne cachèrent pas leur admiration lorsqu'ils découvrirent le magnifique objet. Toutefois, Halaf s'était attendu à des manifestations plus démonstratives. Il fut plutôt déçu. Comme toujours, il s'adapta : « Ces gens sont plus réservés que les peuples de la plaine », se dit-il.

Le marché dura presque toute la journée, seulement interrompu par le repas auquel les Sumériens convièrent la caravane. Des femmes assurèrent le service avec gentillesse. Il y avait une volonté réciproque de communication et les gestes, mimiques, expressions du visage s'avérèrent efficaces. Les Sumériens offrirent des plats que les caravaniers trouvèrent étranges. Les goûts étaient inhabituels, inattendus. Ces sédentaires avaient le loisir de développer des techniques de cuisine.

Les caravaniers apprirent quelques mots sumériens, comme *gasa* pour marchands, *bitum* pour maison ou *ka* pour bière. Plus tard, ils les emporteraient avec eux et les diffuseraient parmi les peuples qu'ils rencontreraient.

Les Sumériens en retinrent un bien plus grand nombre.

Dans ce que proposait Halaf, ils prirent du sel et tous les minéraux pour faire des colorants. En échange, les visiteurs obtinrent de magnifiques pièces de tissu en lin. Ils en possédaient eux-mêmes, mais celles des Sumériens étaient réalisées avec un procédé de tissage qui conférait au tissu une douceur et une souplesse exceptionnelles.

Halaf choisit également des poteries. Les Sumériens avaient eux aussi développé une technique pour fabriquer des vases d'une régularité parfaite. Le tour de potier ne serait inventé que quelques milliers d'années plus tard. Pourtant, leur système constituait une étape dans cette direction. Ils montrèrent le dispositif avec fierté. Bien sûr, leurs explications étaient impénétrables pour les caravaniers. Aucun ne comprit pourquoi il fallait placer l'argile sur un plateau qui semblait pouvoir bouger dans tous les sens, alors qu'*a priori* un support fixe aurait facilité la tâche par une meilleure stabilité.

Mais le résultat était là : les poteries obtenues présentaient une symétrie sans faille et possédaient des formes d'une grande originalité. Et surtout, les peintures qui les décoraient, très belles, étaient d'un style que les caravaniers n'auraient pu définir, mais qui différait de tout ce qu'ils avaient pu voir jusque-là. Pour eux, c'était insolite et captivant.

Halaf n'avait repéré aucune arme dans le village. Personne n'en portait. C'était surprenant, il fallait bien qu'ils chassent et qu'ils assurent leur défense. Cela cachait-il un piège ? Les Sumériens allaient-ils lui demander d'en troquer quelques-unes ? Il n'en fut rien. « Ça prouve bien qu'ils en ont en quantité suffisante et qu'elles sont au moins aussi efficaces que les nôtres, estima-t-il. Elles doivent être rangées quelque part. Après tout, à part la maison d'Utu, nous n'en avons visité aucune. »

« Ils ne nous montrent que ce qu'ils veulent », se dit-il plus tard.

Comme d'habitude, l'œuf ne fut pas échangé. Bien qu'assez peu démonstratifs à son sujet, les Sumériens avaient été fascinés par l'objet, Halaf en était convaincu. Il voulait qu'ils le montrent, c'était presque une question de principe. Il n'accéda pas à leur demande de le tenir entre leurs mains. Au lieu de cela, il demanda à Nessar de le faire tourner dans la lumière, de manière que les Sumériens puissent en contempler l'éclat intérieur.

Malgré ses soupçons, ils avaient gagné sa confiance. Jamais il n'avait pris le risque de susciter tant de convoitise.

Une fois de plus, la justesse de son jugement se confirma. Les Sumériens ne cachaient plus le désir qu'ils avaient de l'œuf. Mais ils ne manifestèrent aucun dépit quand ils comprirent que Halaf ne le troquerait pas. Ils haussèrent les épaules avec gentillesse, comme pour dire : « Tant pis, ce n'est pas grave. » Pour bien montrer qu'ils n'avaient pas de rancune, ils voulurent clore la rencontre d'une manière élégante en offrant une jarre de bière sans accepter quoi que ce fût en échange. Toute la caravane fut impressionnée par ce geste inhabituel.

Ils se quittèrent dans une ambiance des plus cordiales. Halaf et Utu se donnèrent une chaleureuse accolade. Tout le village salua les caravaniers de grands signes de la main. Nammu insista pour les raccompagner un bout de chemin.

Pendant qu'ils redescendaient la pente, Halaf se dit que si le barrage de la langue posait des problèmes, il en occultait peut-être d'autres. Ces Sumériens étaient trop gentils, trop accueillants, trop amicaux, en un mot trop parfaits. Ils devaient bien avoir des travers comme tout le monde. S'il ne les avait pas décelés, c'était à cause de cette langue incompréhensible. Avec une communication si limitée, il n'avait vu d'eux que l'apparence qu'ils voulaient donner. Leur fond authentique lui avait certainement échappé.

Mais après tout peu importait, c'était quand même un peuple intéressant ; il était content de l'avoir rencontré. De plus, il estimait avoir fait d'excellentes affaires.

Pour Ninmah, la journée avait été passionnante. Pendant quelques heures, elle était sortie de l'ambiance de la caravane. Même si elle n'avait pas été autorisée à parler avec les Sumériens, elle avait assisté à tout.

Par certains côtés, ces Sumériens lui rappelaient le Peuple de la Grotte, en beaucoup plus évolué. Ils montraient le même genre de plaisir de vivre ; mais, en plus, elle avait découvert leur dynamisme, leur esprit d'invention, leur curiosité. Leurs maisons en bois semblaient robustes et confortables, leur disposition dans le village harmonieuse. Les chemins étaient bien entretenus. La machine pour le potier était remarquable de simplicité et d'efficacité et les peintures sur les poteries révélaient une maîtrise qui surclassait largement celle des gravures d'Ilahn. Leurs artistes étaient talentueux. Et quelles idées simples et judicieuses, comme ce gros bloc de pierre entouré de petits.

Ils étaient inventifs jusque dans la cuisine avec ces mets singuliers, et même dans la boisson avec ce breuvage qui rendait tout le monde gai.

De plus, elle les trouvait très vifs d'esprit. Les caravaniers n'avaient retenu que quelques mots de sumérien, alors qu'eux avaient réussi à se souvenir d'un grand nombre de termes des visiteurs. Et ils prenaient plaisir à les utiliser pour faciliter le dialogue. C'était eux qui allaient vers les autres, pas l'inverse. Et en plus de tous ces dons, ils se montraient si aimables et gentils.

« Ce sont des gens remarquables », se disait-elle.

Elle dut s'avouer qu'elle-même était bien moins performante qu'eux dans la mémorisation du vocabulaire.

Tout cela lui avait redonné un certain goût à la vie. Le monde n'était pas peuplé que de caravaniers secs et cruels. L'espoir était permis. Un jour, peut-être…

Par association d'idées, elle se mit à rêver qu'elle abandonnait son nouveau peuple rude et froid pour rester avec ces Sumériens si évolués et chaleureux. « Je pourrais me sauver, me cacher quelques jours dans la forêt et rejoindre le village une fois la caravane partie. Pourquoi pas, après tout ? Ils ont fait preuve d'hospitalité, ils m'accueilleraient peut-être volontiers. » Elle imagina une autre vie plus conforme à sa nature, plus humaine, plus riche, plus…

Elle revint à la réalité. Il ne fallait pas se bercer d'illusions. Elle avait vu les caravaniers à l'œuvre avec le Peuple de la Grotte. Ils ne la laisseraient pas fuir, il leur manquait des femmes. Si elle essayait, ils partiraient aussitôt à sa recherche, ils prendraient le temps nécessaire et ils la trouveraient. Au besoin, ils n'hésiteraient pas à aller la récupérer par la force chez les Sumériens. Ces derniers étaient plus nombreux, mais pourraient-ils résister aux guerriers féroces qu'elle connaissait ?

Elle se força à penser à autre chose.

Le lendemain, la caravane quitta la petite rivière. Halaf avait atteint l'un des deux objectifs du voyage. Il était satisfait.

Plus loin

On repartit vers le sud-est. Les jours passaient, identiques à eux-mêmes. Dans la plaine, le paysage changeait peu. Les caravaniers notèrent cependant que, petit à petit, la crue se résorbait. À présent, il y avait plus de terre que d'eau. Le cours du Grand Fleuve se laissait deviner. Comme ils devraient tôt ou tard le franchir, ils décidèrent de s'en maintenir à une distance constante. Ils s'aperçurent bientôt que, pour y arriver, il leur fallait emprunter un chemin qui perdait insensiblement de l'altitude : la montagne ne disparaissait pas, elle se développait plus à l'est et s'écartait du Tigre.

Ils descendaient très doucement vers la vallée. Chaque jour, leur progression les en rapprochait de quelques mètres. Pourtant, à part cette légère évolution du relief, rien de bien nouveau ne se présentait.

Les jours s'écoulaient et la mer n'était toujours pas en vue. Les provisions n'étaient pas inépuisables et il n'y avait aucun peuple avec qui commercer. Or la plaine serait bientôt praticable. Il serait possible de se diriger vers le Grand Fleuve pour le franchir, comme Halaf l'avait décidé depuis longtemps. Dans ces conditions, fallait-il s'obstiner à atteindre des rivages peut-être très éloignés ?

Halaf s'interrogeait. Il sentait que la caravane elle aussi commençait à se poser des questions. Il pouvait fort bien ne pas en tenir compte, comme il le faisait presque toujours ; nul n'aurait protesté. Mais la situation sortait de l'ordinaire. Pour la première fois, ils marchaient vers un objectif dont ils n'étaient pas sûrs qu'il existait.

Un soir, contrairement à ses habitudes, il réunit les hommes. Il leur exposa son point de vue sur l'opportunité d'aller plus loin. En recherchant la mer où se jetait le Grand Fleuve, leur dit-il, il était attiré par l'inconnu, certes, mais il ne perdait pas de vue la finalité commerciale. Il espérait découvrir des produits nouveaux qui enrichiraient l'offre, coquillages aux formes inconnues, aux couleurs originales, des perles ou autres marchandises précieuses. Ce pouvait être une occasion exceptionnelle.

Les hommes de Halaf n'avaient pas pour habitude de débattre avec leur chef. Peut-être ne le souhaitaient-ils pas. Toujours est-il que ses explications ne suscitèrent aucun commentaire. S'ils se posaient des questions, ils les gardaient pour eux. Halaf voulut pourtant les entendre. Il les interrogea l'un après l'autre.

Presque tous eurent la même réponse laconique :

– Je n'ai pas d'opinion. Ton avis sera le bon.

Seul Karim en dit un peu plus :

– Personnellement, je suis d'avis de continuer. Mais il ne faut pas se cacher qu'il y a des risques. On s'enfonce dans des régions inconnues et peut-être dangereuses, et cela sans la certitude d'un résultat : même si on trouve la mer, rien n'assure qu'on découvrira un peuple avec des marchandises intéressantes.

Halaf n'avait recueilli aucune idée nouvelle, mais cela lui convenait très bien. Il savait ce qu'il avait à faire sans que personne ne le lui dise. Il n'avait fait que tester le consentement de chacun et la réponse se révélait positive.

Toutefois, il restait quelqu'un qu'il n'avait pas interrogé : Nessar. C'était inutile, il connaissait son avis. Nessar était toujours en faveur des solutions les moins aventureuses. Il souhaitait forcément de pas aller plus loin.

Par acquit de conscience, il le vit tout de même peu après et lui exposa les deux options possibles : continuer ou retourner. Le prêtre lui dit qu'il convenait de consulter les dieux.

Le meilleur moment pour cela sera demain matin, affirma-t-il pompeusement.

– Très bien, répondit Halaf. Alors, fais-le.

Mine de rien, Ninmah avait suivi ces discussions de loin. Elle n'avait pu en saisir que quelques bribes, mais elle avait deviné quel était l'enjeu et souhaitait que Halaf choisisse de poursuivre vers la mer. Il avait certainement pris une décision, mais elle ignorait laquelle. Elle essaya d'arracher des informations à Karim après qu'ils se furent couchés. Il refusa :

– Je te l'ai déjà dit, ces affaires ne concernent pas les femmes, fit-il vivement. Je n'aime pas que tu poses ce genre de questions, ajouta-t-il pour faire bon poids.

Elle n'eut pas à attendre longtemps pour connaître la décision. Le lendemain matin, elle vit Nessar sortir l'œuf noir et l'installer avec précaution sur des peaux arrangées de manière à ce qu'il tienne debout sur l'une de ses extrémités arrondies.

« Tiens, se dit-elle, d'habitude il fait ça le soir. »

Le prêtre se trouvait seul, en un endroit isolé. Personne n'avait le droit de s'approcher. Il se mit à genoux devant l'œuf et prononça des incantations, bras écartés à l'horizontale, tête baissée, une posture solennelle qu'il affectionnait. Puis il le leva en direction de l'est, pour le placer dans la lumière du soleil et l'examiner avec soin. Même de loin, on distinguait les mystérieux mouvements qui se développaient en son cœur. Cela dura une dizaine de minutes. Puis il l'emballa dans une peau, le rangea et vint vers Halaf :

– Notre œuf a bien voulu entrer en communication avec le Grand Œuf noir des montagnes. Il m'a transmis son message divinatoire.

– Je t'écoute.

– L'oracle a parlé, déclara-t-il avec emphase. Nous pouvons continuer dans la même direction, mais nous devrons traverser le Grand Fleuve dès que ce sera possible. Il ne faut pas s'obstiner à chercher la mer. Si elle n'apparaît pas à temps, c'est que telle est la volonté des dieux.

– Parfait. C'est ce que nous allons faire, décréta Halaf.

Il annonça à la caravane que le Grand Œuf noir avait été consulté. L'oracle s'était exprimé. On continuerait vers le sud.

Pour Ninmah, le mot *oracle* était nouveau. Elle devina tout de suite son sens.

Ainsi, pensait-elle, le Grand Œuf noir du conte de Hiram existait bien. Elle n'en était pas surprise, elle l'avait su depuis le début. Il agissait en prononçant ce qu'ils appelaient un oracle ; il pouvait connaître l'avenir et indiquer quelle action était bonne ou néfaste. Il transmettait ses présages au petit œuf noir de Nessar sous forme d'ondulations lumineuses. Lui seul disposait du pouvoir de les interpréter. Halaf et Nessar faisaient sans doute appel au Grand Œuf noir chaque fois qu'il y avait une décision difficile à prendre.

Elle tira sa propre conclusion : « En fait, le Grand Œuf noir est semblable aux esprits de notre Peuple de la Grotte ; à cette différence près qu'il a une forme et qu'il existe peut-être vraiment comme un objet magique. »

Elle comprenait pourquoi on lui avait dissimulé jusqu'à présent ce qu'était l'ovoïde : elle ne faisait pas encore partie de la communauté. Maintenant elle était mariée à Karim, elle vivait comme les autres. Elle pouvait partager leurs secrets, tout du moins autant que les autres femmes.

« Et l'œuf de Mahal ? se demanda-t-elle. Peu importe. Mahal n'est plus. Je ne sais pas si son œuf a été un rêve ou non, mais celui de Nessar existe bel et bien et il communique avec celui du conte de Hiram. »

Elle n'y pensa plus jamais.

Une question lui trottait dans la tête : Nessar était-il le seul à pouvoir interroger l'œuf noir du conte, ou d'autres, ailleurs, avaient-ils ce privilège ? Si tel était le cas, ces inconnus devaient eux aussi posséder un œuf noir comme celui du prêtre.

Mais comment ce dernier était-il entré en sa possession ? Elle se souvenait de l'assaut de l'autre jour, quand des hommes avaient risqué leur vie pour s'approprier l'objet. Les caravaniers avaient-ils agi de la même manière ? Avaient-ils conquis l'œuf au terme d'un combat ? Dans la négative, d'où Nessar le tenait-il ? Elle ne pouvait interroger ni Karim ni personne d'autre. En tout cas, l'attaque prouvait que les pouvoirs du petit œuf devaient être connus ailleurs. Sa détention conférait de la puissance.

Ninmah s'en souvenait, Halaf avait dit à Kish qu'il était originaire d'un peuple installé au cœur de montagnes rudes et sauvages, dans un pays situé sur un haut plateau du Nord-Ouest. Était-ce celui de l'œuf noir du conte de Hiram ? Y trouvait-on, à côté du Grand Œuf qu'un dieu furieux avait lancé sur des hommes, d'autres œufs plus petits, des enfants-œufs en somme, qui pouvaient entrer en relation avec leur parent ? L'idée lui vint de nouveau qu'elle aimerait beaucoup aller là-bas et voir de ses propres yeux ce qu'il en était. Son cœur battait d'émotion contenue rien que d'y penser.

La crue refluait, mais on ne pouvait encore emprunter la plaine sans danger. Il n'était pas envisageable de traverser le Tigre tout de suite. La marche vers le sud-est reprit. Halaf fit accélérer l'allure. Son intention était d'avancer aussi loin que possible sans désobéir à l'oracle.

À cette époque, le golfe Persique remontait deux cents kilomètres plus au nord que de nos jours. Le Tigre et l'Euphrate avaient un parcours différent. À l'endroit où se trouvaient les caravaniers, les deux fleuves étaient bien plus proches l'un de l'autre qu'aujourd'hui.

Au bout de quelques jours de progression, le paysage commença à se modifier. Au loin vers l'ouest, le second Grand Fleuve, l'Euphrate, était apparu. Il se rapprochait de plus en plus du premier au fur et à mesure que l'on allait vers le sud. Bientôt, il n'en fut plus qu'à quelques centaines de mètres.

Le terrain était si horizontal que les fleuves ne trouvaient plus de direction précise vers laquelle s'écouler. Ils stagnaient presque et se répandaient sans retenue en tous sens. Leurs eaux se mêlaient. La plaine se transformait en une immense zone marécageuse qui s'étendait à perte de vue. Petit à petit, le territoire devenait une vaste cannaie aux roseaux démesurés, étalée de part et d'autre des deux fleuves. Des milliers de lacs petits ou grands, couverts de plantes aquatiques, la parsemaient. Des voies d'eau serpentaient entre les hautes tiges végétales. Çà et là des îlots émergeaient au ras de la surface liquide, recouverts de taillis, de palmiers. D'immenses colonies d'oiseaux survolaient la région. Les caravaniers en comprirent la raison lorsqu'ils constatèrent que des nuées de moustiques montaient jusqu'à leur altitude.

Un jour, ils aperçurent une famille d'aurochs qui se rafraîchissaient dans la boue. La profondeur devait être très faible, ces animaux préféraient en général les rives.

Sous le soleil de feu, le pays était beau, calme. L'entrelacs de roseaux et de lacs était paisible.

Toutefois, cette région marécageuse était encore plus impraticable que la plaine, aussi loin que portait le regard. Jamais ils ne traverseraient à cet endroit. C'était immense, sans limite visible.

Un jour, à la pause de midi, Nessar se trouva assis près de Halaf, à l'écart des autres. Il en profita pour lui parler. Selon lui, il était inutile de continuer dans la même direction, même si l'on pouvait supposer qu'on avait atteint le delta et que la mer ne devait plus être très éloignée. De toute façon, avec ces masses énormes de limon, on ne pouvait savoir où finissaient les fleuves et où commençait la mer, poursuivit-il. Peut-être l'avaient-ils déjà sous les yeux. Non, avancer n'apporterait rien de plus.

– N'oublie pas les paroles de l'oracle, ajouta-t-il sur un ton doctoral.

– Tu t'occupes de recevoir les décisions des dieux et je me charge de les appliquer, lui répondit sèchement Halaf.

Mais il était de bonne humeur et voulut bien lui justifier sa position. Certes, c'était peut-être déjà la mer, mais quelque part devait se trouver une immense étendue d'eau libre, sans tous ces roseaux. C'est cela qu'il avait envie de voir. Pourquoi ne pas la chercher ? On ne courait aucun danger.

– Erreur, rétorqua Nessar. Tu risques de contrarier l'oracle et de mécontenter les dieux. C'est le pire des risques.

Cette fois, l'argument porta. Halaf craignait les dieux. Ils s'étaient exprimés, il fallait traverser le Grand Fleuve dès que possible. Il ne pouvait pas aller à l'encontre de leurs désirs. Il transigea. On avancerait jusqu'au soir et, si rien de nouveau n'intervenait, cela signifierait que les dieux souhaitaient qu'il abandonne tout de suite. Il n'insisterait pas, ils feraient demi-tour.

La caravane reprit sa route.

Île

Moins de deux heures plus tard, ils aperçurent sur une île très lointaine ce qui semblait être un village. Karim, qui avait la vue la plus perçante, se mit en observation, la main en visière au-dessus des yeux plissés.

– Oui, il y a un village, dit-il au bout d'un moment. Je distingue des huttes en roseaux, à peu près autant que les doigts des deux mains. Ça bouge autour. J'aperçois aussi un radeau tout près des habitations. Sauf erreur, il y a un homme dessus, muni d'une très longue perche qui lui sert à faire avancer l'embarcation.

– Ils sont nombreux ? demanda Halaf.

– Je ne sais pas, je n'arrive pas à voir.

Le village était très éloigné, ils ne pourraient l'atteindre le jour même, délai ultime que s'était fixé Halaf avant de rebrousser chemin. Devaient-ils malgré tout aller jusque là-bas ? s'interrogeait-il. Il avait promis à Nessar qu'il ordonnerait le retour en l'absence d'un fait *nouveau* avant le soir. Un tel fait ne venait-il pas de se produire ? Il avait espéré trouver un peuple et il s'en présentait un. Les dieux indiquaient clairement que la caravane pouvait continuer.

– Alors, tu vois bien qu'il fallait persévérer, dit-il à Nessar.

– Je n'en suis pas si sûr. Il est inutile d'aller jusqu'à ce village. Comment veux-tu qu'ils disposent de biens quelconques alors qu'ils sont si éloignés et si peu accessibles ? De toute façon, ils habitent sur une île. S'ils n'ont pas envie de nous rencontrer, ça leur sera facile. Nous serons à la merci de leur bon vouloir.

Il rappela le verdict de l'oracle : il fallait franchir le Tigre dès que possible et on avait déjà largement dépassé la zone où cela serait praticable.

– Nessar, tu ne dis rien de plus que lors de notre précédente discussion, tu ne fais que répéter le même argument d'une manière différente. Dans ces conditions, je n'ai aucune raison de changer mes plans. Je me suis donné jusqu'à ce soir pour ordonner le retour s'il n'y a rien de nouveau, je m'en tiens à cette position. Un peuple est en vue, il est hors de question de repartir sans nous assurer que nous ne manquons pas une occasion. Nous allons avancer comme prévu tant qu'il y a du soleil, décréta-t-il. On sera alors bien plus proche du village et mieux placés pour prendre une décision raisonnable.

Nessar voulut argumenter, mais Halaf lui coupa la parole. Cette fois, il avait tranché.

Ils se remirent en route. Le chef des caravaniers accéléra le rythme.

À cette époque de l'année, le soir tombait vers neuf heures. Environ deux heures avant, il arrêta la caravane.

– Karim, dit-il, nous allons partir tous les deux pour nous rapprocher. À deux, nous avancerons plus vite et nous serons plus discrets. Il vaut mieux que ce peuple ne nous voie pas si nous devons nous en retourner sans le rencontrer. Pendant ce temps, les autres attendront ici.

Ils prirent la direction du sud, chargés de leurs seules armes. Ils abattaient beaucoup de chemin, bien qu'ils soient ralentis par les herbes hautes qui avaient envahi la rive. En revanche, cette végétation leur permettait d'approcher sans être repérés. Une heure plus tard, ils étaient arrivés.

L'île se situait à une soixantaine de mètres du rivage. Elle était assez étendue. Les deux hommes se placèrent juste en face et se couchèrent à plat ventre pour observer à loisir ce qui s'y passait. Ils étaient parfaitement dissimulés.

Le village insulaire était implanté sur un plateau surélevé de quelques mètres au-dessus du niveau de l'eau, de telle sorte que les roseaux ne le cachaient pas. Cette disposition devait le mettre à l'abri des inondations. Une vingtaine de huttes se trouvaient là, du côté qu'apercevaient les deux caravaniers. En bordure du rivage, parmi les roseaux, ils distinguaient quelques embarcations amarrées.

Soudain, une autre apparut. Elle venait du sud avec deux hommes à bord. Ils les voyaient en contre-jour sur l'horizon enflammé par le soleil couchant. Le premier la déplaçait lentement avec une perche, le second brandissait une sorte de harpon. La longue hampe se profilait en noir sur le ciel. Elle se terminait par une flèche pourvue de barbelures bilatérales pour s'accrocher à l'animal. Cette pointe devait être en os. L'homme regardait avec attention sous la surface liquide, le bras armé levé, prêt à se détendre.

Ils pêchaient. Celui qui faisait avancer le radeau sortit la perche de l'eau et la rentra à bord. L'embarcation poursuivit quelques mètres sur sa lancée. Elle glissait en silence, sans le moindre clapotis. Elle s'arrêta. Il y eut un éclair : les trois quarts du harpon étaient immergés, le pêcheur le tenait par son extrémité. Il remonta un poisson transpercé qui se débattait de toute sa force.

Les deux hommes échangèrent quelques mots, mais ils étaient trop loin pour que les caravaniers puissent les entendre. Puis l'embarcation regagna la rive. La journée de pêche était terminée.

– Ils ressemblent aux Sumériens d'il y a quelques jours, observa Karim.

– Vraiment ? fit Halaf qui n'avait pas bien vu dans la lumière du couchant.

« Peut-être était-ce un peuple aussi intéressant que l'autre », songeait-il.

Le soleil approchait de l'horizon. Les villageois se préparaient pour le soir. Un feu brûlait, au centre du village. Il n'y avait pas un souffle de vent, la fumée montait droit vers le ciel. Des effluves de poisson grillé arrivèrent pourtant aux narines des deux observateurs.

– Ils ne doivent pas être nombreux, observa Halaf.

– La plupart sont assis, je ne vois pas combien ils sont, répondit Karim.

– Leurs maisons sont en roseau, dit Halaf, leurs embarcations aussi, ils mangent ce qu'ils pêchent. Ils ont l'air de vivre sur les ressources locales. Leurs radeaux paraissent légers et rapides, mais nous n'en avons pas besoin. Je me demande ce qu'ils pourraient avoir à échanger qui nous intéresserait.

– C'est vrai, répondit Karim. D'ailleurs, il m'a semblé que la pointe du harpon était en os. Si ça se trouve, ils n'ont même pas d'obsidienne.

– Dommage, reprit Halaf. Qu'il s'agisse de Sumériens ou non, il vaut mieux laisser tomber. Mais je ne regrette rien. Au moins, nous sommes sûrs de n'avoir négligé aucune occasion. Viens, nous allons retrouver la caravane.

Ils étaient en route depuis moins de cinq minutes. Karim se retourna pour jeter un dernier regard à cette île du bout du monde.

– Regarde, s'écria-t-il soudain.

Il montrait du doigt un point loin au sud.

– Je vois quelque chose, mais je ne distingue pas ce que c'est, déclara Halaf.

– C'est une autre embarcation, mais j'ai l'impression qu'elle est bien plus importante que la précédente. On dirait qu'il y a beaucoup de passagers.

– Retournons vite surveiller.

Ils ne furent pas déçus. Le peuple de l'île avait lui aussi repéré les arrivants. Ils s'étaient tous levés et regardaient vers le sud. Ils semblaient au comble de la joie. Ils faisaient de grands signes des bras et s'époumonaient en appels.

Moins d'une demi-heure plus tard, la nouvelle embarcation accostait. C'était un gros radeau avec des sortes de rambardes basses sur les bords qui devaient protéger de l'eau. Il transportait une quinzaine de personnes et de nombreuses jarres. L'un des passagers sauta à terre. Il fut accueilli avec chaleur par le peuple de l'île.

– Aucun n'est armé, observa Karim.

– Ils ont l'air de se connaître.

Peu après, le débarquement commença. Les insulaires avaient constitué une chaîne et se passaient les jarres de l'un à l'autre dans un mouvement parfaitement coordonné. La nuit était presque tombée et la lune n'était pas encore apparue. À présent, toute observation était devenue impossible.

– Nous retournons à la caravane, décida Halaf.

Ils étaient tout excités par ce qu'ils avaient vu. Le retour fut bien plus rapide que l'aller. Halaf raconta leur périple. Tous écoutaient en silence.

– Voici ce que nous allons faire, conclut-il. Demain matin, nous nous rendrons en face de l'île. Nous nous signalerons à ce peuple et nous entrerons en contact avec lui. J'aviserai sur place pour la suite.

Tôt le lendemain, la caravane s'ébranla. Deux heures plus tard elle se trouvait à destination. Les huttes étaient toujours là, mais le village semblait désert. Tous les radeaux avaient disparu.

– Ils ont dû nous voir arriver, dit Halaf.

Il réfléchissait à la manière de procéder. Le peuple de l'île n'avait évidemment pas abandonné les lieux. Il avait aperçu la caravane et s'était caché. La question était : se dissimule-t-il pour tendre une embuscade ou pour se protéger en attendant de connaître les intentions des visiteurs ? Ces gens n'avaient pas l'air de guerriers agressifs, ils ne portaient pas d'armes en permanence. Pourtant, rien n'était sûr.

Le plus raisonnable était d'explorer d'abord les environs pour s'assurer qu'aucun guet-apens n'avait été préparé. Si on ne trouvait rien, c'est que les insulaires s'étaient cachés sur leurs terres. Dans ce cas, on appellerait pour entrer en relation avec eux.

Halaf constitua deux groupes de deux hommes. À partir de l'endroit où s'était arrêtée la caravane, chacun ratisserait la rive sur une zone d'un quart de cercle d'environ quatre cents mètres de rayon, l'un au nord, l'autre au sud. Inutile d'aller au-delà, c'était trop loin pour qu'un traquenard puisse avoir été préparé.

– Soyez très prudents, leur dit Halaf. Le silence est de rigueur. C'est plein de hautes herbes où un ennemi peut se dissimuler, ils pourraient vous sauter dessus sans crier gare. Et faites attention, le terrain est très humide, il doit y avoir des tas de petites mares où on peut tomber en faisant du bruit.

Ils partirent armés jusqu'aux dents. Pendant ce temps, Halaf installa des hommes pour surveiller le village.

Trois heures après, les deux équipes étaient de retour.

– Nous avons tout exploré, déclarèrent-ils. À part les oiseaux, nous n'avons rien trouvé.

Les guetteurs non plus n'avaient rien vu.

C'était sûr, les villageois se cachaient sur leur territoire insulaire. Pas question d'y aborder, personne ne savait nager et ils n'avaient pas de radeau. Il ne restait qu'une solution : héler ce peuple invisible depuis la berge.

Mais l'île était à soixante mètres. C'était loin, les habitants pouvaient ne pas entendre. Finalement, Halaf se dit qu'ils devaient surveiller la caravane depuis leur cachette. Le mieux était de leur faire des signes. Il prit une grande pièce de tissu de couleur vive, se tourna vers le village et se mit à agiter l'étoffe comme une oriflamme, les bras au-dessus de la tête.

Peine perdue, il ne se passait rien. Fatigué, il cessa cette agitation inutile. Il avait beau réfléchir, il ne voyait pas quoi faire d'autre. Il s'apprêtait à reprendre son drapeau lorsque soudain un radeau sortit des roseaux. Il portait deux hommes armés et se dirigeait vers la berge où se tenait la caravane. Il avançait rapidement, poussé par la perche que maniait l'un des deux passagers. Il s'arrêta à une quinzaine de mètres du rivage.

Karim ne s'était pas trompé, ils avaient le type sumérien, avec les cheveux, la barbe et la moustache du noir le plus profond. Cela se confirma lorsque l'un d'eux lança une phrase. Sa voix portait, mais ce qu'il disait était inintelligible. Ça ressemblait aux sonorités qu'ils avaient appris à connaître. Halaf savait comment répondre : il écarta les bras en signe d'incompréhension. En même temps, il cria :

– Je ne comprends pas votre langue.

Les deux Sumériens échangèrent quelques mots. L'un d'eux fit un signe pour attirer l'attention des caravaniers. Il tendit une main dans leur direction avec deux doigts levés en V. Avec l'autre, il montra le radeau. Pas de doute, il voulait que deux hommes embarquent. Ils souhaitaient sans doute les emmener au village pour discuter.

Halaf hocha la tête pour signifier son accord. Cela lui convenait.

– Karim, tu viens avec moi. Prends tes armes, dit-il en saisissant les siennes.

Les Sumériens observaient ces préparatifs. Dès qu'ils virent que les deux caravaniers s'armaient, ils firent de grands signes. Ce message-là non plus ne laissait aucun doute : ils voulaient bien embarquer deux hommes, mais désarmés.

Pendant ce temps, le peuple de l'île semblait être sorti de terre. Sans que personne puisse dire comment, ils étaient soudain apparus. Tout du moins les hommes : les femmes étaient totalement absentes. Ils étaient là, debout sur la rive, tous armés. Ils suivaient les péripéties de la prise de contact avec intérêt. Ils n'avaient pas l'air menaçant, mais ne manifestaient pas non plus les sentiments hospitaliers de leurs homologues vivant plus au nord. Les arrivants de la veille avaient dû se joindre à eux, car ils étaient plus de trente.

Halaf jaugea du regard les deux Sumériens sur le radeau, le groupe sur la rive, et prit instantanément sa décision :

– Nous partons.

C'était trop risqué, avait-il estimé. Ils exigeaient une confiance absolue, alors qu'eux-mêmes s'entouraient de toutes les protections. Il n'acceptait jamais un marché où il se trouvait en situation de forte infériorité. Il perdait peut-être une occasion, mais il ne pouvait faire courir ce danger à la caravane. Il renonçait à regret aux affaires qu'il entrevoyait, mais il fallait savoir être prudent.

Il fit signe aux Sumériens qu'il ne monterait pas à bord de leur radeau. Les deux hommes comprirent ses gestes et retournèrent aussitôt vers l'île.

Ninmah eut envie d'intervenir. Il était dommage d'avoir fait tant de chemin pour se priver au dernier moment de ces nouvelles rencontres, estimait-elle. On aurait pu parlementer avec les villageois, les convaincre que les risques devaient être équivalents de chaque côté, discuter.

Mais les femmes n'avaient pas à émettre d'avis. Halaf le lui avait fait comprendre dès le début, Achar le lui avait répété, Karim le lui avait confirmé. Elle se tut.

Ils ne surent jamais qu'ils avaient effectivement manqué une occasion. Les Sumériens n'étaient pas hostiles, mais seulement méfiants. Si le contact avait pu s'établir, ils auraient découvert une civilisation nouvelle.

Ce village était un avant-poste de peuples qui vivaient plus au sud. De temps à autre, il se trouvait renforcé par des familles de migrants qui le rejoignaient par la mer, celle que Halaf avait voulu atteindre.

Par cette voie maritime, ils avaient des relations avec d'autres peuplades loin en Orient. Des échanges commerciaux étaient déjà intervenus. Les insulaires possédaient une marchandise d'une valeur inestimable, encore inconnue dans cette région du monde : les épices. Ils détenaient de la cardamome, du poivre et de la cannelle.

Les caravaniers ne devaient plus jamais rencontrer de Sumériens. Le message de ce peuple novateur attendrait quelques milliers d'années avant de se mêler à la pensée des vieux habitants du Nord.

Halaf et les siens ne découvriraient jamais la saveur des épices. S'ils en avaient troqué, ils auraient pu les diffuser dans toute la Mésopotamie. C'eût été la fortune assurée.

Ainsi naissait la civilisation, occasions exploitées et occasions perdues.

La caravane fit demi-tour le jour même.

Ninmah se dit qu'elle avait manqué une rencontre, mais qu'en revanche elle se rapprochait peut-être du Grand Œuf noir de Hiram. Elle en rêvait toujours.

Avec son réalisme et son caractère bien trempé, les rêves intenses ne pouvaient rester indéfiniment en l'état. Tôt ou tard, ils devenaient projets et les projets tentatives.

Désastre

Les caravaniers étaient partis vers le nord-ouest pour un long voyage qui devait les mener à une autre mer[1]. Cela prendrait plusieurs mois, estimaient-ils, peut-être plus. Bien entendu, ils ne possédaient pas de carte. L'idée même de carte n'existait pas.

C'était la première fois qu'ils effectuaient ce périple en un voyage unique. Cependant, ces espaces ne leur étaient pas totalement inconnus. Ils en avaient parcouru de nombreuses sections à plusieurs reprises, en tous sens. Pour eux, l'itinéraire était à peu près clair.

À présent, rien n'empêchait plus d'obéir à l'oracle. Ils franchiraient le premier Grand Fleuve, le Tigre, dès que possible. Ils remonteraient le long de ses rives et commerceraient avec les peuples qu'ils rencontreraient, dont ils connaissaient déjà certains. Puis ils obliqueraient vers l'ouest, pour rejoindre le second Grand Fleuve, l'Euphrate. Après l'avoir traversé, ils suivraient son cours vers l'amont jusqu'à l'endroit où il s'incurvait vers le nord, en direction de la montagne. Ils le quitteraient alors, pour partir vers le sud-est : destination la mer.

Pour le reste, ils décideraient pendant le voyage.

Ils l'ignoraient, mais ils étaient les premiers à ouvrir cette route du commerce que beaucoup d'autres emprunteraient après eux. C'est ainsi que se diffuseraient les techniques, les modes de vie, la culture.

Lorsqu'ils eurent laissé derrière eux l'immense zone marécageuse, ils constatèrent que, cette fois, la crue s'était résorbée. Ils allaient pouvoir traverser le Tigre. Ils descendirent sur sa rive encore boueuse. Le courant était faible, mais le Grand Fleuve était large. Halaf demanda à Karim de s'avancer dans son cours, pour voir si l'on

1. La Méditerranée.

pouvait passer à gué : à quelques mètres du bord, l'eau atteignait déjà le haut de sa poitrine.

Non, le passage était impossible. Dans ces conditions, devaient-ils construire des radeaux ou remonter le fleuve jusqu'à un endroit praticable ? Peut-être valait-il mieux chercher un peuple qui les ferait traverser.

L'oracle fut consulté. C'était le soir et l'œuf noir s'illumina d'un feu sanglant. Tout le monde était fasciné, Ninmah plus que les autres. Nessar, solennel, énonça le présage qu'il avait lu : il ne fallait pas fabriquer d'embarcation. Halaf décida d'obtempérer.

Bien lui en prit. Deux jours plus tard, ils trouvèrent un peuple inconnu. Il s'agissait d'une trentaine d'individus qui vivaient dans les environs et qui parlaient une langue suffisamment proche de celle des caravaniers pour qu'ils puissent se comprendre. Ils ne s'étaient pas établis à un endroit précis, ils évoluaient dans un petit rayon autour du lieu où la caravane les avait rencontrés. Ils se laissaient guider par les besoins de la pêche ou de la chasse. Ils s'étaient adaptés au voisinage du Tigre et consommaient beaucoup de poisson.

Ils disposaient de radeaux. La navigation sur le Grand Fleuve était pour eux une activité de tous les jours.

Ils montrèrent leurs embarcations. Elles étaient rustiques, simples assemblages de troncs taillés qui provenaient des contreforts du Zagros encore peu éloignés. Néanmoins, elles étaient fiables et solides, estima Halaf. Les troncs étaient liés entre eux par des cordes faites d'une plante flexible que les caravaniers ne connaissaient pas et qui, selon les bateliers, poussait dans les marécages. Le tout était enduit de bitume pour l'étanchéité. Halaf se demanda d'où ils tenaient ce produit. En trouvait-on dans la région ?

Le soir, Hiram récita un conte. Les hommes du fleuve n'en comprirent qu'une partie, leur vocabulaire était très limité. Cela n'empêcha pas la magie de les envelopper. Le merveilleux transcendait les cultures, c'était là tout le secret de Hiram.

Le lendemain, il y eut marché. Halaf autorisa quelques échanges de paroles avec les hôtes, seulement pour les hommes. Les femmes pouvaient écouter, mais en silence. Les plus petits étaient libres de courir où ils voulaient, tout du moins jusqu'à l'âge de cinq ou six ans.

Il fit son numéro. Les affaires furent vite conclues. Il ne montra pas l'œuf, c'était inutile. Ces gens étaient peu évolués et ce fut un jeu d'enfant pour Halaf d'obtenir ce qu'il souhaitait : les caravaniers donneraient une jarre de sel, une de bitume, une de grain (qui, Ninmah le remarqua, provenait du Peuple de la Grotte), plus une pièce de tissu en lin. Pas celui des Sumériens, l'autre, plus grossier, fabriqué par des artisans de la plaine. En échange, le peuple du fleuve ferait traverser la caravane sur ses radeaux. Il n'avait rien de plus à offrir, mais Halaf ne voulait rien d'autre.

Il venait d'inventer le commerce avec le secteur tertiaire. Il échangeait des produits matériels contre un service.

À cette occasion, Ninmah se rendit compte que Halaf pouvait montrer des capacités remarquables qui n'étaient pas celles d'un chef de guerre : ouverture d'esprit, écoute, souplesse sans mollesse dans la négociation. Elle l'avait déjà constaté du temps du Peuple de la Grotte, mais tout dans sa tête s'était effacé derrière le tueur sans pitié. Elle en fut impressionnée. Entre Hiram le conteur, avec lequel on découvrait la poésie, le rêve, l'imagination, et cet Halaf tout à la fois dur comme la pierre et souple quand il fallait, la caravane comptait des ressources hors du commun.

Les hommes du fleuve s'avérèrent d'excellents bateliers. Ils manœuvraient les radeaux à l'aide de grandes perches, comme les Sumériens du Sud. Les caravaniers eurent tout le temps d'observer leur manière de faire. Ils plantaient la longue pièce de bois dans la vase du fond et s'appuyaient dessus pour faire avancer l'embarcation dans la direction voulue. Puis, dans un mouvement ample et élégant, ils la sortaient de la vase et l'enfonçaient de nouveau quelques mètres plus loin. Ils montraient une grande habileté, et la technique devait être rodée depuis longtemps. Il est vrai que le courant était faible, on pouvait le remonter sans trop d'effort.

Le transbordement de la caravane prit pourtant deux jours, avec beaucoup d'agitation, de cris, de péripéties. Il fallait manipuler les marchandises avec soin et il y en avait beaucoup. Plusieurs allers et retours furent nécessaires.

Lors d'une traversée, Karim eut un mouvement malhabile et tomba à l'eau en plein milieu du Tigre. Comme les autres, il ne savait pas nager. Mais le courant était faible et il put remonter sans problèmes sur le radeau en s'agrippant à la perche qu'un homme du fleuve lui avait tendue.

Un peu plus tard, il y eut un autre incident. Un radeau transbordait des jarres de sel. Les troncs qui le constituaient ne formaient pas une surface parfaitement plane et les jarres avaient parfois tendance à basculer. Aussi Halaf avait-il affecté à chacune de celles en position instable une personne qui surveillait la bonne marche des opérations. À un moment, l'embarcation heurta légèrement un arbre mort qui dérivait ; le choc suffit à déséquilibrer l'une des jarres. Ninmah en était responsable. Elle la saisit aussitôt pour l'empêcher de choir, mais le gros vase plein de sel était trop lourd. Elle ne put le retenir et il tomba à l'eau dans un grand éclaboussement. Elle vit que Halaf avait observé la scène.

Les ânes ne facilitaient pas les opérations. Ils étaient effrayés. Peut-être le fleuve leur paraissait-il trop large. Ils refusaient de monter sur les radeaux, il fallait les tirer et les pousser ; et une fois dessus, ils ruaient autant qu'ils pouvaient, en émettant leur cri sonore et râpeux.

Le peuple du fleuve, qui découvrait lui aussi ces animaux, s'amusait de leur frayeur et n'aidait en rien à la manœuvre. Leur hilarité eut le don d'agacer Halaf qui suait alors sang et eau. Il s'apprêtait à dire aux bateliers que le marché incluait leur participation au chargement, lorsque l'un des jeunes garçons de la caravane trouva la solution : il fallait bander les yeux des ânes. Dès que ce fut fait, on put les faire traverser sans encombre.

Pour finir, le transbordement se déroula tout de même sans véritables problèmes. Il y eut peu de pertes, si ce n'est la jarre de sel de Ninmah et un ballot de peaux qui suivit le même chemin. Aucun passager ne subit de dommage physique. Halaf et son peuple avaient connu d'autres traversées moins favorables.

Les ânes furent chargés et la caravane reprit sa route le long de la rive ouest du Tigre. Le premier soir, Halaf rassembla tout le monde en demi-cercle. Lui-même se trouvait au centre. Il demanda à Ninmah de venir devant lui. Il parlait fort pour que tous entendent :

– Nous avons perdu une jarre de sel et un ballot de peaux, déclara-t-il. Je n'en suis pas sûr, mais j'ai l'impression que la chute du ballot est due à un geste maladroit d'un homme du fleuve. En revanche, il ne fait aucun doute que c'est par ta faute que la jarre de sel est tombée à l'eau.

– C'est vrai, reconnut Ninmah, elle a basculé et je n'ai pas pu la retenir, elle était trop lourde.

– Une jarre comme celle-là représente une grande valeur, reprit Halaf, et la transporter sur une si longue distance a nécessité beaucoup d'efforts. Tout ça pour rien.

– J'en suis désolée, murmura Ninmah, les yeux baissés.

– Tu n'as pas à me répondre, lui lança Halaf sévèrement. Ta maladresse mérite punition. Tu recevras cinq coups de fouet, plus un sixième pour avoir pris la parole hors de propos.

Nessar était chargé de l'application de ces sanctions. Il officia comme d'habitude, sans indulgence. Ninmah supporta la brûlure des coups sans une plainte. Elle s'était habituée aux mœurs de la caravane. Karim n'eut pas un mot de consolation.

Elle n'avait rien dit. Toutefois, au fond d'elle-même, un barrage s'était fissuré : « Je ne dois pas oublier ça. Non, je n'oublierai jamais », se jura-t-elle.

Elle ne lançait de défi qu'à elle-même. Au même moment, elle leva les yeux et rencontra ceux de Halaf. Cet homme dur fut frappé par la force qu'il y vit. C'était comme si deux éclairs solides le transperçaient. Il ne sut quel sens donner à ce terrible regard. Ce n'était pas de la haine, mais une résolution farouche que rien ne pourrait faire plier.

L'esquisse d'un sourire hautain s'afficha sur son visage. Il ne cherchait qu'à dissimuler le malaise qu'il ressentait. Son intuition lui murmurait qu'il devrait être encore plus sur ses gardes qu'à l'accoutumée. Il devait surveiller cette fille de près, elle était trop différente des femmes de la caravane. L'idée lui vint qu'il avait peut-être commis une erreur en l'intégrant dans leur communauté.

Pour calmer l'angoisse vague qu'il ressentait, il demanda à Nessar d'interroger l'oracle pour les jours suivants. Ils s'éloignèrent ensemble. Nessar tourna l'œuf noir dans le soleil couchant. Puis il baissa la tête et réfléchit. Enfin, il dit à Halaf :

– J'ai du mal à interpréter ce que je vois.

– Qu'est-ce que tu vois ? insista Halaf.

– Je discerne des signes nouveaux, mais leur sens n'apparaît pas clairement.

Ils restèrent silencieux, songeurs.

– Ces signes sont-ils plutôt bénéfiques ou plutôt maléfiques ? demanda Halaf.

– Plutôt maléfiques...

Nessar avait répondu à voix basse, comme à regret.

– Il s'agit d'un avenir rapproché ou éloigné ? reprit Halaf.

– Les deux, peut-être, murmura Nessar. Mais je te le répète, reprit-il d'une voix plus ferme, je ne suis pas sûr de tout ça.

– Bien, conclut Halaf quelques instants plus tard.

Il avait pris sa décision. Il ne changerait pas leur itinéraire. Toutefois, l'oracle confirmait son intuition. Alors, il intensifierait les mesures de précaution. Il commencerait le soir même. Qui sait si les bateliers n'allaient pas les attaquer durant la nuit pour les voler, après avoir remonté le courant en silence sur les radeaux ? Il renforça la garde.

Rien ne se passa. Le lendemain matin, la caravane repartit vers le nord, le long de la rive du Tigre. Ils avançaient à leur rythme calme, silencieux sous la chaleur écrasante. Ils étaient dans le pays entre les deux fleuves, là où les limons additionnés engendraient une fertilité sans pareille, là où les sables les plus arides se transformaient en la terre la plus féconde. La végétation explosait. Tout en marchant, ils contemplaient ce miracle renouvelé. Des milliers d'oiseaux volaient à tire-d'aile avec des cris rauques, aigus. Certains plongeaient dans le fleuve pour pêcher. Les marécages n'étaient qu'à quelques jours de marche.

Quand le soleil fut au zénith, ils firent la pause du midi pour manger un peu. La température atteignait des sommets. Ils décidèrent de monter une partie d'une tente pour s'abriter.

Ils arrivaient à la fin du léger repas lorsque Karim fit observer que les oiseaux, si bruyants jusque-là, s'étaient soudain tus. Ils tendirent tous l'oreille et levèrent les yeux. Les oiseaux avaient presque tous disparu.

Quelque chose d'inhabituel se préparait. Halaf se mit debout. Il pensait à l'oracle. D'un geste bref, il ordonna de se saisir des armes et de se placer immédiatement en position de combat. Cela ne prit que quelques secondes. Ils étaient prêts, l'attention concentrée à l'extrême.

Soudain Ninmah poussa un cri. Elle tendait le doigt vers le soleil. Tous levèrent la tête, la main en visière au-dessus des yeux pour se protéger. Il semblait que le disque éblouissant se modifiait. Une zone noire apparut, en bas à droite. Ils n'avaient jamais rien vu de tel. Le noir paraissait s'agrandir petit à petit. Bientôt, ce fut incontestable. Une partie du soleil était devenue noire. Nessar sortit son œuf d'un geste précipité, l'éleva vers l'astre obscurci et lança des incantations d'une voix étranglée par l'angoisse.

Peine perdue, le noir gagnait.

Une terreur sans nom serrait le cœur des caravaniers. Plusieurs se tournèrent vers Halaf ; ils espéraient une directive. Mais Halaf était tétanisé par ce phénomène incompréhensible. « Que se passe-t-il ? » se demandait-il, terrorisé. Un dieu maléfique cherchait à dévorer la lumière du jour. Pourquoi ? Pourquoi ? Quelle faute avaient-ils commise ? Comment lui faire changer d'avis ? Tous avaient lâché leurs armes, sans que l'ordre leur en fût donné. Nessar avait renoncé à ses prières. Rien ne pouvait arrêter le naufrage du soleil. Ils étaient tous debout, le visage tourné vers le ciel, impuissants.

Plus de la moitié de l'astre s'était maintenant évaporée. La lumière prit une teinte inconnue, grise, lugubre. On aurait dit que la vie s'était interrompue. Il n'y avait plus un bruit, les animaux s'étaient volatilisés. Pas un souffle d'air. Le Grand Fleuve lui-même semblait s'être immobilisé.

Le soleil allait disparaître, étouffé par ce monstre noir. Le soir était tombé en plein jour. Dans un instant ce serait la nuit, la fin du monde. Des femmes éclatèrent en sanglots.

L'obscurité éternelle avait englouti l'univers. Le soleil avait été dévoré par ce dieu circulaire et malfaisant. La température avait baissé, une fraîcheur brusque saisissait les corps. Autour du monstre noir resplendissait une mince couronne lumineuse, grandiose. Ce devaient être les forces de la nuit. Les caravaniers ne bougeaient plus, ne prononçaient plus un mot. Étaient-ils morts ? se demandaient-ils. Les dieux s'apprêtaient-ils à les juger, à les envoyer au Ciel ou dans les profondeurs de la Terre ?

– Le soleil revient !

C'est Achar qui avait poussé ce cri, ce hurlement presque hystérique. Oui, c'était vrai, un morceau du soleil réapparaissait là où le noir l'avait d'abord atteint. La lumière subissait les transformations inverses, gris sombre, puis plus clair. L'espoir renaissait.

Lorsque la moitié du soleil put diffuser ses rayons, ils comprirent qu'ils allaient retrouver l'astre du ciel. Une immense clameur sortit de leurs gorges. Ils hurlaient de joie, ils riaient, ils pleuraient. Ils se précipitèrent tous les uns vers les autres, ils s'embrassaient, se serraient, sautaient et dansaient. Halaf lui-même se laissait emporter par cette explosion de soulagement. Nessar en faisait autant, sinon plus.

Dans cette effervescence effrénée, les regards de Halaf et de Ninmah se croisèrent par hasard le temps d'un mouvement de tête. Cela fut suffisant pour que Halaf y retrouve la terrible expression de la veille. Il l'enregistra dans l'instant, avant de se replonger dans la folle ambiance de joie.

Ils restèrent sur place tout l'après-midi et Halaf décida qu'ils y passeraient la nuit. Alors que la vie reprenait, que les cris des oiseaux se faisaient de nouveau entendre, ils commentaient l'incroyable phénomène, ils cherchaient à comprendre. Qu'était-il arrivé ? S'agissait-il d'un avertissement divin ? Les dieux maléfiques l'avaient-ils emporté un instant sur les dieux bénéfiques ? Pourquoi cet évanouissement soudain et cette réapparition presque immédiate ?

Se pouvait-il que la disparition du soleil fût un signe prémonitoire ? Et si oui, de quoi ? Un dieu avait-il voulu prévenir les hommes de quelque terrible événement, comme dans le conte de Hiram où le déluge avait été annoncé ?

Halaf demanda à Nessar d'interroger de nouveau l'oracle. Ils attendirent l'heure du soleil couchant, pour que l'embrasement lumineux de l'œuf fût plus expressif. « Le Grand Œuf noir refuse de transmettre le moindre message », affirma Nessar. Cela s'était déjà produit et ils l'acceptèrent.

Halaf était inquiet. L'oracle de la veille, indistinct mais plutôt pessimiste, l'inquiétait. Nessar n'avait pu prévoir le formidable phénomène. En avait-on fini avec les événements néfastes, ou était-ce le premier d'une série ? Il se souvint du regard de Ninmah. Sans raison logique, il fit un vague lien entre cette expression et le terrible épisode solaire. C'était un homme de son temps où tout ce que l'on ne comprenait pas s'expliquait par la magie.

Les yeux baissés, il réfléchissait. Soudain, il éprouva le besoin de les lever : Ninmah le regardait fixement ; de chaque œil jaillissait une pointe de feu. Elle détourna aussitôt la tête, mais Halaf avait été atteint.

Elle aussi avait été très impressionnée par l'éclipse solaire. Moins que les autres, pourtant. Il y avait une raison à cela : pour elle, le phénomène n'était pas tout à fait inconnu. Elle ne l'avait jamais vu auparavant, mais le Peuple de la Grotte connaissait une légende venue du fond des âges, selon laquelle le soleil avait été dévoré un jour par un esprit perfide. Le génie malfaisant avait pratiqué un trou circulaire dans le ciel pour le happer. Cet avaleur cosmique prétendait agir en punition d'une faute des humains.

Ce n'était qu'un prétexte. Les hommes avaient tant prié les esprits protecteurs qu'ils étaient intervenus, et l'esprit démoniaque avait dû régurgiter l'astre lumineux qui s'était retrouvé dans sa position initiale.

La légende soulignait que cet épisode n'était pas unique. Au contraire, disait-elle, le monstre dévoreur se manifestait à des intervalles de temps très éloignés, mais réguliers, en phase avec la résurgence de son appétit immonde. Et chaque fois les esprits favorables, depuis longtemps alertés, réussissaient à sauver le soleil.

Ninmah observait Halaf. Elle pensa qu'il s'interrogeait sur la disparition du soleil. Un instant, elle fut tentée de lui raconter la légende qui venait de s'avérer. Elle expliquait sans ambiguïté que le phénomène n'était pas exceptionnel. Halaf aurait sans doute été apaisé de le savoir, au moins en partie.

Toutefois, elle se souvint du coup de fouet supplémentaire pour avoir trop parlé. Le feu jaillit de ses yeux, au moment précis où Halaf levait son regard vers elle. Puisqu'elle devait se taire, elle ne dirait rien. Halaf n'avait qu'à se torturer l'esprit, elle garderait l'explication pour elle.

Changements

Le lendemain, la fièvre ne s'était pas calmée dans la caravane. Chacun tournait la tête à tout moment vers le soleil pour s'assurer qu'il était bien là, lumineux et brûlant. Halaf jugea que l'agitation était trop grande pour préparer le départ et se mettre en route. À la satisfaction générale, il annonça que l'on passerait un jour de plus sur place.

Le regard de Ninmah ne quittait pas sa pensée. Il y avait comme une puissance magique dans l'éclair de ses yeux. Se pouvait-il qu'elle possède des pouvoirs susceptibles d'influer sur les événements ? Les dieux agissaient-ils par son intermédiaire ? Ou même, l'habitaient-ils ? Il était vrai qu'elle montrait une assurance, une maturité, une fermeté sans rapport avec son âge. De plus, elle comprenait vite. Une preuve en était la rapidité avec laquelle elle avait assimilé les mœurs de la caravane.

Ces qualités étaient précieuses chez un homme, se disait-il. Chez une femme, c'était anormal.

Pour lui, le doute n'était plus permis. Ninmah était très différente des autres. Il y avait plus en elle, comme si elle était habitée par quelque chose d'inconnu. Cela ne se voyait pas de prime abord. Elle savait rester dans le rang. Pourtant, il n'était pas dupe. Il ne s'agissait pas de l'obéissance naturelle à son sexe. Elle avait choisi cette conduite parce qu'elle estimait que c'était la plus raisonnable. Pour le moment. En réalité, ce qu'il y avait dans sa personnalité d'autonome, de résolu, demeurait intact. Son regard la trahissait.

Quelle force mystérieuse résidait en elle ? Que se passerait-il lorsqu'elle déciderait de se manifester ? N'y avait-il pas un danger potentiel pour lui, pour la caravane ?

Il pensa interroger discrètement Karim. Peut-être un indice s'était-il révélé dans l'intimité. Peut-être avait-il ressenti la présence d'une obscure puissance magique. Puis il se dit que lui dévoiler ses préoccupations ternirait son autorité. Il renonça, du moins pour l'instant.

Fallait-il consulter Nessar ? N'assurait-il pas le relais entre les dieux et les hommes ? Il devait être en mesure de détecter si Ninmah avait des pouvoirs supra-humains. Au besoin, il s'adresserait au Grand Œuf noir.

« Attention, songea-t-il soudain. Si je donne à Nessar l'idée que Ninmah est habitée par un dieu ou par une influence divine, il risque de lui accorder plus d'importance qu'à moi. Ce qu'elle dirait ou ferait prévaudrait. Peut-être même chercherait-il à m'imposer les vues de Ninmah, au besoin en impliquant toute la caravane. C'est trop risqué, Nessar doit rester en dehors de cette affaire. »

Il décida de s'accorder un peu de temps. L'inexplicable disparition du soleil le troublait peut-être encore, perturbant son raisonnement. Il devait réfléchir calmement.

La caravane avait repris sa lente progression vers le nord-ouest, le long de la rive ouest du Tigre. Les jours passaient, semblables les uns aux autres. Ils n'oublieraient jamais le terrible phénomène solaire et le souvenir s'en transmettrait de génération en génération. Ils rencontrèrent plusieurs peuples avec lesquels ils commercèrent. Eux aussi avaient assisté au cataclysme, eux aussi avaient été impressionnés au-delà de toute mesure. En discuter avec eux ravivait l'émotion. Chaque fois la même interrogation revenait : quelle faute extraordinaire avait pu motiver une telle punition ?

Un fait les frappait tous : les populations qui avaient subi l'éclipse n'avaient pas pu commettre toutes au même moment un péché assez grave pour susciter cette réaction des dieux. Se pouvait-il que la culpabilité d'un seul rejaillisse sur tous ?

« Et si un seul individu portait cette responsabilité ? » s'interrogea Halaf lors de l'une de ces discussions. Il se posait la question, mais depuis plusieurs jours, au fond de lui-même, il n'avait pas de doute sur la réponse. Ninmah était l'unique responsable de ce désastre qui avait affecté tant de monde.

Il en eut bientôt confirmation : au fur et à mesure que la caravane remontait vers le nord, ils rencontraient des peuples qui avaient eux aussi subi la disparition du soleil, avec une intensité qui diminuait d'autant plus qu'ils avançaient.

Il y eut d'abord ceux pour lesquels le soleil n'avait pas été dévoré en totalité, puis d'autres pour lesquels il n'avait disparu qu'aux trois quarts, puis qu'à la moitié. Pour Halaf, l'explication était simple : plus on s'éloignait de la zone où se trouvait Ninmah au moment du cataclysme, moins son influence avait agi et plus le phénomène avait été faiblement ressenti.

Les jours, les semaines passaient. Halaf restait dans l'indécision. Quelles sortes de pouvoirs Ninmah détenait-elle ? Si c'était une magie personnelle qui lui permettait d'influer sur le cours des événements, la question se limitait à elle seule. En revanche, si des dieux s'exprimaient par son entremise, le problème changeait de nature. Dans le premier cas, il pourrait agir contre elle. Dans le second, c'était exclu : s'attaquer à elle, c'était entrer en conflit avec les dieux.

Comment savoir ?

La réponse vint d'une manière inattendue. Un jour, lors de la marche, Ninmah trébucha sur une branche d'arbre mort. Elle portait une lourde charge et, pour reprendre son équilibre, elle dut écarter brusquement les bras. Nessar se trouvait à côté d'elle, légèrement en retrait. Dans le mouvement, sa main gauche le frappa avec force. « Pardon », s'excusa-t-elle. Cependant, son regard démentait ses paroles.

Nessar n'aimait pas Ninmah. Il savait qu'il la terrorisait, comme d'autres dans la caravane. Néanmoins, il sentait aussi qu'elle résistait à sa toute-puissance. Elle n'avait pas fléchi devant lui, ni pendant la scarification ni pendant la punition. Il n'apprécia pas son expression de défi. Comme Halaf, il s'interrogeait sur la force qui l'habitait.

Le soir même il s'écarta du groupe en compagnie de Halaf et sortit l'œuf dans le soleil couchant.

– Halaf, déclara-t-il, je reçois un message inhabituel du Grand Œuf noir.

– Un mauvais présage ? demanda Halaf, inquiet.

– On ne peut pas dire que ce soit un présage. Il s'agit plutôt d'une mise en garde. Cela concerne Ninmah.

Halaf jeta un bref regard vers Nessar. L'avertissement tombait en plein dans ses préoccupations. Nessar s'en était-il rendu compte ? Rien ne transparaissait dans son expression.

– Oui, poursuivit Nessar, j'aperçois la forme de son visage, avec de sombres nuages verts qui ondulent autour. C'est un signe. Cela signifie qu'elle dissimule des secrets insoupçonnés.

– Bénéfiques ou maléfiques ?

– Des secrets dont l'effet ne dépend que de sa volonté.

Ils réfléchissaient, silencieux.

– Tu parlais d'une mise en garde, reprit Halaf.

– Oui. Le message avertit que cette partie cachée de Ninmah représente un danger.

– Tu penses qu'elle détient un pouvoir particulier ?

– Oui. Un pouvoir dangereux.

– Tu crois que c'est grâce à lui qu'elle a pu faire disparaître le soleil ?

Cette idée n'avait jamais effleuré Nessar. Cependant, il vit tout de suite le parti qu'il pourrait en tirer.

– Ça n'est pas impossible, murmura-t-il.

Il échafaudait déjà quelque tortueuse manœuvre. Il tenait Ninmah.

Halaf ruina le complot qui se préparait :

– Je me demande si cette faculté magique fait partie de sa personne ou si ce sont les dieux qui l'ont mise en elle pour agir par son intermédiaire, marmonna-t-il.

Nessar manquait d'imagination. Cette alternative non plus ne lui était pas venue à l'esprit. La possibilité que les dieux se soient saisis de Ninmah le touchait au plus profond. Il lui arrivait de profiter de son statut pour orienter le cours des événements à son avantage, comme il s'était apprêté à le faire, mais il croyait aux dieux. Il craignait leur puissance magique et les respectait. S'ils s'étaient emparés de Ninmah, elle devenait sacrée.

Tous deux s'interrogeaient. Ensemble, ils tournèrent la tête vers la jeune femme, qui se trouvait seule à une vingtaine de mètres. Elle contemplait le Grand Fleuve que le soleil transformait en un ruban flamboyant. Elle perçut leurs regards et comprit qu'elle était au centre d'une discussion.

Nessar reprit la parole :

– On ne peut pas dire si elle est habitée par les dieux. Il faut que j'interroge de nouveau l'oracle.

Lorsque vint la réponse, Halaf sut que ce qu'il craignait était arrivé. Le Grand Œuf noir avait parlé et à présent les doutes de Nessar s'étaient évanouis. Ninmah n'était pas habitée par les dieux, mais ils l'avaient choisie pour qu'elle exécute leurs volontés. Elle allait prendre une importance insoupçonnée.

– Pourquoi ont-il opté pour quelqu'un de notre caravane ? Et pourquoi elle qui n'est pas de notre peuple ? se demanda-t-il à haute voix.

– Je pense qu'ils l'avaient décidé avant qu'elle nous rejoigne, suggéra Nessar. C'est peut-être pour cette raison qu'elle est la seule à avoir survécu dans le Peuple de la Grotte.

Halaf croyait lui aussi aux dieux et les craignait. Il n'aimait pas la découverte qu'il venait de faire, mais il devait s'y soumettre.

– Maintenant, nous devons déterminer comment la traiter, dit-il.

Ils discutèrent longtemps. À la fin, Halaf prit la décision. Puisque les dieux se servaient de Ninmah, ils sauraient indiquer quand il faudrait changer de comportement à son égard. La disparition du soleil avait permis de comprendre son rôle. Ils enverraient un autre signal quand ils le jugeraient utile.

En attendant, tout serait comme avant. En apparence, aucun bouleversement, ou presque. La caravane ne serait pas mise au courant.

Bien sûr, il serait impossible de ne pas tenir compte du fait que Ninmah était élue des dieux. Ainsi, Halaf veillerait à ce qu'elle porte des charges moins lourdes, à ce qu'elle ne fût pas blessée pendant la marche ou au cours d'autres activités. Et cela allait de soi, plus question de punition. Nessar fut chargé de demander à Karim d'adapter sa conduite, sans pour cela l'informer de la situation réelle.

Ninmah perçut immédiatement le changement. D'un coup, sans transition, la vie était devenue moins dure et Karim différent, plus respectueux. Ce qui la surprit le plus fut le nouveau comportement de Nessar. Il manquait de finesse et avait du mal à trouver le moyen terme entre sa manière d'être d'avant et le respect servile qu'il vouait naturellement aux dieux.

Elle chercha une explication et n'en découvrit aucune. Elle voyait bien que les regards de Halaf et de Nessar sur elle étaient plus fréquents, différents. Très vite, elle réalisa qu'elle était investie d'un nouveau pouvoir. Un soir, à la veillée, elle prit le risque de faire un bref commentaire sur une réflexion de Halaf relative à un incident de la journée. Elle ne fut pas rembarrée.

Que se passait-il ? Elle ne comprenait pas. Elle décida de ne pas profiter du petit espace de liberté que l'on semblait lui offrir et d'observer. Tôt ou tard, une explication surgirait. Elle aviserait à ce moment-là.

Halaf n'eut pas à guetter un signe des dieux, ni Ninmah à attendre un éclaircissement. La situation évolua progressivement. Chaque jour quelque minuscule événement intervenait, qui donnait à Ninmah l'occasion d'élargir un peu plus son autonomie. Insensiblement, elle gagnait de l'assurance. D'une manière inéluctable et irréversible, sa personnalité prit de l'importance dans la petite communauté. Comme Halaf laissait faire, les autres se contentaient de le remarquer.

La caravane poursuivait son périple le long du Tigre. Chaleur écrasante, marche, le rythme calme restait inchangé, les jours succédaient aux jours, presque identiques à eux-mêmes. Seules les rencontres avec les peuples et le commerce apportaient du changement.

Ce qui surprenait le plus Ninmah, c'était la différence de culture et même de civilisation qui apparaissait entre des communautés parfois proches. Que de petites populations d'au plus quelques dizaines d'individus puissent tant diverger alors qu'elles ne vivaient qu'à quelques journées de marche les unes des autres, voilà qui la fascinait. Pour les caravaniers, c'était la routine. Pour elle, c'était une découverte permanente.

Elle comprit vite qu'il s'agissait de groupes sédentarisés depuis longtemps. Comme le Peuple de la Grotte, ils profitaient des ressources de la généreuse nature disponibles à proximité. Ils se déplaçaient dans un faible rayon autour de leur lieu de résidence et avaient peu de contacts avec leurs voisins. Chacun préservait son espace de vie. Seules des relations entre les groupes auraient permis des interpénétrations. Or, quand il y avait rencontre, c'était le plus souvent pour des motifs guerriers. Il n'y avait de transmissions culturelles que par l'intermédiaire des caravanes de marchands.

Si les langues étaient assez semblables, l'étendue du vocabulaire pouvait varier considérablement, ainsi que l'accent. Chacun avait sa manière de s'exprimer et peut-être de penser.

D'une communauté à l'autre, les poteries différaient dans leur technique de fabrication, dans leur style, dans les couleurs employées. Les manières de tailler les armes et les outils dans la pierre présentaient des spécificités frappantes. Les maisons, lorsqu'il y en avait, révélaient des plans et des procédés de construction très variables. L'argile dont elles étaient faites subissait toutes sortes de traitements différents : selon les peuples, elle s'utilisait crue et séchée au soleil, parfois plus ou moins cuite au feu, plus rarement moulée en forme de brique.

L'attitude par rapport aux esprits, aux dieux, offrait de nombreuses variantes. Les manières de vivre, le mariage, la chasse, la pêche, découlaient des conditions de l'environnement proche. Des négociations, où chacun mettait sa coloration personnelle, se dégageaient des comportements très divers. Les dissemblances se manifestaient aussi dans la façon de traiter les morts.

Halaf s'adaptait à toutes ces cultures. Sans rien renier de sa personnalité, il savait changer de ton, d'argumentaire, de niveau de convivialité, il se montrait plus ou moins disert. Quand il le fallait, il faisait preuve de fermeté et même de rigueur. D'un coup d'œil, il déterminait son style de conduite. C'était un grand marchand nomade.

Ninmah se souvenait de ses rêves lorsqu'elle vivait encore avec le Peuple de la Grotte. Elle avait voulu connaître tout cela. À présent, la découverte était devenue une partie de sa vie. Elle en tirait beaucoup de satisfaction, d'autant plus que son aire de liberté s'élargissait sans cesse et qu'elle pouvait profiter de la situation. Ni Halaf ni Karim ne lui interdisaient plus de s'adresser aux hommes des peuples visités. Sa curiosité naturelle trouvait mille motifs de contentement. Certes, c'était sans Lahar et avec ce Karim si renfermé, si dur et indifférent, pour qui elle n'éprouvait aucun amour, qui n'était pour elle qu'un partenaire distant, sans complicité. Mais avec l'autonomie qu'on lui laissait, elle s'était mise à apprécier sa vie.

Les distances entre les communautés, plutôt courtes au début du périple, augmentèrent peu à peu. Il se passait parfois plusieurs semaines sans que l'on ne rencontre un être humain. Seuls les animaux qui ne connaissaient pas la chasse se montraient. Espaces immenses, désertiques et pourtant fertiles, qui n'attendaient qu'un développement de la démographie pour prospérer.

Le temps s'écoulait. Le pas des caravaniers était plutôt lent, mais régulier. Les étapes s'ajoutaient sans discontinuer les unes aux autres et on abattait du chemin.

C'était une journée ordinaire. L'heure la plus chaude approchait. Ce serait bientôt la pause de midi. Kahl, le vieux veuf de vingt-huit ans, suivait le mouvement, sans un mot. Il tenait un âne. Soudain il s'arrêta. Il semblait hésiter à avancer. Il tourna la tête dans une rotation bizarre et glissa lentement à terre.

Il venait de mourir.

La caravane fit halte une heure. Ce fut le temps nécessaire pour l'enterrer et pour que Nessar prononce les incantations d'usage.

L'été tirait vers la fin. Un soir, à la veillée, Halaf indiqua qu'à son avis Massulia ne devait plus être très loin.

– Massulia ? demanda Ninmah.

Nul ne s'étonnait plus qu'elle fût la seule femme à pouvoir interférer dans la discussion. Sans parvenir à s'expliquer les raisons de cette mansuétude, Ninmah elle-même s'y était habituée.

– Oui, Massulia, répondit Halaf, l'endroit le plus au levant où un peuple a réussi à maîtriser la nature.

– Ah oui, dit Ninmah.

Elle venait de se souvenir de cette cité extraordinaire dont des marchands avaient parlé au Peuple de la Grotte et qui était à l'origine de son attirance pour la vallée. Elle découvrait que cette agglomération qu'ils avaient décrite comme immense portait un nom ! Oui, un nom ! Quelle idée étonnante ! Elle n'en connaissait aucun autre exemple. C'était un cas unique.

Halaf et Nessar interprétèrent son interjection à leur manière. Pour eux, les dieux avaient fait savoir à Ninmah ce qu'était Massulia.

Quoi qu'il en fût, Halaf avait raison. Massulia se trouvait à moins de trois journées de marche. C'est le temps qu'il fallut pour que la cité fût à portée de vue.

Vers l'oasis

Massulia était située sur une petite colline qui dominait le Tigre. Un mur d'enceinte d'environ deux mètres de hauteur entourait la cité. C'était une étape connue des caravaniers. Ils y avaient déjà fait commerce.

Ils n'en étaient plus qu'à deux ou trois cents mètres, lorsque Halaf, qui semblait préoccupé depuis quelques instants, fit stopper la caravane.

– Pourquoi s'arrête-t-on ? fit Ninmah.

– Je sens quelque chose d'inhabituel, répondit Halaf. La dernière fois que nous sommes passés ici, les habitants sont sortis pour nous accueillir. Ils étaient contents de notre venue et le montraient. Aujourd'hui, rien de tout cela. Pourtant ils nous ont vus, c'est sûr.

Il demanda à Karim s'il distinguait un mouvement quelconque. Malgré sa vue perçante, le jeune homme ne vit rien. La cité semblait endormie.

– Je n'aime pas ça, marmonna Halaf.

– Tu penses à un piège ? reprit Ninmah.

– Peut-être. Je ne sais pas.

Ils restèrent encore quelques instants à observer. Rien ne se passait.

– Pourquoi ne pas consulter l'oracle ? suggéra Ninmah.

Nessar s'apprêtait à faire la même proposition. Ninmah l'avait devancé. Il lui jeta un regard fielleux, mais se maîtrisa aussitôt : il ne fallait pas froisser les dieux. Il se tourna vers Halaf :

– Je pense que demander conseil au Grand Œuf noir est une bonne idée.

C'était aussi l'opinion de Halaf. Nessar sortit l'ovoïde d'obsidienne et proféra les incantations. Le soleil n'était pas encore au couchant, mais les sombres remous s'agitèrent.

– L'oracle a parlé, dit Nessar. La mort nous guette si nous entrons dans Massulia. Il faut s'éloigner au plus vite.

– Cela confirme mon impression. Je ne sais pas ce qui se passe dans cette cité, et je ne veux pas le savoir, mais nous modifions notre itinéraire. Pas trop. Mon plan était de traverser Massulia, puis de continuer quelque temps sur la rive du Grand Fleuve, pour emprunter ensuite la direction du couchant, vers l'autre Grand Fleuve. Au lieu de ça, nous sautons l'étape de Massulia et nous partons tout de suite vers le couchant. Notre nouvelle destination est Bouqras.

- Bouqras ? demanda Ninmah.

Halaf et Nessar n'échangeaient plus de coup d'œil exaspéré chaque fois qu'elle prenait la parole sans y être invitée. Ses interventions étaient devenues banales. Plus personne dans la caravane n'en était surpris.

– Oui, Bouqras, répondit Halaf. C'est aussi une cité, mais plus grande que Massulia. Il y a plus d'habitants à Bouqras que dans tous les peuples que tu as vus avec nous jusqu'à présent. Elle est située sur la rive de l'autre Grand Fleuve. Nous irons là-bas, où nous pourrons faire beaucoup de commerce. Puis nous remonterons le long du fleuve comme prévu.

Ainsi, pensa Ninmah, il existait d'autres cités qui elles aussi avaient un nom. Et elles étaient plus étendues que Massulia. Personne ne lui en avait jamais parlé. S'il y avait Bouqras, il devait y en avoir bien d'autres, peut-être beaucoup plus importantes.

Le monde était encore plus intéressant qu'elle ne l'avait imaginé.

Halaf estima qu'il était risqué de passer la nuit dans les parages. Massulia la silencieuse était menaçante. Qui sait ce qui les attendait s'ils restaient trop près ?

Sans prendre un instant de repos, la caravane obliqua vers l'ouest et quitta les bords du Tigre.

Elle s'engageait dans un type de voyage que Ninmah ne connaissait pas. À la latitude qu'ils avaient atteinte, la verdure n'existait plus que sur une bande étroite de part et d'autre du Tigre. Vers l'ouest, c'était la steppe, presque désertique. Avant de retrouver un couloir de végétation autour de l'autre Grand Fleuve, l'Euphrate, il fallait parcourir un long chemin. Aucun peuple n'habitait ces régions stériles. Pendant de nombreux jours, la caravane vivrait sur ses ressources, à l'exception d'une oasis naturelle située à peu près à mi-chemin. Halaf y prévoyait une ou deux journées de repos. Ce serait nécessaire pour les hommes et pour les bêtes.

Ninmah découvrit à quel point la vie pouvait dépendre de l'eau. Jamais elle n'en avait eu conscience. La rivière qui bordait sa grotte natale fournissait tout ce qu'il fallait, sans défaillance. Depuis qu'elle voyageait avec les caravaniers, le précieux liquide n'avait pas manqué. Il y en avait plutôt eu en excès, avec la crue du Tigre.

À présent, il était devenu vital. La steppe semi-désertique qu'ils traversaient était terriblement sèche sous le soleil de plomb, sous le ciel éblouissant. Pas un ruisseau, pas la moindre goutte de pluie. La teinte grise de la végétation rare, son aspect racorni, rabougri, exprimait le rétrécissement de la vie. Buissons occasionnels en forme de boule ou de coussin, acacias de-ci de-là, arbres faméliques aux feuilles minuscules, étendues occasionnellement couvertes d'une herbe maigre, rien de plus. La faune se réduisait à un état primaire : scorpions, serpents, quelques lézards, insectes poussiéreux.

Seules quelques antilopes que l'on apercevait parfois au loin semblaient narguer la mort sèche. Le sol lui-même se ratatinait dans la soif : sable, pierres rocailleuses, immenses surfaces plates, monotonie doucement brisée de temps à autre par quelques moutonnements du terrain.

Aucun réapprovisionnement ne serait possible pendant près de trois semaines. Le tiers des ânes transportaient des jarres d'eau.

Dès le début, Halaf mit en place un rationnement, calculé en fonction de l'étape à l'oasis. Il y aurait assez à boire, sans plus. Les ânes avaient besoin de grandes quantités d'eau. Il fallait les satisfaire, faute de quoi ils mourraient.

Pour mieux s'accommoder aux conditions du désert, il avait institué un rythme qui économisait les efforts : pas de marche pendant la plus grosse chaleur. Une première étape débutait très tôt le matin, à la première aube, alors que le soleil ne s'était pas encore levé. On avançait jusqu'à ce qu'il fût presque au zénith. On faisait halte, on se reposait et se protégeait sous la tente. Puis on repartait au soleil couchant et progressait durant quelques heures dans le début de la nuit. Après l'écrasante température de la journée, la fraîcheur était agréable.

Halaf ouvrait la marche, sans un mot, d'un allure régulière. Hommes et bêtes suivaient à la queue leu leu, dans le même silence, muets comme le désert. Parfois, lorsqu'on traversait un terrain plus mou ou un banc de sable mouvant, le cheminement devenait plus hésitant. Les ânes au pas si sûr dans la montagne prenaient une démarche incertaine. Ils haletaient. Ils n'étaient pas à l'aise sur ce terrain. Le dromadaire était encore inconnu.

Des pièces de lin étaient disponibles pour se protéger le corps et la tête du soleil ardent. Seules les femmes et les enfants en faisaient usage.

Durant ces longues heures de progression silencieuse, on avait tout loisir de réfléchir. Certains ne pensaient à rien, ils se laissaient envahir par la chaude torpeur et le rythme monotone de la marche. D'autres rêvaient à l'étape du soir, où ils pourraient se rafraîchir. D'autres encore vivaient dans l'instant, le regard capté par le vol d'un oiseau, la forme étrange d'une dune, la couleur violette d'une roche, ou par tel ou tel détail qui se présentait.

Ce n'était pas le cas de Ninmah. À découvrir ces immenses et rudes paysages, elle réalisait qu'elle ignorait sans doute beaucoup de choses sur le monde, aussi capitales que l'eau, le désert, la sécheresse. Oui, se disait-elle, il y avait de multiples découvertes passionnantes à faire.

Ils eurent la chance de profiter d'un phénomène exceptionnel. Plusieurs années pourraient passer avant qu'il ne se reproduise : un orage éclata et, pendant quelques instants, une pluie diluvienne arrosa la région. Tous offrirent avec délectation le visage et le corps aux lourdes gouttes rafraîchissantes. Ils laissaient cette vie liquide ruisseler sur eux, c'était un délice.

Le désert était d'une incroyable fertilité. Deux ou trois jours plus tard, un tapis verdoyant d'où émergeaient quelques fleurs aux couleurs éclatantes recouvrait toute la contrée. Il disparut aussi vite qu'il était apparu.

– Comment connais-tu la direction à prendre ? demanda une fois Ninmah à Halaf. Quand le soleil brille, il suffit de le suivre pour aller vers le couchant. Mais la nuit, il n'y a aucun repère.

C'était le soir, le soleil s'était couché depuis déjà deux heures, la lune à moitié pleine luisait avec douceur. Halaf pointa le doigt vers le firmament lumineux :

– Je me guide d'après les étoiles. Depuis toujours, je les contemple. Elles sont magnifiques. Je les connais toutes, et je sais distinguer leur position dans le ciel. Il suffit de repérer la manière dont elles se regroupent : regarde cet ensemble, qui ressemble à un scorpion ; et celui-là, qui a la forme d'un âne ; et cet autre, qui fait penser à une tête d'oiseau ; et cette étoile, là-bas, la plus brillante, la première à apparaître lorsque le soleil se couche. Rien n'est plus beau. Les dieux ne peuvent habiter que là.

Jamais Halaf n'en avait tant révélé sur lui-même. Ninmah n'en croyait pas ses oreilles. Halaf était sensible à la beauté de la nuit !

Et quelle idée fascinante ! Se guider sur les étoiles ! Dans le Peuple de la Grotte, on aimait aussi contempler le ciel nocturne. Pourtant, personne n'avait songé à ce système d'orientation. C'était probablement à cause de la sédentarité. Nul besoin de s'orienter quand on reste au même endroit.

En vérité, l'envolée poétique de Halaf n'était pas gratuite. À présent, la conversation se trouvait là où il avait voulu l'emmener. Il reprit la parole :

– D'ailleurs, si les étoiles sont immobiles, c'est sans doute que les dieux préfèrent vivre dans un environnement familier. Sinon, rien de plus facile pour eux que d'en modifier la position. Ils pourraient même, s'ils le désiraient, utiliser un intermédiaire terrestre.

L'air de rien, il regardait Ninmah et attendait sa réaction. Allait-elle réagir à cette discrète allusion à son statut ? Le confirmerait-elle ?

Ignorant que Halaf la croyait inspirée par les dieux, elle ne comprit pas son intention. C'est alors que le hasard intervint. Elle voulut répondre de manière à lui montrer qu'elle avait assimilé sa culture, et tomba en plein dans ses préoccupations :

– Pour cela, dit-elle, il faudrait qu'ils considèrent cet intermédiaire comme leur représentant sur Terre.

Le malentendu joua. Du point de vue de Halaf, la réponse de Ninmah était sans ambiguïté : elle venait de confirmer qu'elle était l'interprète des dieux.

Il informa aussitôt Nessar. Le vieux roublard affirma qu'il n'était pas surpris. Ils convinrent que la situation ne pouvait rester en l'état, maintenant que Ninmah s'était officiellement déclarée. Puisqu'elle représentait les dieux, elle devait occuper un rang en rapport avec sa position, faute de quoi la caravane encourrait la colère divine.

Ils décidèrent qu'à l'étape de l'oasis ils lui parleraient, avec le respect qui lui était dû. Ils se mirent d'accord sur le statut qu'ils lui proposeraient. Bien sûr, ce ne serait qu'une suggestion, ce serait à elle de choisir. En attendant, ils l'associeraient systématiquement aux décisions importantes.

Il fallut bientôt faire face à une difficulté pour laquelle Ninmah ne pouvait être d'aucune aide. C'était le matin, vers neuf heures. Encore deux heures jusqu'à la pause. La steppe avait presque disparu, il n'y avait plus que du sable, à perte de vue. La chaleur était plus écrasante que d'habitude, le soleil pesait d'un poids inaccoutumé. Il n'y avait pas un souffle d'air. On avançait avec difficulté car le sable ne donnait aucune prise aux pas des marcheurs. Les ânes haletaient, à tel point que Halaf se demanda s'il ne devait pas raccourcir l'étape du jour.

Il n'eut pas le loisir de réfléchir longtemps. À l'instant où il se posait la question, l'atmosphère était immobile, comme assoupie par la température de feu. La seconde d'après, le vent de face s'était levé.

Le souffle brûlant frappa tout le monde en pleine figure. Sa pression repoussait un air ardent à l'intérieur des poumons. Chacun sentait comme un goût de sable dans la bouche, sur la langue. Au début, Halaf pensa qu'il ne s'agissait que de quelques bourrasques, comme cela se produisait souvent. Il prit tout de même la précaution d'ordonner que chacun se revête d'un tissu de lin protecteur. La plupart des femmes l'avaient déjà fait, les hommes les imitèrent.

Sa prudence se révéla fondée. Au fur et à mesure que le temps passait et que le soleil montait dans le ciel, le vent, loin de faiblir, gagna au contraire en force. Bientôt, il s'emplit de particules de poussière et de sable. Des nuages opaques s'élevèrent, on y voyait de moins en moins.

Le vent du désert se mit à hurler. C'était la tempête.

La nature était en furie. Les grains de sable volaient à l'horizontale, à la vitesse folle de l'air en mouvement. Ces milliers de minuscules projectiles durs comme la pierre cinglaient les yeux, le front, les joues avec violence. Les piqûres étaient douloureuses, brûlantes. La peau se desséchait. Le temps qu'ils se protègent le visage, ils eurent les lèvres gercées, les joues craquelées, les paupières irritées.

Les sifflements du vent étaient devenus assourdissants. La visibilité était nulle, le monde était réduit à cette brouillasse gris-jaune qui noyait tout. Il était impossible de continuer, les gerçures et craquelures se seraient vite transformées en blessures, le nez et la gorge se seraient remplis de sable.

– Halte ! On s'arrête ! hurla Halaf pour couvrir le bruit d'enfer.

Ses paroles furent emportées par la tourmente, personne ne l'entendit. Il se mit à faire de grands gestes pour indiquer qu'il fallait stopper. Il fit coucher son âne dos au vent, montrant ainsi aux caravaniers qu'ils devaient agir de même, de manière à ce que les bêtes soient placées flanc contre flanc. Mais c'est à peine s'ils distinguaient sa silhouette fantomatique et personne ne comprit ce qu'il voulait. Luttant contre la tempête, il dut aller les voir les uns après les autres.

Il n'y avait pas que les hommes à être perdus dans ce déchaînement des éléments. Les ânes, affolés par la tourmente, ne savaient pas pourquoi on les tirait en tous sens. Ils se bloquaient. Il fallut des efforts considérables pour les mettre en place selon les directives de Halaf.

Lorsque enfin ce fut fait, tous s'allongèrent, serrés les uns contre les autres en trois rangées, à l'abri du mur de bêtes. Les enfants se trouvaient immédiatement derrière elles, ensuite venaient les femmes, puis les hommes, au dernier rang.

Le vent du désert donnait toute sa puissance, il rugissait. On aurait dit le souffle brûlant et implacable d'un dieu en colère. Le sable s'accumulait très vite derrière les ânes, il formait une dune qui grossissait sans cesse. Ils ne pourraient rester longtemps dans la même position sans être ensevelis. Halaf se leva un instant pour juger de la situation. Il plissa les yeux et fit le tour du mur des animaux, penché contre l'air en mouvement pour ne pas être emporté.

Ses soupçons se concrétisaient. Encore quelques minutes et il faudrait les déplacer.

Il s'apprêtait à en donner l'ordre lorsque le souffle chaud faiblit soudain. Sa force décrut très vite. En quelques instants, il disparut.

Tout le monde se mit debout, soulagé. L'atmosphère était chargée de minuscules poussières jaunâtres en suspension, c'est à peine si on voyait le soleil. Le sable avait pénétré partout. On avait beau se secouer, il en restait toujours. On aurait dit que les ânes étaient faits de sable. Ils faisaient frémir leur pelage, sans grand succès.

– Une bonne pluie serait la bienvenue, observa Ninmah.

– Surtout pas, lui répondit Halaf. Tout ce sable et cette poussière se transformeraient en une boue collante. Ce serait encore plus pénible.

Halaf connaissait le désert.

La première décision de poids à laquelle Ninmah allait être associée intervint le lendemain. Un âne boitait. Il avait sans doute été trop chargé, ou alors la tempête l'avait épuisé. À moins qu'il ne s'agisse des esprits malins de la steppe, toujours à l'affût d'un mauvais coup. La bête malade ralentissait la caravane, c'était dangereux.

Fallait-il l'abattre ? Ces animaux étaient rarissimes, il n'y avait aucune certitude d'en trouver d'autres, c'était plutôt l'inverse. Devait-on alléger le poids qu'il portait, au risque de nourrir une bouche inutile ? Le choix était difficile.

Halaf était inquiet. Cette tempête terrible, et maintenant cet âne boiteux. Les dieux étaient-ils courroucés ? Et s'ils l'étaient, pourquoi ? Il posa la question à Nessar, mais il connaissait la réponse : il n'avait pas donné assez d'importance à Ninmah. Le prêtre le conforta dans cette opinion.

Du coup, ils se réunirent à trois pour décider du sort de l'âne. Ninmah était fort surprise qu'on la fasse participer, mais elle dissimula son sentiment. Les deux autres y virent une confirmation supplémentaire de son état. Nessar proposa aussitôt de consulter l'oracle.

– Qu'en penses-tu ? demanda Halaf à Ninmah.

Elle réfléchit un instant, puis répondit :

– C'est une bonne idée. Mais si on attend une réponse précise, il vaut mieux poser une question qui le soit.

– Que veux-tu dire ? fit Nessar, l'air mielleux.

– Supposons, fit-elle, que l'oracle recommande d'alléger la charge de l'âne. Est-on sûr que, si l'on donne suite, il guérira ? L'oracle n'aura peut-être songé qu'à préserver le plus longtemps possible la vie d'un animal rare. C'est pourquoi il faut d'abord lui demander si la bête peut guérir avec un fardeau plus léger. S'il répond « non », nous devons abattre l'âne. S'il répond « oui », nous lui poserons une autre question : la guérison sera-t-elle rapide ? Selon la réponse, nous déciderons.

Halaf et Nessar se regardèrent, impressionnés. Aucun n'avait songé à cette proposition raisonnable.

– Merci aux dieux de t'avoir inspiré cette parole de bon sens, déclara Halaf. Nous allons suivre cette recommandation.

Un éclair traversa l'esprit de Ninmah : Halaf et Nessar pensaient que les dieux s'étaient exprimés au travers d'elle. Se pouvait-il qu'ils la considèrent comme leur porte-parole ? Elle, tenue pour interprète des dieux ? Mais non, c'était impensable ! Et pourtant... se dit-elle. Elle se remémora les regards, les changements d'attitude, les nuances de respect qu'elle avait notés et dont elle ne comprenait pas la cause.

D'un coup, elle n'eut plus aucun doute. Tout s'expliquait ! Pour Halaf et Nessar, elle était inspirée par les dieux. Maintenant, les raisons de leur nouveau comportement devenaient évidentes. Cela changeait tout, elle prenait un pouvoir considérable, elle s'en rendait compte. Mais alors…

Nessar, servile, interrompit ses méditations :

– Penses-tu qu'il faut interroger l'oracle ou peux-tu fournir toi-même une réponse ?

Elle n'hésita pas une seconde :

– Interroge l'oracle comme je viens de le conseiller. Lorsque je souhaiterai répondre moi-même, je te le ferai savoir.

C'était sa première manifestation d'autorité et cela marchait. Halaf et Nessar se montraient prêts à obéir. Elle jubilait intérieurement. Son avenir était à présent entre ses mains. Elle allait pouvoir transformer ses rêves en réalité. Ce qu'elle désirait d'abord, c'était de se rendre sur les lieux du Grand Œuf noir, pour le contempler, le toucher.

Toutefois, elle restait identique à elle-même : elle décida de ne rien précipiter. Elle devait réfléchir.

La marche se poursuivait, avec l'âne boiteux que l'on avait finalement gardé. Ninmah était surprise par l'odeur agréable de la steppe dans la région.

– On dirait de l'armoise, dit-elle.

– C'est vrai, c'est de l'armoise confirma Halaf. Il en existe une variété adaptée au désert, où les feuilles sont remplacées par des épines. Il y a aussi quelques roseaux odorants.

Un peu plus tard, elle lui demanda si l'oasis était encore loin.

– Nous devrions y arriver demain. Ensuite, le relief s'élève après un jour de marche. Nous avancerons alors sur un plateau plus vallonné, avant de redescendre vers les bords du Grand Fleuve. Il faudra le traverser pour atteindre Bouqras.

En même temps qu'il donnait ces explications, il s'interrogeait, intrigué : comment était-il possible que Ninmah ignore ces détails, alors qu'elle était inspirée par les dieux ? Un peu plus tard, il s'ouvrit de la question à Nessar. Ils conclurent que les dieux transmettaient à Ninmah ce qu'ils souhaitaient, et rien d'autre. Sans doute avaient-ils jugé inopportun ou inutile de lui communiquer ces informations géographiques.

Vers Bouqras

La caravane se reposa deux jours à l'oasis. Tout le monde avait besoin de récupérer, les hommes et surtout les animaux. Seul un âne boitait, mais on voyait bien que les autres étaient à bout de force ; le désert ne leur convenait pas.

L'endroit était très agréable. On n'y trouvait que quelques dizaines de palmiers dattiers regroupés dans le désordre autour d'une mare minuscule. Mais après toutes ces journées de sécheresse, puis la tempête qui avait mis du sable partout, il apparaissait comme le miracle de l'eau. Le précieux liquide provenait sans doute du relief qu'on apercevait à présent à l'ouest.

Les arbres projetaient une ombre fraîche et agréable. Le sol sablonneux offrait une assise confortable aux corps fatigués. Chacun put se laver, nettoyer ses affaires, boire à loisir. Il fallut attacher les ânes, faute de quoi ils auraient goulûment ingurgité trop d'eau. Pour eux, c'eût été mortel.

Plusieurs palmiers produisaient des dattes, dont c'était la période de maturation. Il était un peu tôt pour en faire la cueillette, mais, vues d'en bas, elles présentaient un bel aspect. Halaf demanda à l'un des jeunes garçons de grimper pour vérifier ce qu'il en était. Les arbres étaient grands, mais leur tronc offrait une bonne prise. Pour l'adolescent, qui était agile, escalader le premier à sa portée fut aisé. Il goûta une datte, elle était excellente. Il en cueillit des grappes entières qu'il laissa tomber au sol. Tout le monde s'en régala.

Comme ils l'avaient décidé, Halaf et Nessar se réunirent le premier soir avec Ninmah pour établir son nouveau statut dans la caravane. La réunion se tint à l'écart des autres. Un sujet de cette importance ne pouvait être partagé qu'après une préparation.

La lune pleine diffusait sa lumière laiteuse. Le palmier le plus excentré de l'oasis projetait son ombre sur les trois protagonistes installés sous son feuillage. L'air était frais, comme toujours lorsque le soleil s'était couché.

– Ninmah, déclara Halaf, Nessar et moi avons compris. La disparition du soleil puis sa réapparition nous ont montré que les dieux t'avaient choisie pour les représenter.

Ninmah se souvint du regard qu'elle avait croisé avec Halaf lors de l'éclipse. Elle sut que son destin avait basculé à cet instant précis.

– Bien entendu, continua-t-il, nous nous soumettons à cette nouvelle situation. Mais il est indispensable pour la bonne marche de notre caravane que ta fonction soit définie avec précision. Nessar et moi en avons discuté. Si tu le souhaites, je peux te suggérer une possibilité. Mais il va sans dire que le choix t'appartient.

– C'est exact, c'est à moi de décider. (Elle s'était mise instantanément dans son rôle.) Mais si tu as des suggestions, je t'écoute.

– Bien. Alors voilà ce que nous te proposons. En premier lieu, tu pourrais tirer profit de mon expérience. Je continuerais à diriger la caravane et à prendre les décisions de tous les jours, sauf avis contraire de ta part. Je penserais volontiers que les dieux n'ont pas de temps à perdre avec les petits problèmes qui se présentent à chaque instant.

– C'est un plan convenable, coupa Ninmah, à condition de définir ce qui est mineur et ce qui ne l'est pas. Voilà les domaines essentiels où je souhaite intervenir : destination de notre marche (elle pensait au Grand Œuf noir), étapes, peuples avec lesquels nous faisons commerce. Les punitions devront avoir mon approbation et, le cas échéant, je pourrai en décider certaines qui pourront toucher tout le monde sans exception. (Elle fixa son regard sur Nessar et jubilait en elle-même.) Je considère aussi comme de mon ressort les décisions qui peuvent influer d'une manière significative sur la vie de la caravane, comme les mariages, les ânes et autres.

– Je comprends, répondit Halaf. Et en ce qui concerne les attributions de Nessar ?

Ninmah ne réfléchit qu'un bref instant :

– L'oracle est un moyen employé par les dieux pour transmettre des messages. Puisqu'ils m'ont choisie pour tenir ce rôle, il m'appartient de décider des cas où Nessar l'interroge et de ceux où c'est par mon intermédiaire que les dieux s'expriment. Il devra me consulter chaque fois. Il peut conserver l'œuf. Néanmoins, il devra soumettre à mon approbation les interprétations qu'il en tire lorsqu'il l'utilise.

Ils discutèrent plus d'une heure. Ils se mirent d'accord pour que la caravane fût informée du nouveau statut de Ninmah, mais sans entrer dans les détails. Halaf restait le chef officiel. Quant à Karim, il demeurait l'époux de Ninmah, mais dans des conditions très différentes. Ninmah se chargerait de les lui communiquer. Halaf devait juste le prévenir d'un changement à venir, et du fait qu'il revenait dorénavant à Ninmah de fixer les règles du couple.

En fin de réunion, elle prit sa première décision : ils iraient à Bouqras comme prévu. En revanche, la durée du séjour serait déterminée sur place, en fonction des circonstances.

Le lendemain matin, Halaf mit la caravane au courant de ce qui se passait. Ils étaient habitués à obéir et ne firent aucun commentaire, ne posèrent aucune question. Pour eux, rien ne changerait vraiment. Ils continueraient à recevoir les instructions de Halaf, c'était l'essentiel.

Le reste de la journée fut consacré au repos, comme prévu. Ninmah s'attendait à ce que beaucoup de conversations portent sur son rôle. À ce qu'elle vit, il n'en fut rien. Peut-être n'avaient-ils pas compris l'importance de ce qui se passait.

Ces deux journées dans l'oasis firent grand bien. Les hommes se sentaient en forme, remplis d'énergie. Les ânes avaient perdu leur air abattu, ils redressaient la tête. Leur pelage paraissait moins terne. Ils étaient prêts pour de nouveaux voyages. La caravane repartit, ragaillardie.

Bientôt, le relief s'éleva assez vite jusqu'à un plateau, à environ deux cents mètres d'altitude. De loin, la montée ne semblait pas extraordinaire ; en fait, elle se révéla fort pénible. Le terrain était pentu, mais la véritable difficulté tenait à sa configuration ; il était très irrégulier, plein de creux et de bosses. Des rochers affleuraient à la surface du sable. Parfois, hommes et bêtes butaient dedans, car on les voyait à peine. À d'autres moments, ils glissaient dessus. Halaf criait en permanence pour recommander la plus grande attention. Ce fut un miracle qu'il n'y eût aucun blessé, ni chez les hommes ni chez les bêtes.

L'escalade prit une journée entière. Il leur fallut attendre le soir pour atteindre l'altitude où le sol redevenait à peu près horizontal.

Ils se tournèrent alors vers l'est, d'où ils venaient, et purent contempler la plaine à perte de vue. Au premier plan, ils apercevaient l'oasis. Plus loin, les couleurs ternes de la steppe semi-désertique composaient une palette infinie dans les tons ocre, gris, jaune pâle. Cet espace illimité, désert, figé dans l'immobilité sous un ciel sans nuages, suscitait un sentiment d'immensité éternelle. Il semblait s'étendre là depuis toujours et destiné à rester inchangé à jamais. Encore quelques milliers d'années, et les inventeurs de religion y trouveraient une fabuleuse source d'inspiration.

Sur le plateau, la steppe se densifiait un peu. Bien que très élevée, la température était plus supportable. Les antilopes devenaient un peu plus nombreuses. Elles devaient boire dans l'oasis, puis remonter sur les hauteurs où l'herbe était plus abondante.

Tout le monde avait besoin de viande fraîche. Halaf organisa une chasse. Il fallait être habile, car il y avait peu de possibilités pour se dissimuler. Karim était le meilleur dans ce domaine. Halaf le mit à la tête d'un petit groupe de six chasseurs :

– Je compte sur vous, dit-il. Vous avez le reste de la journée pour rapporter du gibier.

Karim montra tout son savoir-faire. Combinant les multiples paramètres, comme l'heure, le sens du vent, les traces des animaux, la végétation, il conduisit l'équipe au moment opportun à l'endroit adéquat. Ils ramenèrent deux grandes antilopes.

Le soir eut l'air d'une fête. Ninmah n'avait jamais vu les caravaniers aussi gais et agités. Certes, il s'agissait d'un entrain relatif fort éloigné de l'exubérance joyeuse du Peuple de la Grotte, mais cette bonne humeur lui fit plaisir. On fit griller la viande sur un feu. Après tous ces jours où l'ordinaire avait été essentiellement fait de bandes d'agneau séché, elle était délicieuse. Ils ne mangèrent pas tout. Les repas s'en trouvèrent améliorés quelque temps.

Les peaux furent récupérées. Elles feraient un cuir excellent. Les longues cornes, que l'on pourrait tailler pour fabriquer des parures ou de petites statuettes, furent aussi recueillies.

Lors du dîner, Halaf était assis près de Ninmah. La conversation vint sur son époux qui s'était montré si brillant à la chasse :

– Karim a de nombreuses qualités, dit-il. Je le considère comme le meilleur pour me succéder.

– Comment se passe la succession ?

– C'est le chef qui juge quand il est devenu trop âgé. Il désigne alors son successeur. Mais le nom est connu longtemps à l'avance et tout le monde soupçonne déjà le futur rôle de Karim. Seule ton arrivée peut modifier cet arrangement.

Ninmah se dit qu'il devait craindre qu'elle n'ambitionne la direction de la caravane.

– Si tu penses que je pourrais décider de prendre la tête de notre peuple, détrompe-toi (elle s'était forcée pour dire *notre* peuple). Il n'en est pas question. Le rôle d'un représentant des dieux est d'orienter, pas de diriger.

– Et quelle est ton opinion sur Karim comme successeur ?

– Je n'y ai pas réfléchi mais, à première vue, je suis de ton avis. Il pourrait sans doute devenir un bon chef.

Ils progressèrent plusieurs jours sans incident notable. La marche était aisée. Il n'y avait aucune décision importante à prendre. Halaf constata avec plaisir que Ninmah le laissait effectivement mener la caravane comme il le souhaitait. Elle s'en tenait à ce qu'elle avait dit.

Un soir, Nessar voulut consulter l'oracle, pour préparer l'arrivée à Bouqras. Ninmah lui lança :

– L'oracle n'a pas de temps à perdre. Tu l'ennuies, avec toutes ces questions qui te passent par la tête. Tu fais appel à lui sans réfléchir. C'est pour ça qu'il reste parfois muet. Je jugerai s'il y a lieu de l'interroger quand nous serons en vue de Bouqras. En attendant, range l'œuf.

Elle n'avait pas encore sa taille d'adulte, elle était frêle et menue, alors que Nessar était grand et élancé. Elle devait lever les yeux pour lui parler et lui les baissait. Cette fois-là, il les baissa un peu plus en signe de soumission. « C'est un rat, jugea Ninmah. Il n'a aucune dignité, au contraire de Halaf. »

« Karim aussi se comporte bien », pensa-t-elle encore. Elle lui avait expliqué la manière dont le couple devait dorénavant fonctionner. Il n'y aurait plus d'injonctions à sens unique de lui vers elle. « Cela ne veut pas dire que je vais décider de tout », lui avait-elle précisé. Elle ne l'empêcherait pas de s'exprimer et les décisions seraient prises d'un commun accord. Cela valait pour tous les sujets, y compris les plus importants. Surtout les plus importants. Entre autres pour l'enfant. Jusque-là, Karim en avait voulu un au plus vite. Il avait fait le maximum à cet effet, sans jamais demander l'avis de Ninmah. Dorénavant, elle aurait voix au chapitre. Elle avait donné sa position avec fermeté : « Je veux aussi un enfant, mais pas tout de suite ; quant à l'amour, il te faudra mon approbation. »

Il avait bien mieux réagi qu'elle n'osait l'espérer : pas d'opposition aigre de sa part, pas de repli hargneux sur soi. Pas non plus de soumission humble ou servile. Il avait pris la mesure de la nouvelle situation et restait égal à lui-même. « Halaf n'a pas tort, se dit-elle un soir, Karim pourrait sans doute lui succéder avec bonheur. »

Un autre soir, alors que le dîner était achevé, Ninmah s'approcha de Halaf qui s'était retiré un peu à l'écart, comme il le faisait souvent :

– Halaf, d'où Nessar tient-il l'œuf noir ?

– De son prédécesseur. Il est mort avant que tu ne sois là.

– Et ce prédécesseur, d'où l'avait-il ?

– L'œuf appartient à la caravane depuis des générations. D'après ce qu'on raconte, l'un de nos anciens l'a trouvé près du Grand Œuf noir, dans la montagne.

Ninmah resta longtemps silencieuse. Puis :

– Existe-t-il d'autres œufs comme le nôtre ?

– Pas à ma connaissance.

– Tu as déjà vu le Grand Œuf noir de Hiram ?

– Non. On prétend qu'il est protégé par la magie. Qui s'approche de lui meurt. Je n'ai jamais voulu courir ce risque, Nessar me l'a fermement déconseillé.

– Et tu l'as cru ? lança-t-elle sur un ton ironique.

Halaf lui jeta un coup d'œil sans expression :

– Jusqu'à ton arrivée, il était le seul intermédiaire entre les dieux et nous. Bien sûr que je l'ai cru.

Quelque temps auparavant, pensa Ninmah, elle l'aurait sans doute cru elle aussi. Avec quelques réserves peut-être, car elle avait déjà senti qu'il n'était pas fiable. Maintenant qu'elle savait ce qu'il valait vraiment, elle ne tiendrait plus aucun compte de ses recommandations. De toute façon, les dieux de la caravane ne lui paraissaient pas plus puissants que les esprits du Peuple de la Grotte et ils étaient moins proches. Elle préférait les esprits.

Quoi qu'il en fût, elle éprouvait une envie grandissante de voir le Grand Œuf noir. Il aurait fallu plus que la parole de ce rat pour mettre un frein à sa curiosité.

Une idée lui vint :

– Tu songes à Karim pour te succéder. Qui sera le successeur de Nessar ?

– C'est à Nessar de le désigner. Pour l'instant, personne ne lui paraît capable de le remplacer (« ça ne m'étonne pas », se dit Ninmah). Le problème est devenu encore plus difficile depuis que tu t'es manifestée. Je ne sais pas si le choix lui appartient toujours.

Elle ne répondit pas à cette discrète interrogation. Souhaitait-elle succéder à Nessar ou même se substituer à lui à court terme ? Si elle restait dans la caravane, ce pourrait être intéressant. Mais voulait-elle passer le reste de sa vie avec ces gens ? C'est vrai, ils avaient gagné son estime, au moins en partie. Pourtant, elle ne les aimait pas. Les aimerait-elle un jour ? Elle en doutait. Elle n'oublierait jamais le Peuple de la Grotte.

Les jours s'écoulaient, monotones. La caravane avançait d'une marche régulière sur le profil légèrement vallonné du plateau, vers le couchant. Les ânes se tenaient à la queue leu leu, chacun avec son guide. Le soir, le soleil projetait leurs ombres allongées sur les herbes jaunies. Ces formes dilatées qui se mouvaient en silence semblaient glisser comme des fantômes de la steppe.

Un jour, en milieu d'après-midi, l'extrémité des hautes terres fut atteinte. Là, le sol était horizontal. L'instant d'après, la pente vers la plaine s'amorçait, assez forte. Du regard, on la suivait jusqu'en bas. Au-delà, à peu de distance, on apercevait l'Euphrate qui ondulait avec majesté, ainsi qu'une rivière qui se jetait dedans, qui ne s'appelait pas encore le Habur.

Halaf était un guide remarquable : en face, de l'autre côté de l'Euphrate, se trouvait un escarpement qui dominait la plaine ; dessus s'étendait Bouqras.

Bouqras

Bouqras était une cité d'une taille extraordinaire : il couvrait près de trois hectares et comptait plus de six cents habitants. C'était de très loin le site le plus peuplé de la région. À une époque où les groupes humains ne comportaient pour la plupart que quelques dizaines d'individus, Bouqras était une agglomération d'un type nouveau.

Vu du plateau où les caravaniers l'avaient aperçue pour la première fois, la logique de son implantation se comprenait tout de suite. À son altitude, le village était à l'abri des crues de l'Euphrate. Néanmoins, la basse terrasse inondable qui bordait le fleuve était toute proche. On pouvait y accéder par des chemins en zigzag que l'on remarquait sur la pente et y travailler. Les rives fertiles faisaient en effet l'objet d'une exploitation intensive : c'était l'un des premiers endroits de la Mésopotamie où les hommes pratiquaient une mise en valeur organisée des sols.

Toutefois, on saisissait au premier coup d'œil que l'agriculture ne constituait pas la seule ressource. Dans les environs du village se trouvaient plusieurs enclos avec de nombreux animaux. Situés à la même altitude que les habitations, ils étaient eux aussi à l'abri des inondations.

La caravane n'était jamais entrée dans Bouqras. Dans le passé, elle s'en était approchée à deux reprises. Dans les deux cas, Nessar avait consulté l'oracle. Les deux fois, il avait conseillé d'éviter la cité. Le groupe avait bifurqué au dernier moment.

Halaf, Nessar et Ninmah s'étaient réunis. Essaierait-on cette fois-ci de pénétrer dans l'imposante agglomération pour y faire du commerce ? Comme on pouvait s'y attendre, Nessar était *a priori* contre cette option. Il voulut réitérer sa consultation. Il n'en eut pas l'occasion. Ninmah intervint :

– Il est inutile d'interroger l'oracle, déclara-t-elle d'un ton qui ne souffrait pas la discussion. Voilà ce que recommandent les dieux : il faut envoyer à Bouqras une petite délégation, pour expliquer aux habitants que nous souhaitons commercer et pour demander leur accord.

– C'est raisonnable, commenta Halaf. Nous allons y aller à deux, Karim et moi. Nous prendrons nos armes et les déposerons à terre quand nous serons au bord du fleuve, pour montrer nos intentions pacifiques. Les gens de Bouqras ont déjà dû nous apercevoir. Nous resterons sur cette rive et essayerons de discuter avec eux par gestes. J'aviserai en conséquence.

Ninmah avait donné une directive générale. Halaf avait décidé des modalités pratiques. Tout était dans l'ordre.

Lorsque les villageois virent les deux émissaires ostensiblement désarmés, ils envoyèrent deux des leurs qui traversèrent le fleuve sur un radeau, sans attendre de se lancer dans un long dialogue gestuel.

Halaf avait apporté quelques échantillons de marchandises, pour expliquer ce qu'il venait faire. Ce fut inutile. L'un des deux villageois était le chef, il portait le nom de Barsip. C'était un petit homme, d'un âge moyen comme Halaf. De loin, il paraissait insignifiant. Néanmoins, dès qu'il s'exprimait, ses yeux pétillaient d'intelligence, son dynamisme transparaissait dans le moindre de ses gestes. Au premier regard qu'ils échangèrent, Halaf et Barsip surent qu'ils pouvaient se faire confiance. La discussion fut brève. Ils parlaient des langues proches et tombèrent très vite d'accord.

Les villageois mirent à la disposition de la caravane un enclos inoccupé, où elle pourrait s'installer à l'aise. C'était un grand terrain herbeux qui jouxtait le village. Barsip indiqua l'endroit du doigt : c'était de l'autre côté de l'Euphrate, sur la hauteur.

– Il y a largement la place pour monter une tente, dit-il, pour mettre les marchandises et pour parquer tes animaux qui trouveront à brouter autant qu'ils le veulent. Quant à toi, Halaf, tu m'honorerais si tu acceptais de résider dans ma maison avec un caravanier de ton choix.

Halaf le remercia, donna son accord et lui précisa que la personne qui l'accompagnerait ne serait pas son épouse, ni Nessar, leur prêtre, mais Ninmah, par la bouche de laquelle, indiqua-t-il, les dieux s'exprimaient. Barsip répondit qu'elle serait la bienvenue.

Halaf nota que son hôte avait l'air de connaître les ânes. Ce n'était pas fréquent. C'était dommage, ça enlevait l'effet de surprise.

En réalité, Barsip n'en avait jamais vu, et pour cause : ceux de Halaf étaient les seuls de toute la Mésopotamie. Mais il ne voulait pas montrer son étonnement.

La caravane devait traverser le fleuve. Sans hésiter, les villageois proposèrent de faire un pont de radeaux. Ils étaient familiers de la manœuvre, précisa Barsip. Ce serait facile à cette saison : c'était le début de l'automne, période de l'étiage pour l'Euphrate ; il perdait une grande partie de sa puissance et sa largeur était la plus réduite de l'année.

L'assurance de Barsip se révéla fondée. La construction du pont prit moins d'une demi-journée. Mettre les radeaux bout à bout était aisé, mais il fallait empêcher que le courant, si faible fût-il, ne les entraîne. Pour ce faire, les villageois plantèrent dans le lit du fleuve quelques gros poteaux en amont des radeaux et arrimèrent chacun d'entre eux au poteau le plus proche.

– C'est simple et efficace, observa Halaf.

– Oui, répondit Barsip, mais ça ne marche qu'à cette période de l'année. Quand les eaux sont plus hautes, elles arrachent tout.

Deux jours plus tard, hommes, animaux et marchandises avaient traversé l'Euphrate. Tout le monde avait pris ses quartiers.

– Nous n'avons perdu aucune jarre de sel, fit remarquer Ninmah à Halaf.

Elle ne dit rien de plus. Le chef de la caravane avait compris, mais il resta impassible.

Le lendemain, Barsip conduisit les caravaniers dans une visite du village. À l'inverse de Massulia, il n'était entouré d'aucun mur d'enceinte. Sans doute les villageois estimaient-ils être assez protégés par leur position sur l'escarpement.

Une fois dans les lieux, les visiteurs furent stupéfiés. Ils n'avaient jamais rien vu de pareil. Bouqras était probablement l'agglomération la plus sophistiquée que les hommes aient jamais bâtie jusque-là ; une avancée majeure vers la civilisation. Aucun ne savait ce qu'était la modernité, mais ils découvraient cette notion *de visu*.

Ce qui les frappait d'abord, c'était l'existence d'un urbanisme structuré. Les maisons étaient serrées les unes contre les autres, les murs se touchaient presque. Elles se regroupaient en quartiers centrés autour de places ou séparés par des rues de sept à huit mètres de large. Places, rues, autant de concepts nouveaux que les visiteurs découvraient. En peu de temps, leur vocabulaire s'enrichit.

Le plan des habitations les différenciait à tous points de vue de celles qu'ils avaient pu voir dans d'autres villages plus petits.

À part celles des Sumériens du Zagros, les constructions qu'ils connaissaient étaient toujours rondes, semi-enterrées dans une fosse circulaire peu profonde de quelques mètres de diamètre ; les parois en pisé, matériau obtenu par de l'argile renforcée de paille hachée, étaient soutenues par un empilement de dalles ou de pierres sèches ; de gros poteaux supportaient le toit.

Ici, rien de tel. Les bâtisses étaient rectangulaires. L'intérêt d'une telle forme sautait aux yeux, si l'on voulait avoir des rues. Par ailleurs, elles étaient faites en briques d'argile et paraissaient très solides. Les toitures, plates, reposaient sur des poutres transversales. On ne voyait pas de quoi ils étaient faits, ils semblaient recouverts d'argile séchée.

Barsip les fit entrer dans l'une d'elles. Il leur précisa qu'elle était occupée par une seule famille.

L'intérieur était découpé en cellules rectangulaires de proportions diverses. « Ce sont des pièces », dit Barsip. Il ajouta que la maison en comptait autant que les doigts d'une main. Elles communiquaient entre elles par des portes basses ; il fallait se baisser pour passer de l'une à l'autre. Certaines s'étiraient tout en longueur et servaient de séjour ou de lieu de couchage. La plus vaste mesurait près de neuf mètres de long. D'autres, plus petites, étaient carrées ; elles étaient utilisées pour le stockage.

Les murs et le sol étaient peints d'un enduit rouge. Ils apprirent qu'il s'agissait de plâtre (pièces, enduit, plâtre, encore de nouveaux mots). La pièce principale comportait une grande fresque figurative :

une femme plantureuse aux hanches énormes enfantait de puissants taureaux.

– C'est Aluna, la reine des dieux, commenta Barsip, sur le ton le plus respectueux. Elle est fécondité et puissance.

La maison contenait quantité d'objets, de meubles. Ils remarquèrent une abondante vaisselle blanche, des poteries et vases faits dans des matières qu'ils n'arrivaient pas à identifier. Ils ne savaient plus où regarder.

Halaf contemplait toutes ces nouveautés avec l'impassibilité un peu hautaine qu'il affichait toujours. Mais Ninmah, qui commençait à bien le connaître, discerna à quelques signes presque imperceptibles qu'il éprouvait une admiration égale à la sienne.

Car elle était submergée d'enthousiasme. Elle se souvenait de la belle ordonnance de la grotte dont son peuple était si fier. Elle comparait à ce qu'elle voyait ici et ne pouvait que s'extasier.

Ces gens avaient inventé une nouvelle manière de vivre, se disait-elle. Si la notion de « culture » ne lui avait pas été inconnue, elle aurait pu l'évoquer pour résumer les nouveautés qu'elle découvrait. Dans une contrée où les conditions étaient bien plus dures qu'autour de la grotte, le peuple de Bouqras avait su tirer un parti extraordinaire du peu que la nature lui offrait. Il s'était créé un environnement qui dépassait en perfectionnement tout ce qu'elle pouvait imaginer. Cette multitude d'individus qui vivaient ensemble, ce village, son entretien, les animaux dans les enclos, le travail de la terre en bas près du fleuve, tout cela devait impliquer une organisation d'un nouveau type. Et le résultat, c'était cette cité passionnante, unique.

– Toutes les maisons sont comme celles-là ? demanda Halaf lorsqu'ils eurent vu l'ensemble des pièces.

– Elles sont toutes dans le même genre, mais chacune a un plan qui a été fixé par la famille à laquelle elle appartient.

Le mot « plan » n'existait pas dans la langue de la caravane. Bien sûr, Halaf n'allait pas l'avouer. Il pensa qu'il devait s'agir de « dimension ».

Durant une bonne partie de la journée, les caravaniers parcoururent le village avec Barsip. Il leur montra les rues, la place centrale, il mit en évidence l'implantation générale, il attira leur attention sur de nombreux détails. Il leur fit admirer l'excellent état des lieux qui impliquait une organisation de l'entretien très structurée. Quelques habitants se consacraient à cette activité, expliqua-t-il, dont un à plein temps.

Puis il leur présenta divers ateliers où l'on tannait le cuir, où l'on filait le lin, où l'on faisait du fromage (aucun des visiteurs ne savait ce que c'était, aucun ne posa de question). Ailleurs, ils virent une fabrique d'outils en pierre, en os. Des hommes ou des femmes travaillaient, l'air assidu.

Les caravaniers découvraient les premiers spécialistes.

L'idée vint à Halaf que Barsip ne devait pas être trop occupé pour leur consacrer tout ce temps. Plus tard, il comprit qu'il était surtout très fier de montrer les réalisations de son peuple.

Vers le centre du village, ils passèrent devant deux constructions dont les murs étaient mitoyens. De l'extérieur, elles ne présentaient rien de particulier :

– La plus petite est la maison du prêtre, dit Barsip. Elle communique avec la plus grande qui est le sanctuaire des dieux. Je ne peux pas vous le faire visiter, seuls le prêtre et quelques privilégiés y ont accès.

La visite se terminait. Barsip conduisait le groupe vers l'enclos tout en devisant agréablement avec Halaf. Avant d'y arriver, ils passèrent devant d'importantes bâtisses qui n'avaient pas de fenêtres. Halaf le remarqua et en demanda la raison :

– Ce ne sont pas des maisons d'habitation, répondit Barsip, ce sont des entrepôts. Il s'agit de constructions dans lesquelles on stocke les ressources communes du village. Bouqras compte un grand nombre d'habitants et il faut prévoir des réserves. Tout le monde doit trouver à manger, les mauvaises années comme les bonnes. Lorsqu'il y a tant de gens à nourrir, la chasse ne suffit pas à compenser de trop faibles récoltes et les troupeaux peuvent être insuffisants. Cela oblige à se prémunir contre tous les aléas.

Ils repartirent vers l'enclos. Barsip continuait à discuter de choses et d'autres avec Halaf. Mine de rien, il mit la conversation sur les ânes. Il ignorait le nom de ces animaux, mais ne tenait pas à l'avouer. Il espérait le faire prononcer par son interlocuteur. Il était habile et obtint rapidement satisfaction :

– Oui, dit Halaf qui répondait à une question de son hôte, ces ânes sont notre principale fortune. Ils sont forts et résistants. Grâce à eux, nous pouvons voyager avec de lourdes charges.

Cette fois, le programme de la journée était épuisé. Les caravaniers se retirèrent dans leur enclos, à l'exception de Halaf et de Ninmah qui étaient les invités de Barsip.

Dans un premier temps, ce dernier n'avait réservé à Ninmah qu'un intérêt poli. Que les dieux s'expriment par sa bouche ne l'avait pas impressionné : il s'agissait de ceux de la caravane. Un petit groupe d'une vingtaine d'individus ne pouvait avoir que des dieux modestes.

Dans la pensée des peuples de ce temps, les dieux avaient remplacé les esprits. (Le Peuple de la Grotte faisait exception.) Pour la plupart, ces êtres surnaturels vivaient selon une hiérarchie semblable à celle des hommes. C'est ce que pensaient les habitants de Bouqras.

Si deux peuples se trouvaient à peu près à égalité de développement, ils estimaient que leurs dieux disposaient d'une puissance plus ou moins équivalente. C'est dans ce genre de situation qu'il y avait souvent conflit : chacun revendiquait la supériorité de ses dieux. Les antagonismes s'avéraient d'autant plus virulents que les peuples se ressemblaient.

Dans le cas présent, le problème ne se posait pas. La civilisation de Bouqras supplantait sans conteste celle de la caravane, il ne pouvait y avoir compétition. Le sujet des dieux n'aurait même pas été abordé si Halaf n'avait fait part à Barsip des extraordinaires pouvoirs de Ninmah.

L'éclipse du soleil avait été visible à Bouqras. Même si elle n'avait été que partielle, ses habitants, qui avaient craint une disparition totale, avaient été aussi impressionnés que les autres.

Bien sûr, là aussi le phénomène était attribué aux dieux. Néanmoins, Abda, le prêtre du village, n'avait pu donner une explication sérieuse. Pourquoi cette terrible manifestation, combien de temps allait-elle durer, se produirait-elle de nouveau ? Il l'ignorait. Il avait bien essayé d'improviser une vague interprétation, mais, comme tout le monde, le cataclysme l'avait terrorisé. Ses balbutiements n'avaient convaincu personne. Finalement, il avait dû reconnaître son impuissance.

Dans un aparté avec Barsip, Halaf eut l'occasion de revenir sur l'événement. Lorsque le chef du village comprit quel avait été le rôle de Ninmah, son attitude envers elle changea du tout au tout. Pour les caravaniers, les dieux étaient importants, mais ce n'était rien comparé au peuple de Bouqras. Il vivait en permanence avec eux, il avait développé un culte approfondi, avec cérémonies et rituels très élaborés. La sédentarité lui permettait d'y consacrer du temps. On ne pouvait parler encore de religion, mais on s'en rapprochait beaucoup.

Si les dieux de la caravane pouvaient influer sur la vie du soleil, se dit Barsip, Ninmah, leur représentant, était une personnalité essentielle. Ces divinités si puissantes devaient certainement être en rapport avec celles de Bouqras, peut-être même avec la déesse reine.

Au repas du soir, alors que le soleil s'apprêtait à disparaître, il y avait une vingtaine de convives assis en rond sur des pièces de tissu posées à même le sol, dans la salle de réception de la maison de Barsip. « Tout le conseil du village est présent », précisa-t-il. Il installa Ninmah à la place d'honneur. Halaf se retrouvait en deuxième position. Abda se trouvait plus loin. Il était vaniteux et, visiblement, il n'appréciait pas.

– Que penses-tu de notre cité ? demanda Barsip à Ninmah.

Elle ne connaissait pas ce mot et supposa qu'il signifiait « village ».

– Je suis très impressionnée, répondit-elle. Tant de monde rassemblé dans l'ordre à l'intérieur d'un espace si restreint, des animaux qui requièrent des soins permanents, des cultures de plantes qu'il faut soigner, voilà qui doit poser de nombreux problèmes et exiger une organisation lourde.

La réponse de Ninmah étonna Barsip. Il trouvait admirable qu'une femme aussi jeune mette si vite le doigt sur les difficultés qu'il devait affronter chaque jour. Elle les exprimait en peu de mots, avec tant de clarté et de simplicité !

Il la comparait à Abda, qui ne savait que marmonner des phrases obscures qu'il était le seul à comprendre. D'ailleurs, les comprenait-il vraiment ? Ne se complaisait-il pas dans des discours impénétrables pour se donner de l'importance ? « Abda est un mauvais prêtre, se disait-il, il n'a pas réagi mieux que les autres lorsque le soleil est parti. Il n'a pas su ce qui se passait. D'ailleurs, les dieux ne l'apprécient pas, puisqu'ils n'ont pas voulu répondre à ses questions. » La jeune Ninmah, elle, abordait avec clarté les choses de la vie. Halaf avait dit vrai, elle était inspirée par les dieux.

Sans être exubérant, Barsip était d'un naturel ouvert. Il aimait s'exprimer. Ninmah, qui avait désappris les plaisirs de l'échange verbal, retrouva avec joie un partenaire de discussion. Pourtant, elle devait faire un effort : Barsip avait un accent encore plus différent de celui du Peuple de la Grotte que les caravaniers, et de plus il parlait avec un débit d'une rapidité incroyable. Malgré tout, ils dialoguèrent longtemps. Ils avaient oublié Halaf. Le chef de la caravane n'en était pas gêné, il était familier du silence et de la solitude.

Un peu plus tard, Barsip mit la conversation sur l'éclipse. Il multipliait les commentaires, les supputations. D'où venait-elle, quelle était sa signification, y en aurait-il d'autres, autant de questions qu'il abordait d'un air détaché. Ninmah réalisa soudain qu'il l'entraînait habilement sur le terrain des divinités. Elle avait compris ; il voulait savoir la relation qu'elle avait avec elles, et son incidence sur la disparition du soleil. Elle se raidit brusquement :

– Si les dieux souhaitent que tu connaisses mon rôle exact, dit-elle sèchement, ils feront ce qu'il faut pour ça. Tu es bien audacieux de chercher à percer leurs secrets.

Barsip eut l'air embarrassé. Il se reprit aussitôt :

– Je respecte infiniment les dieux. Tu n'as à me répondre que si tu juges opportun de le faire, bien sûr.

Il se tut, mais il pensa que la réaction de Ninmah était une réponse en soi : les dieux s'exprimaient bien par sa bouche. Il changea de sujet.

L'ambiance était agréable. Barsip parlait, parlait. Plus tard, Ninmah rit.

C'était la première fois depuis qu'elle avait quitté le Peuple de la Grotte.

La fin du dîner approchait. Elle était fatiguée, elle avait dû soutenir sa concentration très longtemps.

Elle eut soudain un malaise. Elle se mit à transpirer abondamment, elle était oppressée. Elle sentit qu'elle perdait conscience. Un voile noir passa devant ses yeux et elle s'effondra.

Premiers paysans

Ninmah sortit de son évanouissement. Tout le monde était parti, à l'exception de Barsip et de Halaf qu'elle découvrit penchés sur elle. Les chefs se préoccupaient de la santé de l'interprète des dieux. Elle sourit en elle-même.

– Ce n'est rien, affirma-t-elle. Un simple moment de fatigue.

Le lendemain devait être jour de repos pour les caravaniers. Il ne serait question de commerce que le jour d'après. On en profiterait pour poursuivre la visite de Bouqras, que Barsip fut de nouveau très fier de piloter. La veille, ils avaient vu le village lui-même. Aujourd'hui, ils allaient découvrir ses dépendances extérieures.

Barsip commença par les animaux. Il montra d'abord les chèvres et les moutons, qui vivaient dans le même enclos.

– Vous en avez beaucoup, remarqua Halaf.

– Plusieurs fois autant que les doigts des deux mains, précisa Barsip.

Près de quatre millénaires devraient encore s'écouler avant que l'on sache compter. On était pourtant sur la voie : sans que l'on s'en rende compte, le principe de correspondance terme à terme était déjà compris.

Les chèvres, expliqua Barsip, fournissaient une viande de qualité. Ces animaux ne semblaient jamais gênés par la chaleur ou la sécheresse. De plus, ils produisaient un liquide blanc, appelé lait, très parfumé et nourrissant. Il en montra dans une jatte :

– Veux-tu goûter ? demanda-t-il aimablement à Halaf.

– Non, merci, répondit-il, plutôt distant.

– Et toi, Ninmah ?

– Oui, volontiers.

Elle trouva le goût « particulier ».

– La femme de l'un des conseillers du village est passionnée par le lait, reprit Barsip. Elle a appris à l'utiliser. Ainsi, elle le laisse vieillir un jour ou deux, le verse dans une jarre et le bat jusqu'à ce qu'apparaissent des plaques jaunes solides. Ça n'est pas mauvais du tout. Elle arrive aussi à en tirer de petits blocs blancs qui ont beaucoup de saveur. Vous avez vu son atelier hier.

Il en vint aux moutons dont il vanta la qualité de la viande. Mais il parla surtout de la laine et de son utilisation pour la fabrication de tissus.

– Comment prenez-vous la laine ? demanda Halaf.

– On l'arrache à la main.

Il expliqua que l'arrachage régulier était une obligation. Sur ces moutons domestiqués, elle poussait sans arrêt ; si on les laissait en l'état, ils finissaient par mourir étouffés.

– C'est facile ? reprit Halaf.

– Non. Les bêtes doivent d'abord être lavées, car elles sont pleines de poussière. Pour ça, il faut les descendre jusqu'au fleuve. L'arrachage lui-même a lieu dans un enclos particulier. On doit être à plusieurs pour tenir l'animal. On fait ça une fois dans l'année, au début du printemps.

« La laine obtenue, ajouta-t-il, est confiée à des familles qui la transforment en tissu dans leur maison.

– Comment font-ils ? demanda Ninmah. Nous n'avons pas vu les ateliers où cela se pratique.

– Je vous le montrerai plus tard, dit-il.

En vérité, il ne souhaitait pas divulguer le procédé. Le tissu en laine constituait une marchandise de choix. Il se contenta d'expliquer que l'on commençait par fabriquer les fils en faisant tourner les fibres autour d'un fuseau. Puis on en posait un grand nombre sur le sol les uns près des autres et on passait dans le sens transversal une trame qui les reliait. Ninmah voulut avoir plus de précisions. Il lui répéta qu'il montrerait tout ça plus tard.

Il n'avait aucune intention de le faire.

Ils visitèrent ensuite l'enclos des bœufs où l'on voyait aussi des vaches et des veaux. Les bœufs étaient des taureaux castrés. Ils produisaient la viande la plus appréciée. Barsip précisa que d'autres partageaient cette opinion : au printemps dernier, un lion s'était attaqué au troupeau ; il n'avait tué que des bœufs. Les vaches donnaient du lait, d'un goût différent de celui des chèvres.

Au fond paissait un taureau solitaire dont ils ne s'approchèrent pas.

Ils terminèrent par l'enclos des porcs. Ces gros animaux étaient sales et laids, mais à peu près tout pouvait se manger de leur corps. Barsip ne s'étendit pas sur le sujet : c'était la fin de la matinée, heure à laquelle les habitants de Bouqras devaient présenter leurs dévotions aux dieux. Lui-même devait s'adresser à la reine des dieux, en compagnie d'Abda. Il précipita le mouvement.

Sur le chemin, Halaf demanda pourquoi il n'y avait pas de chiens à Bouqras, alors qu'on en voyait beaucoup dans d'autres villages pour aider à la chasse ou servir d'animal de compagnie.

– Nous en avons eu, dit Barsip, mais un jour une maladie en a frappé plusieurs : ils bavaient tout le temps et ils attaquaient et mordaient tout le monde. Par malheur, ceux qu'ils avaient blessés devenaient eux-mêmes malades et mouraient. On a dû tous les tuer et depuis nous n'en avons plus.

L'après-midi, ils descendirent sur les bords de l'Euphrate pour voir les plantations.

Bouqras bénéficiait d'un emplacement privilégié. D'une part, elle se situait à la limite de la zone où l'agriculture sèche était viable : les précipitations naturelles fournissaient toute l'eau nécessaire ; plus au sud, rien ne poussait, l'irrigation restait à inventer. D'autre part, elle profitait de la fertilisation apportée par les crues de l'Euphrate.

Le calendrier agricole était réglé en conséquence. Une première montée des eaux vers la fin de l'automne ameublissait le sol. C'était le moment de labourer. Puis il fallait semer le blé, l'épeautre, l'orge.

Barsip exhiba un instrument en bois ; des silex tranchants étaient fixés sur un côté par du bitume.

– Nous appelons ça une houe. Cet outil sert à travailler la terre. Il a été inventé par un habitant de Bouqras fort ingénieux. C'est bien plus efficace que l'ancien bâton à fouir, même lesté d'une pierre. La houe coupe la terre, l'émiette et la retourne. Deux hommes sont nécessaires pour l'utiliser, l'un pour tirer et l'autre pour pousser.

Durant l'hiver, les précipitations arrosaient les cultures qui venaient à maturité quelques jours après le début du printemps. Il fallait alors procéder très vite aux moissons, avant les grandes crues de l'Euphrate. Barsip montra un autre instrument en bois qui servait à couper les tiges de céréales. Il avait un manche surmonté d'une pièce de forme arrondie, elle aussi pourvue de pointes de silex acérées fixées à l'intérieur de la courbe, de la même manière que sur la houe : c'était une faucille. Halaf, qui constatait à regret qu'il ne vendrait pas de bitume à Bouqras, s'offrit le plaisir de dire au chef du village qu'il avait déjà vu ce genre d'outil ailleurs.

– Tout cela est très bien, ajouta-t-il. Mais que se passe-t-il s'il ne pleut pas assez ou si la crue arrive trop tôt ?

– Les récoltes sont perdues, en partie ou en totalité. C'est la raison pour laquelle, les années fastes, on stocke du grain dans les entrepôts que je t'ai montrés hier. De toute façon, nous pratiquons toujours la chasse et un peu de cueillette. Mais c'est vrai qu'il y a trois étés, nous avons connu une famine : les pluies avaient été insuffisantes, les chasseurs n'avait pas eu de chance et nous n'avions pas assez d'animaux dans les enclos, alors que la population devenait plus nombreuse. Une partie des habitants sont morts. Depuis, on a augmenté le nombre de zones de stockage pour le grain, et aussi la taille des troupeaux.

Ils remontaient vers le village en discutant.

– Les champs ne sont pas très grands, remarqua Ninmah. Avez-vous assez de grains ?

– Le blé qui pousse ici n'est pas le même que le blé sauvage, répondit Barsip. La différence se situe aux endroits où les grains sont fixés à l'épi. À l'état sauvage, ces supports se fragilisent quand la plante mûrit et se cassent très facilement. Le vent peut alors disperser les grains, ce qui favorise l'ensemencement naturel. C'est bon pour la survie du végétal, mais mauvais pour ceux qui le récoltent : ils ont du mal à ne pas perdre trop de grains lors de la cueillette.

– C'est vrai, confirma Ninmah qui se souvenait du champ devant la grotte. Il y a énormément de pertes.

– Dans le blé et l'orge que nous cultivons, ce support reste résistant. Les plantes conservent tous leurs grains, y compris pendant la récolte. On les bat une fois moissonnées, pour séparer les grains de la paille. Ainsi, on récupère tous les grains, et en plus, on utilise la paille pour nourrir les bêtes. C'est pourquoi les champs peuvent être plus petits.

Le terme de « rendement » était inconnu, mais la domestication des plantes avait eu pour conséquence un important accroissement de la production à l'hectare.

– Je ne comprends pas pourquoi seules les plantes cultivées ont cet avantage, dit Halaf.

– C'est que tu ignores quelle a été l'action de Céra, notre déesse des plantes, répondit Barsip. Notre peuple savait depuis longtemps que les tiges de blé sauvage provenaient des grains des saisons précédentes disséminés par le vent. Il avait appris à les semer lui-même pour que le blé pousse dans des endroits choisis par lui, plus commodes que les sites naturels. Mais il s'agissait toujours de blé sauvage.

« Un jour, Céra observa combien la récolte était dure aux hommes, à cause de tous les grains perdus. Elle voulut les aider. Elle décida que parmi tous les épis qui viendraient dans les saisons futures, l'un aurait les supports des grains résistants. Il n'y en aurait qu'un seul, mais chaque saison en verrait un.

« De nombreuses années passèrent, jusqu'au jour où une femme de notre peuple remarqua cet épi. Elle eut l'idée de semer ses grains en un endroit précis. Ils donnèrent naissance à des tiges dont tous les grains restaient attachés.

« De cet épi unique provient la nouvelle sorte de blé que nous cultivons.

– C'est bien, dit Halaf. Mais il ne peut plus se reproduire seul : puisque le grain adhère à la tige, il a besoin des hommes pour être enfoui dans la terre.

– C'est vrai. Mais tes ânes aussi ont besoin de toi pour survivre (il n'était pas mécontent d'utiliser le mot « âne » comme s'il le connaissait depuis toujours). Ce sont des animaux domestiques, et mon blé est une plante domestique. Il y a plus de travail, car il faut battre le blé après la moisson, mais il y a un avantage considérable : chaque récolte nous rapporte bien plus de grains.

À cette lointaine époque, les hommes ne savaient ni écrire ni compter. Néanmoins, ils avaient déjà entrepris d'asservir la nature. L'agriculture était née.

Le soir, Hiram raconta l'histoire que Ninmah avait entendue alors qu'elle était encore dans le Peuple de la Grotte. On s'était installé sur la grande place. Tous les caravaniers étaient là, ainsi que le conseil du village et quelques autres habitants que Barsip avait voulu récompenser. La voix prenante de Hiram portait dans la nuit claire. Les gens de Bouqras pouvaient se targuer d'une civilisation avancée, mais cela n'avait changé en rien le fond des hommes. Le merveilleux les touchait toujours autant.

Ninmah les regardait. Tous étaient fascinés, Barsip comme ses invités. Elle-même se retrouvait par la pensée sur les contreforts du Zagros, près de sa grotte, avec ceux qu'elle avait aimés. Une douce nostalgie l'envahit. Elle revoyait son père Kish, sa mère Nanshe, Lipit, Lahar, Gal, les autres. Tous étaient morts. Tous. Personne ne les avait mis en terre, à côté des défunts de leur famille. Avaient-ils pu gagner le pays des esprits ?

Et pour elle, quels bouleversements ! En quelques mois, elle avait parcouru un chemin considérable. Comme elle l'avait souhaité dans ses rêves lointains, elle avait contemplé tant de paysages, traversé tant de contrées ; elle avait découvert des peuples variés, des civilisations différentes. Elle avait longé le Grand Fleuve, elle l'avait même traversé, ainsi qu'un autre. Elle avait vu le soleil disparaître puis revenir en l'espace de quelques instants.

Son expérience s'était considérablement enrichie. Elle était devenue une femme. De prisonnière, elle se retrouvait en position de diriger la caravane. À présent, où les esprits allaient-ils la mener ? À moins que ce ne soit les dieux. Continuerait-elle de voyager avec les caravaniers jusqu'à la fin de ses jours ? Aimerait-elle s'installer quelque part ? Avec qui ? Que souhaitait-elle vraiment ?

Hiram arrivait au terme de son conte, avec l'apothéose du Grand Œuf noir. Une fois de plus, elle imagina la pierre. Un déclic se produisit en elle.

À présent, elle tenait sa réponse. Oui, elle savait ce à quoi elle aspirait. Elle voulait aller jusqu'au Grand Œuf d'obsidienne et le voir. Peut-être le toucher. Jusqu'à présent, ça n'avait été qu'une vague envie, un rêve éthéré, un souhait plus ou moins flou. Maintenant, elle était prête. Elle le désirait profondément.

Et elle en connaissait la raison : cet œuf magique devait receler une vérité, et il lui fallait la découvrir.

Ninmah était une femme intelligente. Elle était d'un temps et d'une région où la civilisation naissait. On cherchait à comprendre, et les esprits, les dieux étaient là pour expliquer l'inexplicable. Cependant, pour elle comme pour les autres, les voiles obscurs de la magie n'avaient pas disparu.

Avait-elle tout à fait tort ? Ce bloc d'obsidienne à la forme si improbable aurait-il pu exister sans l'effet d'un enchantement quelconque ? Était-il invraisemblable qu'au cours de sa formation, tout ou partie de ce sortilège soit venue l'habiter ? Peut-être l'ovoïde était-il le volume où les ténébreuses circonvolutions de la magie se déployaient dans les meilleures conditions. Oui, qui sait…

Comme d'habitude, un long silence suivit la fin du conte de Hiram. Les esprits enflammés avaient besoin de temps pour revenir sur terre. Elle remarqua l'expression étrange de Barsip et le rapide coup d'œil échangé avec Abda, le prêtre. Sans un mot, tout le monde se leva pour aller se coucher.

Marché

Le marché eut lieu le lendemain comme prévu, dans l'enclos affecté à la caravane, ainsi que Halaf l'avait proposé. Il y avait de la place et cela évitait de déplacer les marchandises.

Pour lui, la journée était d'importance. Bouqras détenait des richesses uniques qui pourraient beaucoup enrichir son offre. Encore fallait-il pouvoir se les procurer par des échanges avantageux. Ça n'allait pas être facile.

Au cours de la visite du village, il avait noté ce qu'il aimerait acquérir. Compte tenu des marchandises qu'il pouvait offrir, il décida de limiter ses ambitions aux trois produits les plus intéressants.

Il y avait les épis de blé et d'orge domestique, ceux dont les grains restaient attachés. Une petite quantité lui suffirait, puisqu'un seul grain pouvait perpétuer l'espèce. La houe avait aussi attiré son attention : d'autres peuples seraient certainement preneurs de cette invention. Il essayerait d'en avoir le plus d'unités possible. Il avait également remarqué la vaisselle blanche et les vases en matériau inconnu : ils constituaient des nouveautés assez rares pour faire des marchandises de choix.

Il fit sa prestation habituelle, sauf qu'il évita de montrer l'œuf de Nessar : il se rendait compte qu'il n'était pas à égalité avec Barsip et craignait qu'ayant vu l'œuf il ne fût plus intéressé que par cet objet.

Ce dernier l'observait officier avec intérêt. Il lui trouvait un certain talent. Toutefois, il ne manifesta qu'une curiosité bienveillante pour quelques articles, sans plus. Il s'agissait des minéraux colorants et de quelques-unes des marchandises qui provenaient du Peuple de la Grotte, comme les pois chiches et les fèves qu'il ne semblait pas connaître, et les pointes d'obsidienne d'Enihl. Halaf jeta un bref regard vers Ninmah au moment où il les présentait. Il sentit un frisson descendre le long de son épine dorsale : elle le regardait fixement et il savait très bien quel sens donner à son expression de glace. Il fit un effort pour se reprendre.

Il revint à ses préoccupations marchandes. « La négociation va être dure », estima-t-il. Il demanda à Barsip ce qui l'intéressait.

– Mon offre est beaucoup plus large que la tienne, répondit-il. C'est à toi de dire ce que tu aimerais acquérir.

D'emblée, il avait mis Halaf en position de demandeur. Il avait pris le dessus. Halaf s'en rendit compte, mais il n'avait pas le choix. Il indiqua les trois produits qu'il souhaitait obtenir.

– Ta sélection est judicieuse, commenta Barsip. Ces trois articles sont l'aboutissement de beaucoup de travail et d'ingéniosité de la part de mon peuple. Cela leur donne une très grande valeur. Seulement, je ne vois rien d'équivalent dans ce que tu nous as montré.

– Il m'a semblé, rétorqua Halaf, que tu étais tenté par les colorants et par des plantes que tu ne connaissais pas. Les pointes d'obsidienne ont également paru t'intéresser.

– « Tenté » et « intéresser » sont des termes exagérés. Les produits dont tu parles ne sont pas des nouveautés importantes pour notre communauté. Il s'agit plutôt de curiosités. Nous avons très bien vécu sans et pourrions continuer à nous en passer sans problème.

– Tu pourrais aussi te passer de nombreux objets dont tu disposes aujourd'hui, mais tu es tout de même content de les avoir. Tu ne peux pas nier que les articles que j'ai cités constitueraient un apport significatif pour ton peuple. Les plantes contribueraient à la variété de votre alimentation. Les pointes faciliteraient vos chasses et vous pourriez vous attaquer à de plus gros animaux. Quant aux colorants, ils vous permettraient de faire des représentations plus somptueuses de vos dieux. Tout ça n'est pas rien.

– Peut-être. Mais ce ne sont pas des besoins essentiels. Ce dont nous disposons nous paraît déjà très convenable.

Halaf laissa le silence s'établir. Puis il dit :

– Durant la visite de Bouqras, j'ai noté que vous étiez bien pourvus en armes. Mais je n'ai pas vu d'arcs. Ce serait pourtant utile, surtout avec la position en hauteur du village. Il serait facile à tes hommes d'arroser les attaquants d'une pluie de flèches.

– D'abord, tu n'as que quelques arcs, et de plus les flèches me semblent trop courtes. Si j'estime avoir besoin de ce type d'armes, nous saurons les fabriquer en nombre suffisant.

Halaf se le tint pour dit. Un moment passa. Puis Barsip reprit la parole :

– En fait, une seule chose m'intéresse vraiment dans ce que j'ai observé de ta caravane.

– Laquelle ?

– Tes ânes.

– Ils ne sont pas à vendre. Tu vois bien qu'ils sont essentiels pour nous.

– C'est vrai, mais tu en as beaucoup. Un couple me suffirait.

– Non, c'est impossible. Tous me sont nécessaires.

C'est alors que Ninmah prit la parole :

– Halaf, je souhaite te parler un instant.

Ils se mirent en retrait et discutèrent tout bas. Barsip lorgnait du coin de l'œil avec curiosité.

– Halaf, dit Ninmah, nous avons toujours cet âne boiteux qui ne se rétablit pas. Pourquoi le garder ? Il ne nous sert à rien. Donne-le et au moins nous économiserons sa nourriture. Et, comme femelle, tu pourrais céder la petite. Les mâles n'arrivent pas à l'engrosser et elle ne peut porter que de faibles charges. En contrepartie, tu peux récupérer des biens de très grande valeur.

Il réfléchit un instant.

– C'est le message des dieux ? demanda-t-il.

– Le bon sens est plus qu'un message, c'est un don des dieux.

Au même moment, un âne se mit à braire, couvrant le chuchotement de Ninmah. De sa réponse, Halaf n'entendit avec netteté que « don des dieux ». Il pensa qu'elle lui avait dit : « Cet échange est un don des dieux. » Il revint aussitôt vers Barsip :

– Barsip, j'ai réfléchi. Je suis d'accord pour te céder ce couple (il montra les animaux du doigt.) Le mâle boite un peu, mais c'est parce qu'il est fatigué. Il guérira vite en se reposant dans ton village.

– Entendu. Mais pour un couple avec un reproducteur boiteux, je ne peux te donner que trois houes et dix pièces de vaisselle blanche.

– Tu n'es pas généreux. Ces ânes ont une grande valeur pour moi.

– C'est à prendre ou à laisser.

La discussion était serrée, mais le ton de Barsip n'était pas agressif. Il était conscient du niveau de civilisation de son peuple. Il avait moins à gagner que Halaf dans des échanges. Il était en position de force. Halaf l'avait compris et ne lui en voulait pas. Le chef du village se montrait dur dans la négociation, mais c'était la règle du jeu. À sa place, il aurait fait de même.

Ils en restèrent là. Ils réfléchiraient et concluraient le lendemain matin, avant le départ de la caravane.

Ninmah, Halaf et Barsip se retrouvèrent le soir au dîner, dans la maison de Barsip. Il y avait moins de monde que la veille. Seuls les conseillers les plus importants avaient été conviés, ainsi qu'Abda. Ils en étaient au milieu du repas lorsque Barsip leva la main pour requérir le silence :

– Vous nous quittez demain, déclara-t-il d'un ton qui sembla étrange aux caravaniers, et je souhaite que votre voyage se passe sous de bons augures. Je vais demander à Abda de prier nos dieux à cet effet.

Il lui fit un signe. Le prêtre sortit. Halaf et Ninmah se dirent que les rites dc Bouqras devaient imposer que la prière se fasse en autre lieu.

Il n'en était rien. Abda revint quelques instants plus tard avec un objet dissimulé sous un tissu de laine. Il semblait petit mais assez lourd. Le prêtre s'assit sur le sol, comme les autres, son fardeau entre les deux mains. Il regarda tout le monde d'un air entendu. Puis il posa la chose devant lui, avec un soin respectueux.

Et soudain, d'un geste théâtral, il la découvrit.

Ninmah et Halaf restèrent bouche bée : Abda venait de dévoiler un œuf d'obsidienne, d'une taille strictement identique à celui de Nessar, mais avec des nuances de vert légèrement différentes.

– Que pensez-vous de ça ? demanda Barsip, l'œil brillant.

– C'est incroyable, marmonna Halaf. On dirait l'œuf du conte de Hiram.

Il était sidéré. Un autre œuf comme celui de Nessar ! Barsip le reliait-il à l'histoire de Hiram ? Il lui posa la question.

– L'œuf de ton conteur ne m'était pas inconnu, répondit Barsip. J'en ai déjà entendu parler dans d'autres légendes, en vérité moins belles que celle de Hiram. Ces contes sont très anciens et ils sont racontés sous diverses formes. Mais ils finissent tous de la même manière. Nous pensons qu'ils possèdent un fond de vérité. Selon nous, l'œuf de Hiram existe réellement.

– Et d'où vient le tien ?

– Notre peuple le détient depuis de nombreuses générations. À l'époque, quelques hommes partirent à la recherche de l'œuf de l'histoire de Hiram. Ils ne le trouvèrent pas, mais rapportèrent tout de même celui qui est là.

– Avez-vous renoncé à récupérer le véritable œuf de Hiram ? intervint Ninmah.

Nous en parlons de temps en temps, mais il y a longtemps que personne n'a plus cherché à se l'approprier.

Dans le silence qui suivit, Halaf et Ninmah échangèrent un rapide coup d'œil. Ils s'étaient compris : montreraient-ils l'œuf de Nessar ? Ninmah hocha discrètement la tête dans un geste négatif. Halaf cligna des yeux pour signifier qu'il était d'accord. Non, ils ne révéleraient pas son existence.

Entre-temps, Abda s'était préparé. Il mit les mains au-dessus de l'œuf sans le toucher, comme s'il les réchauffait à une flamme. Il ferma les yeux, se concentra, et d'un ton monocorde murmura une longue prière. Ni Halaf ni Ninmah ne saisirent quoi que ce fût de ce qu'il disait. Ils ignoraient que le peuple de Bouqras n'y comprenait rien non plus. Barsip remarqua leur incompréhension :

– Les oraisons d'Abda sont toujours très obscures, commenta Barsip. Est-ce le cas des vôtres ?

Halaf voulut répondre, mais Ninmah prit la parole en premier :

– Les prières sont le langage que les hommes utilisent pour s'adresser aux dieux. J'estime qu'ils l'entendent d'autant mieux qu'il est clair. De plus, je considère que si on attend d'eux des réponses intelligibles, il faut que les questions le soient aussi.

Barsip ne dit rien. Pourtant, les paroles de Ninmah lui étaient allées droit au cœur : elle avait exprimé très exactement ce qu'il pensait. « Cette jeune femme est extraordinaire », songeait-il.

Soudain, une idée lui traversa l'esprit. Il réfréna l'envie qu'il avait de la formuler tout de suite. C'était très délicat, il devait bien réfléchir avant de parler. Il décida d'attendre la fin de la soirée qui lui parut interminable, car la question lui brûlait la langue. Quand tout le monde se leva enfin pour partir, il fit de même et dit :

– Halaf et Ninmah, pouvez-vous rester un instant, je vous prie ? J'aurais un point à discuter avec vous.

Ils acquiescèrent. Abda fit mine de vouloir se joindre à eux, mais Barsip lui fit signe de suivre les autres. Le prêtre fronça les sourcils pour manifester son mécontentement, mais il obtempéra.

– Que pensez-vous d'Abda ? demanda Barsip aux deux caravaniers.

– Je trouve qu'il a une manière très personnelle de parler aux dieux, dit Halaf sans trop s'engager.

– C'est vrai, reprit Barsip. Et les dieux doivent être du même avis, car les messages que nous transmet Abda sont toujours très difficiles à interpréter. À moins que ce ne soit Abda qui les exprime ainsi. Je n'arrive pas à savoir ce qu'il en est vraiment. Qu'en est-il de votre prêtre Nessar ? Je ne l'ai pas entendu parler.

– Nessar a toujours très bien rempli sa fonction. Mais la situation a changé. C'est Ninmah qui assure à présent le rôle de prêtre et Nessar n'a plus qu'une position secondaire.

– C'est un changement qu'il doit avoir du mal à accepter, observa Barsip.

– Il se soumet à la volonté des dieux, fit Halaf d'un air impénétrable.

La discussion se poursuivit encore un moment. Halaf et Ninmah se demandaient où le chef de Bouqras voulait en venir quand, enfin, Barsip décida qu'il était temps de présenter son idée :

– Écoutez-moi, j'ai une proposition à vous faire. Vous connaissez Abda. Vous l'avez compris, il ne remplit pas très bien son office. Je vous l'ai dit, il communique mal avec les dieux, ou peut-être avec nous. À mon avis, c'est avec les deux, mais peu importe. Le fait est qu'il n'apporte pas tout ce qu'on attend d'un prêtre.

« Or votre caravane en possède deux, tous deux satisfaisants. Je ne veux pas m'immiscer dans votre organisation, mais je suppose que, malgré l'accord de Nessar, cela n'est pas sans poser quelques problèmes.

« D'où cette proposition simple qui arrangerait tout le monde : que diriez-vous si Ninmah restait avec nous, à Bouqras ? Mon peuple hériterait du prêtre de qualité qui lui manque, et le vôtre verrait un problème résolu.

Il poursuivit sans laisser à ses interlocuteurs le temps d'intervenir :

– Bien entendu, si vous donniez suite, je saurais me montrer extrêmement reconnaissant : Halaf pourrait prendre les cadeaux de son choix parmi tous les produits qui l'ont séduit et je ne demanderais rien en échange. J'oublierais les ânes, boiteux ou non.

« Alors, qu'en pensez-vous ?

Un long silence suivit. Les idées tournaient dans les têtes. Halaf fut le premier à reprendre la parole :

– Si Ninmah restait ici, c'est toi qui te retrouverais avec deux prêtres : elle et Abda. Le problème actuel de la caravane deviendrait le tien.

– J'en ferais mon affaire, répondit Barsip sans hésiter. Il n'y aurait qu'un seul prêtre, Ninmah. Alors, quelle est votre décision ?

Halaf regarda son interlocuteur droit dans les yeux et lui dit :

– Il est impossible que Ninmah nous quitte. Elle est l'épouse de Karim, et notre peuple a besoin d'enfants. Et surtout, les dieux s'expriment par son entremise.

Il ne pouvait pas faire une autre réponse. Qu'auraient pensé les dieux s'il se défaisait de leur représentant à la première occasion ?

– Je suis certain qu'il doit y avoir à Bouqras plusieurs jeunes femmes qui seraient ravies de devenir la compagne de Karim, affirma

Barsip. Il me suffirait d'en désigner une. Quant aux dieux, tu as Nessar, un excellent interprète.

– Non, dit Halaf, je regrette.

Jusque-là, Ninmah s'était tue. Soudain, elle intervint :

– Halaf, tu parles pour moi sans me consulter. Tu n'as pas à décider du sort de la représentante des dieux à sa place. Voilà ce que nous allons faire. Si Barsip le veut bien, nous ne donnerons aucune réponse ce soir. Nous allons nous retirer, réfléchir, et nous verrons demain.

Barsip ne pouvait qu'accepter, et Halaf aussi. La discussion était close pour ce jour-là.

Elle vit Halaf le lendemain matin. Elle avait fait son choix sans lui demander son avis : elle resterait à Bouqras. Elle lui communiqua sa décision et conclut :

– C'est ce que désirent les dieux.

Halaf n'avait rien à opposer à cela.

– Tu n'as rien à regretter, ajouta-t-elle. La caravane retrouvera son fonctionnement de toujours, tu en demeureras le chef incontesté et Nessar reprendra son rôle. D'autre part, Karim aura une épouse plus conforme aux habitudes. Enfin, je te promets de faire en sorte que Barsip respecte toutes les modalités de la transaction.

Halaf écoutait la jeune femme et se disait qu'au fond cette formule l'arrangeait. Avec son départ, tout rentrait effectivement dans l'ordre. Bien sûr, il aurait préféré prendre la décision lui-même et ne pas subir ce choix. Toutefois, il se faisait une raison. La situation s'était présentée différemment, voilà tout. Et en tout cas, les dieux ne pourraient rien lui reprocher : il n'avait pas chassé celle qui les représentait, c'est elle qui avait choisi de partir.

Il décida de ne rien faire qui pourrait entraver cette solution.

Maintenant, le départ de Ninmah était acquis. Pour lui, elle était déjà une étrangère. Du coup, il reprenait sa prééminence. Il était le chef de la caravane, il n'avait pas à faire connaître ses sentiments à la prêtresse d'un village qu'il traversait. Elle attendait une réponse, mais il resta muet et impassible, tout en affichant son air hautain et distant. C'était sa réponse.

Ninmah le remarqua à peine. Elle ne se sentait déjà plus avec les caravaniers, elle ne songeait qu'à la suite. Elle quittait sans regret les tueurs du Peuple de la Grotte et leurs mœurs rudes et sèches. À la place, elle trouvait une communauté bien plus évoluée, intéressante, où elle aurait d'emblée une fonction de choix. Et ces gens semblaient avoir des projets relatifs au Grand Œuf noir. Il n'y avait pas à hésiter.

Un peu plus tard, elle vit Barsip, seule, et lui fit part de sa décision.

– Bien entendu, ajouta-t-elle, une jeune fille du village devra rejoindre la caravane pour devenir l'épouse de Karim. De plus, j'ai bien noté que Halaf pourrait prendre les cadeaux qu'il souhaite. Je peux t'assurer qu'il le fera sans abuser de ta générosité.

– Je suis très heureux de ton choix, répondit Barsip. Bouqras gagnera beaucoup à t'avoir. Bien sûr, il va sans dire que je tiendrai toutes les promesses que j'ai faites à Halaf.

Il désigna dans l'heure une jeune fille de treize ans, d'une famille qui en comptait deux. Dans la journée, elle fit ses adieux à ses parents, prit son petit bagage et rejoignit timidement Karim. Ce dernier l'accueillit avec un vague sourire, toujours aussi taciturne. Il salua Ninmah d'un geste de la main et sans un mot s'en retourna pour aider aux préparatifs du départ.

Halaf choisit ses cadeaux parmi les trois types d'articles qu'il avait souhaité acquérir. Il n'en emporta qu'une quantité limitée.

Puis arriva le moment de partir, que Halaf avait fixé en fin de l'après-midi pour éviter la chaleur. Barsip était venu dire adieu à ses visiteurs. Tout le monde était prêt, les ânes étaient chargés.

– Le salut sur toi, dit Halaf au chef du village, sans l'amabilité qui avait présidé à tous leurs rapports.

D'une certaine manière, il avait perdu la face et ne l'oubliait pas.

– Sur toi le salut, lui répondit Barsip sur le même ton.

La caravane emprunta le chemin en zigzag et se retrouva au pied de l'escarpement, au niveau du fleuve. Des hauteurs de Bouqras, Ninmah la regardait descendre. Elle la vit s'éloigner à son rythme lent le long de la rive de l'Euphrate.

Elle la perdit de vue lorsque la nuit tomba.

Prêtresse

À cette époque, les prêtres disposaient presque toujours d'un pouvoir considérable qu'aucun chef de village n'aurait pu mettre en cause. Pourtant, à Bouqras, il en allait autrement : Barsip avait un rayonnement exceptionnel, au contraire d'Abda, terne, effacé, dépourvu de l'aura de sa fonction.

Dès le lendemain du départ de la caravane, Barsip réussit à le destituer. Cela se passa sans Ninmah, devant le conseil où on l'avait convoqué.

– Je vous écoute, dit le prêtre d'un ton hautain, inconscient du danger.

Barsip prit la parole au nom de tous les conseillers. Dans un réquisitoire court mais dense, il lui déclara avec force qu'on lui reprochait son impuissance lors de l'éclipse, son incapacité à en expliquer les causes et plus généralement son inefficacité dans l'interprétation des messages des dieux. L'expérience avait prouvé qu'on ne pouvait se fier à ses prédictions.

– Un village comme Bouqras ne peut pas tolérer une telle situation, poursuivit-il. Un rapport de mauvaise qualité avec les dieux finirait par lui être nocif, voire fatal. De ce fait, nous considérons que l'avenir de ses habitants est en danger. En conséquence, le conseil t'annonce solennellement qu'il te destitue de ta fonction de prêtre.

Abda se défendit avec vigueur, avec ses moyens. Sans réfléchir, il se lança tête baissée dans un long monologue où il prétendait que les dieux s'exprimaient par sa bouche. Il y était question de sacrilège, d'irrespect envers le représentant des dieux, de terribles menaces divines, tout cela dans le style confus qui le caractérisait.

Comme d'habitude, personne n'y comprit rien. Personne n'avait d'ailleurs essayé : Barsip avait préparé le terrain.

Lorsqu'il eut épuisé son souffle en bravades et protestations, il s'arrêta. Puis saisi d'une inspiration soudaine, il reprit :

– Mais au fait, Bouqras a besoin d'un prêtre. Qu'allez-vous faire si vous me destituez ?

L'idée ne lui était pas venue qu'un autre que lui pouvait assumer sa fonction.

– Nous allons nommer Ninmah à ta place, dit Barsip.

Il en resta bouche bée, les yeux exorbités. Soudain, il entra dans une rage folle et impuissante, la colère des faibles. Les mots n'arrivaient pas à sortir assez vite de sa bouche, il bafouillait. Barsip calma immédiatement le jeu :

– Si les dieux t'inspiraient vraiment, tu montrerais plus de retenue. Tais-toi et écoute ce que le conseil a décidé à ton sujet.

L'ex-prêtre resta muet, subjugué. Barsip poursuivit :

– Malgré les effets néfastes de tes mauvaises prédictions, nous t'autorisons à vivre à Bouqras, en reconnaissance des quelques services que tu as pu rendre. Tu aideras aux soins des animaux. Nous te laissons aussi la possibilité de partir avec une prochaine caravane de marchands, s'ils veulent de toi. En attendant, tu t'occuperas des bêtes. Si aucune de ces solutions ne te convient, tu devras mourir.

« Que choisis-tu ?

Dans un murmure, comme assommé, ne pouvant croire à la menace qui lui était faite, Abda refusa sa destitution. Deux hommes l'empoignèrent, sans qu'il se défende. Il était anéanti. Il fut mis à mort sur place.

Ninmah fut alors invitée à venir devant le conseil. Barsip lui annonça qu'Abda était mort et qu'elle devenait la prêtresse de Bouqras. Le conseil lui donnait tous les pouvoirs de sa fonction, qu'elle définirait elle-même en même temps que les nouvelles modalités de son rôle. Puis il la regarda droit dans les yeux et lui demanda :

– Acceptes-tu cette haute responsabilité ?

C'était une interrogation purement formelle. Si elle était restée à Bouqras, c'était pour prendre cette fonction.

Néanmoins, elle était surprise de cette nomination si rapide. Certes, aucun délai n'avait jamais été évoqué, mais elle pensait qu'ils auraient attendu quelques semaines, le temps pour elle de s'acclimater et pour eux de la connaître.

Avaient-ils tué Abda de sang-froid ? Si c'était le cas, leurs mœurs n'étaient pas ce qu'elle avait imaginé. Il fallait qu'elle sache à quoi s'en tenir. Avec calme et assurance, elle posa la question :

– Qu'est-il arrivé au prêtre ?

– Il a eu le choix. Il a préféré la mort.

Ainsi, ils ne l'avaient pas assassiné. Elle s'interrogea sur les options qu'ils lui avaient proposées. Puis elle se dit que, de toute façon, Abda avait pris la bonne solution. D'après ce qu'elle savait de lui, il ne pouvait être que prêtre.

– Très bien, fit-elle. J'accepte la fonction de prêtresse. Mais je dois d'abord vous faire part d'une information importante. Vous serez les premiers à qui j'en parle.

– Nous t'écoutons, dit Barsip.

– Je suis enceinte. L'enfant devrait arriver vers la fin de l'hiver.

Le chef du village n'eut pas l'air surpris ; il haussa les épaules en signe d'indifférence.

– Cela ne change rien, affirma-t-il. Dans le passé, prêtres ou prêtresses ont eu des enfants, qui leur ont d'ailleurs souvent succédé.

– Alors, c'est parfait. Je vous dirai bientôt comment j'entends assumer ma charge. En attendant, Barsip devra me renseigner le plus vite possible sur vos dieux et vos rites. Les divinités s'expriment par ma bouche, mais pour l'instant je veux formuler leurs messages en conformité avec ce qui se pratique à Bouqras. Je souhaite que les cérémonies sacrées restent inchangées, tout du moins à titre provisoire. Je ne les modifierai que si les dieux me le demandent. Dans ce cas, je vous expliquerai leurs exigences.

Elle assimila vite le labyrinthe du royaume d'Aluna, la reine des dieux. Elle avait connu les esprits de la grotte, puis les dieux de la caravane. Elle pensa d'abord que les divinités de Bouqras n'en différaient que par la forme : autres noms, autres domaines, autres parentés. Mais bientôt elle comprit que la dissemblance était plus importante : ces dieux-là étaient à la fois plus présents et plus éloignés. Plus présents, car le peuple sédentaire de Bouqras avait représenté leurs images sous forme de peinture ou de statues. Plus éloignés, car ils vivaient plus haut dans le ciel. Cette distance imposait la présence d'un intermédiaire, le prêtre, ce qui renforçait son rôle.

On se rapprochait d'une religion.

Néanmoins, le principal restait inchangé : les dieux de Bouqras expliquaient eux aussi l'inexplicable, orientaient le destin des hommes, constituaient une puissance supra-humaine *a priori* compatissante vers laquelle chacun pouvait diriger ses espoirs et ses prières.

Ninmah emménagea dans l'habitation occupée jusque-là par Abda. On l'appelait la « maison du prêtre ». Elle jouxtait la « maison des dieux », le sanctuaire du village. Un passage direct existait entre les deux constructions.

Le petit temple n'était pas beaucoup plus grand que la maison de Ninmah, mais l'intérieur suscitait le sentiment religieux. Peu de lumière y pénétrait, juste ce qu'il fallait pour distinguer l'impressionnante statue adossée au mur du fond peint en rouge sombre. Elle représentait Aluna, avec ses hanches énormes et son ample poitrine. Elle enfantait, appuyée sur un siège dont les bras étaient de majestueux taureaux. C'était puissant, charnel, presque violent.

Au sol, devant elle, se trouvait le réceptacle sur lequel reposait l'œuf d'obsidienne autrefois détenu par Abda, à présent par elle. Sur les deux murs de part et d'autre, eux aussi rouges, étaient suspendus de nombreux crânes de taureaux. Ils étaient de tailles diverses, encore pourvus de leurs longues cornes, placés entre des peintures de personnages debout, raides, étranges.

Ninmah apprit que ces objets symboliques représentaient des dieux proches d'Aluna. Le sanctuaire renfermait également des vases polis soigneusement rangés, dont la prêtresse découvrit par la suite qu'ils étaient en calcaire, en marbre ou en albâtre.

Si la « maison des dieux » était de taille modeste, c'est qu'elle n'avait pas été conçue pour accueillir une foule de fidèles : seul le prêtre y avait accès lorsqu'il interrogeait les dieux et recevait leur réponse. Certains, peu nombreux, pouvaient l'accompagner pour des cérémonies particulières, comme les mariages ou les décès.

Ninmah, qui n'avait vécu que dans des groupes restreints de deux ou trois dizaines d'individus, comprit très vite la raison de ce système : Bouqras comptait près de six cents habitants. Aucune technique n'aurait permis de construire un bâtiment assez grand pour abriter une telle multitude. Le prêtre ne pouvait plus se faire l'interprète de chacun auprès des dieux : il était celui de tous. Depuis son petit sanctuaire, il ne s'adressait aux dieux qu'au nom de la communauté, et seulement pour des questions d'ordre général qui intéressaient tout le village.

Aussi les fidèles disposaient-ils d'un autre moyen pour solliciter les puissances d'en haut : chaque habitation comportait une pièce de dévotion, sorte d'annexe individuelle de la « maison des dieux ». Le même style de décoration s'y retrouvait, mais en plus simple. Chaque membre de la famille pouvait y prier à son gré ou demander tel ou tel infléchissement du destin. Les dieux donnaient suite ou non, mais ne répondaient jamais directement. Quand ils avaient un message à transmettre, c'est au prêtre qu'ils s'adressaient.

L'œuf d'obsidienne tenait un rôle particulier que sa dimension permettait. Dans le sanctuaire, où était sa place, il baignait dans l'atmosphère divine. Toute la religiosité du lieu se trouvait en lui, concentrée dans son petit volume. Toutefois, on pouvait l'emporter ailleurs ; et lorsque cela se présentait, on considérait que c'était la maison des dieux tout entière que l'on déplaçait. C'était un privilège du prêtre, personne d'autre n'y touchait. Grâce à l'œuf, il pouvait officier en tous lieux.

Ninmah réalisa que, sous une forme différente, il répondait à la même fonction que l'œuf de Nessar. Pour ce dernier aussi, il s'agissait d'un sanctuaire qu'il pouvait emporter. La différence, c'était que pour Nessar la communication avec les dieux ne s'instaurait qu'au travers du Grand Œuf noir. C'était plus compliqué. Elle préférait le système plus direct de Bouqras.

Pourtant, Barsip avait bien dit que le Grand Œuf noir existait. Qu'il fût lié par une relation magique aux autres œufs lui semblait une idée vraisemblable. Alors pourquoi en était-il autrement à Bouqras ? Au fil du temps, cette question la tenailla de plus en plus. Il fallait qu'elle comprenne ce qu'il en était. Une raison supplémentaire de vouloir trouver le Grand Œuf noir.

La taille de la population avait conduit à une nouvelle organisation de la pratique religieuse. Ninmah découvrit qu'il en était de même pour toute la vie de la communauté.

Dans le Peuple de la Grotte, son père Kish ne tenait le rôle de chef que d'une manière épisodique, lorsque le besoin s'en faisait sentir. Barsip, lui, exerçait cette fonction à plein temps. À Bouqras, on pratiquait de multiples activités, élevage, agriculture, chasse et cueillette, poterie, construction ou réparation de maison, peinture, sculpture et autres artisanats ; les problèmes ne manquaient pas. Il fallait aussi être prêt pour toute attaque éventuelle. Cela nécessitait organisation, choix, et Barsip était sollicité en permanence.

Pour être plus efficace, il avait institué le conseil, où chaque membre avait la responsabilité d'un domaine. Ce groupe de travail comptait neuf participants, plus Ninmah qui siégeait aux réunions. Son rôle était capital : il était rare qu'une décision de Barsip ne fût pas soumise à l'avis des dieux.

Ninmah était éblouie par cette civilisation. Par rapport au Peuple de la Grotte ou à la caravane, l'avancée était extraordinaire. Un jour, peu après son arrivée, elle demanda à Barsip comment tout cela s'était mis en place.

– Par la force des choses, lui expliqua Barsip. Cela a pris de nombreuses générations, à partir du moment où l'on a compris que l'agriculture assurait notre alimentation.

« D'après ce qu'on raconte, cela a commencé il y a longtemps, du temps de l'arrière-grand-père du grand-père de mon grand-père. C'est son épouse qui a pensé la première à ensemencer les champs en bordure de l'Euphrate ; lui-même a eu l'idée de s'installer sur les hauteurs pour se protéger des crues.

« À l'époque, ils devaient être beaucoup moins nombreux qu'aujourd'hui. Comme les cultures venaient bien, le groupe a décidé de rester. Ils ont commencé à construire quelques maisons, une par famille, plus confortables que les tentes qui leur servaient d'abri jusque-là. En ce temps-là, elles étaient rondes.

– Comment sais-tu tout ça ? C'est si loin.

– Les histoires se transmettent de génération en génération, les légendes, les contes, mais aussi les faits marquants. D'où Hiram tient-il le conte du Grand Œuf noir ? Sans doute d'un récit qui s'est transmis et qui est devenu une légende. J'imagine que, dans la caravane, il existe d'autres exemples de transmission, non ?

– Les caravaniers parlaient peu, mais les connaissances passaient des parents aux enfants, c'est vrai.

Elle n'évoqua pas le Peuple de la Grotte. Barsip ne l'avait jamais questionnée sur son passé et n'imaginait pas qu'elle était née ailleurs.

Il poursuivit sa description :

– La propriété (un mot que Ninmah n'avait compris que très récemment) naquit avec les maisons. Tant que les gens vivaient en communauté sous une tente, tout était partagé d'une manière naturelle. Tout changea avec les maisons : chacune entrait dans le patrimoine de la famille qui l'avait édifiée. Bien sûr, on s'entraidait pour la construction, mais dès le début on savait qui était le propriétaire.

« Une fois les habitants installés, tout ce que contenait l'habitation devenait domaine privé. De nouveaux problèmes apparurent quand il fallut décider à qui appartiendrait tel objet jusque-là utilisé par tous. Dans les premiers temps, ils se réglèrent sans trop de difficulté, car la communauté n'était pas nombreuse.

« Mais la situation évolua. Comme la nourriture ne manquait plus et qu'il y avait de l'espace disponible, les femmes purent avoir plus d'enfants. La population se mit à croître.

« Un jour, on attrapa un mouton qui piétinait les cultures. Il y avait assez à manger ; on ne le tua pas tout de suite. On l'enferma dans un enclos, pour s'en nourrir plus tard. Le hasard voulut que des marchands passent à ce moment-là. Lorsqu'ils virent l'animal, ils expliquèrent comment on pouvait utiliser sa laine. Eux-mêmes l'avaient appris dans un autre village. Le mouton fournissait à manger, mais aussi de quoi faire des tissus. Ainsi débuta ce type d'élevage, ainsi que l'activité de tissage.

– Ils ont réussi tout ça du premier coup ?

– Non, bien sûr. À ce qu'on dit, de nombreux moutons sont morts avant qu'on sache vraiment s'en occuper. Mais ils pullulent dans la région et il était facile d'en attraper d'autres. Il n'a pas fallu bien longtemps pour trouver comment les élever.

« Une ou deux générations plus tard, l'idée vint que ce qui se pratiquait pour les moutons pouvait se faire pour les chèvres. Elles étaient nombreuses, à l'état sauvage. Quelques-unes furent capturées et enfermées dans un enclos. Peu d'années passèrent avant qu'arrive le tour des bœufs, qui ne sont que des aurochs domestiqués. Les cochons, inconnus auparavant, furent achetés à d'autres marchands de passage. Selon ces derniers, ces animaux laids proviennent des sangliers.

« Avec tout ça, les réserves de vivres augmentaient et se diversifiaient.

– Quel intérêt d'accumuler tant de nourriture ?

– Le village s'était agrandi. Il y avait de plus en plus d'habitants et de maisons, bien plus que les doigts des deux mains. Tout le monde devait manger.

– Ça ne devait pas être simple de répartir les provisions.

Il avait déjà noté la capacité de Ninmah à identifier les problèmes et, une fois encore, il ressentit de l'admiration pour sa clairvoyance. Elle avait mis le doigt sur une difficulté essentielle.

– C'est vrai, dit-il. L'approvisionnement et le stockage de la nourriture ne se géraient plus au jour le jour. Il fallait prévoir les besoins de tous, imaginer une organisation, un système de partage. Les complications qui en découlaient ne pouvaient plus se régler à l'amiable. Le chef du village, un de mes ancêtres, dut nommer un responsable des répartitions. Il se révéla malhonnête : il attribuait une part plus grande à certains qui en contrepartie lui offraient une partie de l'excédent. Lorsqu'il fut découvert, on lui ôta la vie ainsi qu'à ses complices. Depuis, ceux qui s'occupent des partages savent ce qu'ils risquent, et les autres également.

« Bref, l'accroissement de la population et l'avènement de la propriété firent apparaître beaucoup de difficultés inconnues jusque-là. Il fallut inventer des règles de conduite que chacun devait suivre. Il appartenait au chef du village et au prêtre de s'assurer que la loi (encore un mot nouveau pour Ninmah) était respectée, et de punir avec plus ou moins de sévérité ceux qui la transgressaient.

« Avec tout ça, nous avons atteint un développement qui nous permet de mieux vivre. Mais nous avons perdu la simplicité naturelle que tu as connue dans la caravane. Nous avons dû imaginer et mettre en place une organisation plus complexe, définir ses règles de fonctionnement et garantir leur respect par les habitants. Parfois, nous regrettons l'époque où nous étions plus proches de la nature. Mais, même si nous le voulions, nous ne pourrions pas retourner en arrière : nous nous sommes habitués à une vie meilleure.

Ninmah se souvenait du Peuple de la Grotte, de sa vie sans soucis. « Les gens de Bouqras n'ont pas entièrement tort de regretter une existence idyllique », se disait-elle, oublieuse de ses désirs de voyage. Toutefois, elle ne pouvait chasser de son esprit l'extermination de ses proches. Bouqras était bien moins vulnérable.

– Le peuple de Bouqras est très entreprenant, dit-elle.

– Je ne sais pas. Tout s'est construit petit à petit, le plus souvent sous la contrainte des événements. Mes ancêtres n'imaginaient pas où ils s'engageaient lorsqu'ils ont inventé l'agriculture. Les maisons sont venues, avec des problèmes qui nous ont forcés à trouver des solutions. Puis les solutions ont fait surgir de nouveaux problèmes qui ont donné lieu à d'autres solutions, et ainsi de suite.

– Penses-tu que le développement se poursuivra ?

– À mon avis, c'est inévitable. La population ne cesse de croître et, depuis le début, c'est ce qui nous oblige à évoluer. Et il n'y a pas de raison de limiter cette expansion, nous savons créer les ressources.

Une autre fois, Ninmah lui demanda pourquoi les maisons n'étaient plus circulaires, mais rectangulaires (elle disait « rondes » et « droites »).

– C'est un autre effet d'une population de plus en plus nombreuse : les maisons rondes occupent plus de terrain et notre escarpement n'est pas si grand. Si elles sont droites, il est facile de les placer les unes à côté des autres. De plus, on s'est aperçu qu'avec cette forme apparaissaient des rues et des places qui donnent au village un aspect qui nous plaît beaucoup.

Les jours passaient. Ninmah aimait cette civilisation, ce village, ces gens. Elle observait, écoutait, enregistrait. Elle éprouvait une grande satisfaction à découvrir cette modernité. Elle s'adapta rapidement. Avec l'aide de Barsip, elle assimila en peu de temps les éléments de la religion. Tous apprécièrent qu'elle n'en modifie pas les rites. Son bon sens, sa clarté de jugement et sa droiture furent très vite reconnus. Elle fut admise sans réserve dans son rôle de prêtresse.

Sa grossesse avançait et elle était souvent fatiguée. Elle prit ce prétexte pour créer une nouvelle fonction dans le village : assistant du prêtre. Il la déchargerait de ce qu'elle ne pouvait faire. Et aussi de ce qu'elle ne voulait pas faire.

Il en fut ainsi pour le décollement. À Bouqras, les pièces de dévotion comportaient toutes des banquettes d'argile utilisées comme sépulture : les morts de la famille étaient déposés dedans. Toutefois, avant qu'ils ne soient placés dans leur tombe, la tête était séparée du corps. Les crânes étaient le plus souvent accrochés au mur et servaient dans les rituels. Le décollement se pratiquait dans la maison des dieux, en présence des membres de la famille. Elle incombait au prêtre.

Ninmah détestait ce rite mortuaire. Elle se souvenait de celui du Peuple de la Grotte, tellement plus humain et chaleureux. Pourtant, elle ne pouvait modifier cette tradition si pleine de sens pour les habitants de Bouqras. Elle la trouvait sinistre, mais elle comprenait que les gens puissent aimer se recueillir devant le crâne d'un être cher. Cela établissait un contact concret entre vivants et morts. Elle se contenta d'apporter un changement à la procédure : le prêtre dirigeait toujours la cérémonie, mais l'opération elle-même échut à l'assistant.

Elle nomma à cette fonction un cousin d'Abda qui s'appelait Nemrik. Il lui paraissait de bonne politique que la nouvelle charge fût assumée par un proche parent du prêtre mort.

Nemrik était un grand jeune homme élancé de dix-neuf ans, encore célibataire. Elle le trouvait assez beau, intelligent, d'une rigueur morale sans raideur, plutôt réservé. De son point de vue, c'était l'assistant parfait. Elle le logea dans une petite dépendance de sa maison.

Au bout de deux semaines, elle comprit qu'elle avait bien choisi. Nemrik avait assimilé ce qu'il fallait pour remplir ses fonctions au mieux. De plus, il montrait une extrême gentillesse, de la courtoisie. Il était toujours prêt à apporter son aide. Comme il savait tout faire, Ninmah le sollicitait pour tous les menus problèmes quotidiens.

« Ce garçon est remarquable », se disait-elle.

Au bout d'un mois, elle se rendit compte qu'il lui plaisait. Quelque temps plus tard, elle réalisa que c'était réciproque. Il ne fallut pas longtemps pour qu'ils s'avouent leurs sentiments.

Un autre mois, et ils se marièrent. Comme elle célébrait elle-même les mariages avec l'aide de son assistant, on dut imaginer une cérémonie particulière. L'espace d'un instant, elle délégua sa fonction à Barsip, tout heureux d'officier.

Son enfant naquit quelque temps plus tard. C'était un garçon. À l'inverse de ce qui se pratiquait à Bouqras, elle refusa de lui attribuer tout de suite un nom définitif. Cette fois, elle reprendrait la coutume de son ancien peuple.

– Pour l'instant, je l'appellerai « enfant », dit-elle à Nemrik et Barsip réunis autour de sa couche. Quand sa personnalité se sera affirmée, nous lui choisirons un nom dont la musique évoquera son tempérament.

Elle donna plusieurs exemples de noms et de caractères associés, sans citer le sien. C'était facile, il lui suffisait de se souvenir du temps d'avant la caravane. Ils trouvèrent l'idée extraordinaire. Un peu du Peuple de la Grotte entrait à Bouqras.

– C'est ce qui se faisait dans la caravane ? demanda Barsip.

– Non, répondit Ninmah sans plus de précision.

Personne à Bouqras ne sut jamais qu'elle était née dans un autre peuple que la caravane. Elle garda toujours le secret. Ce passé lui appartenait. Sans pouvoir en préciser la raison, elle sentait qu'il aurait été impudique d'en parler.

Elle assumait tous les aspects de sa fonction de prêtresse avec sincérité. Comme les autres, elle se considérait inspirée par les dieux. Pour elle, ils constituaient une forme supérieure des esprits adaptée à la civilisation de Bouqras. C'est à eux qu'elle attribuait son intelligence, son discernement, son bon sens pratique.

Lorsqu'elle était consultée sur un problème, elle se concentrait dans la « maison des dieux » et elle pensait que les idées qui naissaient dans sa tête lui étaient envoyées par eux. Si elle s'aidait de l'œuf et que les réponses lui venaient à l'esprit après examen des mystérieuses transparences, c'était encore eux qui s'exprimaient.

Jamais elle n'eut l'impression d'abuser de la crédulité du peuple de Bouqras. Jamais même cette pensée ne l'effleura. Pour elle comme pour les autres, la justesse de ses raisonnements, la précision et la cohérence de ses décisions confirmaient l'influence divine. Cette foi transparaissait dans le moindre de ses gestes et rayonnait sur les villageois. On lui faisait une confiance absolue.

Il arriva que certaines prévisions se révèlent erronées ou des choix inopportuns. Nul ne songea à lui en faire reproche. Elle-même n'en ressentit aucune culpabilité. Les dieux avaient sciemment envoyé ces mauvais messages : ils avaient été offensés. Il fallait en trouver la raison et y porter remède. Elle sut toujours le faire.

Adaptation

L'automne était venu, puis l'hiver, le printemps, et de nouveau l'été, qui approchait de sa fin. À présent, Ninmah avait quinze ans.

Elle s'était bien intégrée à la communauté de Bouqras. Barsip lui avait expliqué beaucoup de choses, elle en avait compris d'autres par elle-même. Elle parlait, elle regardait, elle écoutait et elle enregistrait.

Elle découvrit vite ce en quoi ces villageois étaient très différents du Peuple de la Grotte.

Chez ces derniers, il y avait un bonheur de vivre calme, serein et surtout stable et uniforme. La vie telle qu'elle était suffisait, on n'éprouvait pas le besoin d'y changer quoi que ce fût. Hélas, il fallait bien le reconnaître, cette sérénité tranquille qui allait de pair avec une certaine mollesse avait été la cause de leur anéantissement.

À Bouqras, rien de tel. Les gens se sentaient heureux eux aussi, mais moins paisibles. Il s'agissait d'un bonheur plus conquérant. Ils étaient actifs, dynamiques. Ils prenaient plaisir à bâtir leurs maisons. Ils étaient fiers de leurs champs. Certes, ils travaillaient dur et s'en plaignaient souvent. Ce n'était pourtant qu'une manière d'être, elle en était convaincue. Peu d'entre eux se seraient plu longtemps dans le Peuple de la Grotte, maintenant qu'ils avaient connu cette civilisation avancée.

C'était la naissance de la modernité. Ses vrais problèmes n'étaient pas encore apparus.

Un point l'avait vite frappée : ils considéraient que devenir de plus en plus nombreux était un bienfait. L'inverse de ce que pensait le Peuple de la Grotte. Et c'est justement cela qui avait tout changé.

En effet, dans un petit peuple d'une vingtaine de personnes, chaque individu devait savoir faire tout ce qui était nécessaire pour vivre, les hommes dans leur domaine, les femmes dans le leur. La spécialisation était exclue, car il n'y avait pas assez de monde pour cela.

Dans un village de six cents âmes, rien de tel. Il pouvait y avoir des fabricants de briques, des agriculteurs, des tisserands, des potiers, etc. Celui qui ne faisait que des briques avait tout loisir de maîtriser sa technique et de la perfectionner. C'est exactement ce qui s'était passé. De nombreuses améliorations, voire des inventions étaient apparues. Et ces nouveautés rendaient la croissance de la population viable. C'est ainsi que la houe à elle seule avait permis une augmentation de la productivité des champs qui éliminait la plupart des problèmes de ressources alimentaires.

Les gens de Bouqras ne l'avaient certainement pas prévu, mais leur démographie avait conduit à un résultat inattendu : le grand nombre d'habitants entraînait la naissance de la modernité. On pouvait apprécier ou non, mais une conséquence en était qu'à l'opposé du Peuple de la Grotte, cette société n'avait rien à craindre de bandes ou de groupes comme celui de Halaf. Ça n'était pas rien.

Ninmah aimait cette civilisation. Sa vie à Bouqras lui donnait pleine satisfaction. Elle se plaisait dans ce peuple entreprenant et évolué, elle avait de l'affection pour lui.

Ses rapports avec Nemrik étaient satisfaisants, à tous points de vue. C'était une union calme et sans problème. Il n'y avait pas de passion, simplement un accord très harmonieux. Elle avait du caractère, mais il l'acceptait volontiers. Leurs rôles respectifs étaient bien définis et chacun s'y tenait. À eux deux, ils remplissaient parfaitement la fonction de prêtre. Ninmah dirigeait et Nemrik prenait en charge tous les détails pratiques.

Ce garçon doux aimait beaucoup le fils de Ninmah, qui avait à présent un nom : Ohan. Il jouait avec lui, en prenait soin avec gentillesse. Le gamin était d'une gourmandise effarante, ce qui avait conduit au choix de son nom. Le « o » suggérait la moue avec la bouche en « o » qu'il faisait face à la nourriture, et le « han » exprimait la conviction qu'il mettait à mordre dedans.

Aucun autre enfant n'était encore né de leur union, malgré les rapports fréquents qu'ils avaient. Ninmah n'en éprouvait pas le besoin, Ohan lui suffisait. Nemrik était très discret et personne n'aurait pu dire qu'il le regrettait.

Ninmah participait au conseil du village. Sans que cela fût explicite, sa position était différente de celle des autres conseillers. Ni supérieure ni inférieure, simplement autre. Chacun donnait son opinion sur son domaine, Ninmah s'exprimait sur tout. Barsip et elle avaient tout de suite trouvé la manière de coopérer. Lui seul décidait, mais il n'hésitait jamais à recourir aux avis de Ninmah.

Bien entendu, il sollicitait par son intermédiaire l'appréciation des dieux. Ninmah le poussait souvent dans ses derniers retranchements pour que les questions à poser soient claires. En contrepartie, elle lui fournissait des réponses précises qui lui permettaient de prendre ses décisions. Barsip était très satisfait de sa manière de faire, il l'admirait sans réserve.

Mais il ne faisait pas appel qu'à la prêtresse. D'autres fois, il s'adressait au bon sens de la femme. Les autres conseillers donnaient leur opinion de spécialistes et Ninmah aidait Barsip à juger de leur réalisme.

Cette équipe fonctionnait à la perfection et Bouqras prospérait. Le village se développait, car il continuait à y avoir plus de naissances que de décès. La mortalité infantile était assez élevée, mais les couples procréaient bien plus que ce que Ninmah avait connu auparavant. Comme les ressources naturelles semblaient illimitées, il était inutile de brider la fécondité des femmes.

La jeune prêtresse avait voulu diminuer les morts de nourrissons par maladie. Elle avait tenté de mettre à profit son savoir de guérisseuse et y avait consacré beaucoup de temps et d'énergie. Hélas, la région ne bénéficiait pas de l'environnement végétal du Zagros. Les plantes utiles manquaient, il y en avait peu d'autres pour les remplacer. Elle ne put faire mieux que les femmes du village. À regret, elle renonça.

Malgré son activité intense, elle n'avait jamais oublié le Grand Œuf noir. Cependant, depuis son arrivée à Bouqras, sa vie avait été bien remplie et elle avait eu d'autres préoccupations. Maintenant que son intégration était réalisée, elle se trouvait toujours aussi occupée, mais son rythme se normalisait. Depuis quelque temps, elle sentait que l'envie de partir à la recherche de l'Œuf revenait.

Ce désir ne lui paraissait pas incompatible avec sa fonction : c'étaient les dieux qui lui inspiraient ce besoin, pour une raison qui leur appartenait. Tant qu'il s'était agi d'une attirance modérée, le projet pouvait s'envisager comme une éventualité lointaine : ce n'était pas une priorité pour les dieux. À présent, elle y songeait de plus en plus fort.

Elle s'en ouvrit à Nemrik.

– À mon avis, répondit-il, tu devrais encore attendre. Si les dieux avaient pris une décision définitive, tu ne serais pas dans le doute.

Puis elle en parla à Barsip. Il n'aima pas la nouvelle. La mémoire du peuple de Bouqras conservait le souvenir d'expéditions vers ce même objectif. Elles avaient toujours très mal tourné. Personne n'en était jamais revenu, sauf un groupe qui, il y a bien longtemps, avait rapporté le petit œuf. Hélas, les détails de son itinéraire s'étaient perdus dans la nuit des temps.

Un mystère épais entourait le sort de ces aventuriers. Les seuls indices disponibles provenaient de marchands qui, au fil des ans, avaient mentionné leur passage à tel ou tel endroit. Rien de plus.

C'étaient tout de même quelques jalons, estimait la jeune prêtresse.

– Ninmah, lui dit Barsip un jour où elle avait de nouveau abordé le sujet, si les dieux te poussent dans cette aventure, nous n'y pouvons rien, tu dois partir. Mais ce serait tout à fait regrettable pour Bouqras, nous avons tous besoin de toi. Si tu veux mon opinion, la voilà : tant que tu peux résister à ce désir de découverte, il ne faut pas bouger. Si les dieux souhaitent que tu ailles à la recherche de l'œuf, ils ne te laisseront plus le choix.

Nemrik n'avait rien dit d'autre.

Ninmah décida de patienter.

L'année suivante fut marquée par un événement grave qui arriva vers le milieu de l'été. Lors d'un conseil, il était apparu que la clôture qui entourait l'enclos des bœufs était détériorée en plusieurs endroits.

– Pourquoi ne la répare-t-on pas ? demanda Barsip au conseiller responsable.

– On l'a déjà réparée à plusieurs reprises, mais on la retrouve toujours abîmée.

– Comment expliques-tu ça ?

– Je pense que l'un des taureaux est pris de temps à autre d'une sorte de rage et qu'il fonce dans la clôture.

– Il est malade ?

– Je ne sais pas.

– Nous ferons un tour là-bas dans l'après-midi.

Ils se rendirent à l'enclos un peu plus tard. Barsip remarqua tout de suite que le troupeau se tenait regroupé dans un coin. À l'autre bout trônait un taureau noir, solitaire.

– Il a l'air de leur faire peur, observa Barsip.

– Oui, c'est bizarre.

– Allons voir s'il a un problème.

Ils franchirent la clôture et se dirigèrent vers le puissant animal. Barsip marchait en tête de son pas décidé, suivi de son conseiller. Ce dernier lui dit quelques mots, mais Barsip n'entendit pas.

– Comment ? dit le chef du village en se retournant.

– Le… Attention ! hurla le responsable de l'enclos.

Il sauta de côté. Barsip n'eut que le temps de regarder d'où venait le bruit de cavalcade : le taureau chargeait de toute sa puissance. Il bondit lui aussi de côté pour esquiver l'assaut.

C'étaient quelques centièmes de seconde trop tard. Il évita d'être encorné, mais fut violemment percuté par la lourde bête. On entendit le choc sourd. Le chef du village fut projeté à plusieurs mètres et tomba lourdement sur sa jambe droite, inconscient.

Tout le monde se précipita. Le chef n'était qu'étourdi et reprit vite conscience. Mais lorsqu'il voulut se mettre debout, une douleur terrible le foudroya et il retomba, le visage crispé, les dents serrées. Il se tenait la jambe à deux mains. Elle était brisée en plusieurs endroits.

Malgré les soins qui lui furent prodigués, il lui fallut plus de trois mois pour se remettre. L'os se ressouda, mais sans doute dans une mauvaise position car sa marche ne redevint jamais normale. Il boita jusqu'à la fin de ses jours.

Il avait alors vingt-huit ans. Cette mésaventure le vieillit considérablement. Son esprit restait alerte, mais il n'avait plus cette mobilité qui le rendait omniprésent. Son dynamisme était passé. Il s'en rendait compte et se dit un jour qu'il devrait songer à désigner un successeur qu'il puisse préparer. Il choisirait un garçon aussi vif et dynamique qu'il l'était autrefois. Peut-être le frère aîné de Nemrik, Almek, âgé de vingt-deux ans.

Il demanda son avis à Ninmah. Elle ne consulta pas les dieux mais répondit avec son bon sens :

– C'est vrai, dit-elle, tu es moins actif que par le passé, mais ta tête fonctionne toujours aussi bien. Alors pourquoi priver Bouqras de tes capacités ? Le plus raisonnable serait que tu prennes un second. Il te remplacera dans ce que tu ne peux plus faire, te tiendras informé de tout, mais c'est toi qui continueras à décider. En même temps, ça le préparera à te succéder. Mais pour l'instant, ne parle pas de ta succession.

Il était ravi.

– Tu as peut-être raison, dit-il. Au fait, que penses-tu d'Almek pour cette fonction d'assistant ?

– Tu peux le nommer, il est très bien.

Il en fut ainsi. Almek devint l'adjoint de Barsip.

La vie reprit son cours normal avec cette nouvelle organisation qui s'avéra tout de suite efficace.

L'Euphrate avait eu une crue dans la moyenne, juste ce qu'il fallait pour déposer le riche limon. Les cultures prospéraient, le bétail aussi. La population croissait régulièrement. Le village compta bientôt deux maisons de plus, une troisième était en construction.

Ohan semblait passionné par la fabrication des briques qui intervenait à cette saison, après la moisson, alors qu'il y avait de la paille et que le risque de pluie était à peu près nul. Les ouvriers mêlaient de la paille à l'argile pour éviter les fissures lors du séchage. Puis le matériau était pressé dans des moules rectangulaires et mis à sécher au soleil pendant plusieurs semaines.

Cette année-là, aucune caravane ne passa. L'année suivante, lorsque Ninmah eut atteint ses dix-sept ans, il y en eut deux.

La première venait du sud. Elle remontait l'Euphrate pour aller plus au nord. Elle voulut faire étape à Bouqras et dépêcha un émissaire à cet effet. La jambe de Barsip le faisait sans cesse souffrir et cela retentissait sur son caractère. Il était devenu moins accueillant que par le passé. Il reçut l'envoyé de la caravane d'une manière peu amène.

– Avez-vous des marchandises intéressantes ? lui demanda-t-il.

– Bien sûr. Tu peux d'ailleurs envoyer l'un de tes conseillers pour qu'on lui montre.

Il expédia Almek pour vérifier.

– Ils n'ont rien qui puisse nous intéresser, déclara-t-il lorsqu'il fut revenu.

– Alors fais-leur savoir que nous ne pouvons les accueillir car nous sommes en pleine moisson.

– N'est-ce pas un peu brutal ? demanda Ninmah. On pourrait mettre l'enclos derrière les moutons à leur disposition pour une nuit. Ça leur ferait plaisir et ça ne nous gênerait pas.

– Oui, c'est vrai, répondit-il en maugréant. Va leur dire ça, Almek, et sois aimable avec eux.

La deuxième caravane suivait le chemin inverse de la première. Elle arriva environ deux mois après elle. En fait, elle l'avait croisée et avait été prévenue du type d'accueil auquel il fallait s'attendre à Bouqras. Le chef du village ne se dérangeait même pas pour saluer ses visiteurs ! Les caravaniers furent agréablement surpris, car cette fois Barsip était mieux disposé et il les reçut avec cordialité.

Ils voulurent ouvrir le marché le jour même. Hélas, il s'avéra qu'ils ne proposaient pas non plus de marchandises intéressantes pour Bouqras. En revanche, ils avaient un conteur et, à Bouqras comme ailleurs, on adorait ça.

Le soir, Barsip organisa un repas pour ses visiteurs. Ninmah leur demanda s'ils avaient rencontré quelque part Halaf et les siens, cette caravane avec des ânes. Non, ils ne les avaient pas vus. D'ailleurs, ils ignoraient ce qu'étaient des ânes.

Après le repas, on passa au conte. La soirée était belle et on s'était installé dans un enclos qui pouvait accueillir un grand nombre de personnes. Tout le monde regardait le diseur d'histoires qui se préparait. Au physique, il était à l'opposé du minuscule Hiram : un corps énorme et ventripotent, une chevelure abondante qui ruisselait sur ses épaules, un visage rond et poupin. Malgré son volume, il n'impressionnait pas. Il était trop rondouillard.

Toutefois, lorsqu'il prit la parole, tout le monde fut saisi par son beau timbre grave.

La voix était prenante, mais l'orateur n'avait pas le talent de Hiram. Ninmah écouta le conte d'une oreille distraite. Il y était question de l'inimitié de l'aigle et du serpent. Ils se détestaient car tous deux revendiquaient la vie éternelle. Le serpent se renouvelait en changeant sa peau régulièrement, l'aigle perdait ses plumes et d'autres repoussaient. Il y avait quantité d'épisodes où les héros s'alliaient ou s'affrontaient de mille manières.

Seul le dernier retint l'attention de la prêtresse. Après que l'aigle eut dévoré les enfants du serpent, ce dernier voulut se venger. Il monta jusqu'au nid du roi des oiseaux pour avaler ses œufs. Une surprise de taille l'attendait : sa visite avait été prévue, et l'aigle avait pondu un œuf si énorme qu'aucun serpent n'aurait pu ouvrir sa gueule assez grand pour le manger.

– Cet œuf n'était pas ordinaire, dit le conteur. Il était fait d'obsidienne noire. Même s'il n'avait pas été aussi gros, les mystérieux mouvements qui s'agitaient à l'intérieur auraient effrayé les plus courageux. Tout cela se passait au cœur des montagnes, par-delà les déserts, les plaines et les cols, quelque part dans cette direction (il montrait du doigt le nord-ouest de l'Euphrate.) Le serpent ne put assouvir sa vengeance et il mourut de rage. Et telle est mon histoire.

Le conte plut, malgré le conteur. Bien sûr, tout le monde avait noté la nouvelle apparition de l'œuf d'obsidienne. Comme Barsip l'avait dit, cela s'était déjà produit sous des formes différentes lors de la venue d'autres caravanes. Personne n'en fut vraiment étonné, sauf Ninmah qui n'avait pas vécu les expériences précédentes.

« Pourquoi cette nouvelle réapparition de l'Œuf, et pourquoi maintenant ? » se demanda-t-elle.

En vérité, elle connaissait la réponse. Mais il fallait y réfléchir encore.

La soirée était terminée et l'assemblée se dispersa. La caravane quitta Bouqras le lendemain.

Préparatifs

Depuis près de deux années, Ninmah n'avait plus évoqué ses velléités de voyage. Elle avait décidé de patienter, alors elle patientait. Nemrik n'y songeait plus et Barsip croyait qu'elle avait renoncé à cette aventure.

C'était mal la connaître. Elle ne pouvait abandonner un projet auquel elle pensait depuis si longtemps. Elle attendait simplement un signe des dieux.

Avec ce conte de l'aigle et du serpent où le conteur avait été si précis sur la direction où se trouvait l'Œuf, elle considérait qu'ils s'étaient manifestés. À ses yeux, l'heure était venue.

Du jour au lendemain, le Grand Œuf noir ne quitta plus ses pensées. Il fallait qu'elle aille à sa recherche, qu'elle le découvre et qu'elle le rapporte. C'était devenu une obsession. Elle continuait à vaquer à ses occupations mais ne songeait qu'à lui. À plusieurs reprises, elle fit preuve d'une distraction inhabituelle. Nemrik fut le premier à le noter :

– Tu es fatiguée ? s'inquiéta-t-il.

Elle lui expliqua ce qui se passait.

– Si les dieux te demandent de trouver l'Oeuf, qu'attends-tu ? Il ne faut pas les indisposer.

Il aimait beaucoup Ninmah, et lui conseiller de s'en aller à l'aventure lui avait coûté. Elle s'en aperçut, mais se contenta de répondre directement à la question posée :

– Je veux être sûre de leurs volontés, dit-elle. Je patiente encore un peu pour voir si mon désir de voyage persiste.

Elle s'imposa quelques jours de délai.

Pas de doute, son besoin de partir perdurait. Elle en rêvait la nuit, elle y pensait toute la journée.

Elle décida qu'il était temps de passer à l'acte.

Elle demanda une réunion spéciale du conseil et fit part de ses intentions. Barsip n'était pas content, mais c'était une décision des dieux. Contre cela, il n'y avait rien à dire. Elle leur fit savoir qu'elle comptait partir le plus tôt possible. Il fallait organiser une expédition dès maintenant et préparer son remplacement.

– Les dieux ont-ils précisé ce qu'ils attendent exactement de toi ? demanda Barsip. Aller à la recherche de l'œuf, d'accord. Mais après ?

– Ils ne m'ont transmis que le désir intense de rechercher l'Œuf. Sans doute m'enverront-ils un autre message lorsque je l'aurai trouvé.

Il digéra cette réponse qui ne le satisfaisait qu'à moitié. Puis il reprit :

– C'est ton assistant qui officiera pendant ton absence ?

– C'était ma première idée. Mais après réflexion, j'ai changé d'avis. Je ne peux pas me lancer seule dans cette aventure, Nemrik doit m'accompagner. Et peut-être d'autres aussi. De toute façon, je dois attendre encore un mois que la crue se soit suffisamment résorbée. Je vais en profiter pour tout mettre au point. Il y a de nombreuses questions à régler.

« Tout d'abord, puisque Nemrik part avec moi, je dois trouver un autre remplaçant. Il faut faire vite pour qu'il puisse être formé d'ici mon départ. Ensuite, je dois réfléchir à l'expédition : dans quelle direction m'engager, qui sera du voyage outre Nemrik, quel équipement emporter, autant de décisions à prendre.

Nemrik fut rempli de joie lorsqu'il apprit qu'il accompagnait sa femme. Ninmah s'en rendit compte, mais ne fit pas de commentaire. Ils se mirent d'accord pour confier le petit Ohan à une sœur d'Almek que Ninmah aimait beaucoup. Elle accepta bien volontiers. Elle avait déjà deux enfants, un troisième lui donnerait peu de travail en plus.

Cette question réglée, Ninmah s'occupa de son remplacement. Elle voulut nommer Almek pour ce travail. Selon elle, il était assez dynamique pour assurer cette fonction en plus de son rôle d'adjoint à Barsip. Cette responsabilité supplémentaire le préparerait encore mieux à devenir le chef du village : il serait au fait de tous les problèmes et partie prenante dans toutes les décisions.

Pour la première fois, Barsip s'opposa fermement à une demande de Ninmah :

– C'est vrai, il pourrait te suppléer. Malheureusement, j'ai besoin de lui à plein temps.

– Il me semblait que malgré ses charges il lui restait du temps libre.

– Oui, c'est le cas pour l'instant. Mais cela changera quand tu ne seras plus là.

Elle n'insista pas. Elle nomma un ami de Nemrik que ce dernier lui avait suggéré et qui convenait à Barsip. Elle se chargea de le présenter aux dieux. Elle sut qu'ils étaient satisfaits et confia sa formation à Nemrik.

Les trois ou quatre semaines qui suivirent furent consacrées à la préparation et à la mise au point du voyage lui-même. Ninmah, Barsip et Nemrik se réunirent souvent à cet effet.

Les premières discussions portèrent sur la destination et l'itinéraire pour y parvenir. Ninmah interrogea longuement Barsip sur les expéditions passées. Il fit de son mieux pour la renseigner. À plusieurs reprises, ils consultèrent des habitants du village dont des ancêtres étaient partis à la conquête de l'œuf.

À force de rassembler des bribes de renseignements chez les uns et les autres, une idée générale du trajet finit par émerger. Toutefois, il était clair que cela ne suffisait pas, ils devraient glaner d'autres informations en route.

La première partie du voyage ne prêtait pas à contestation : il fallait gagner la montagne ; pas le Zagros, d'où Ninmah venait, mais les monts du Taurus, au sud de la Turquie d'aujourd'hui.

L'itinéraire à suivre était simple. Le groupe partirait vers le nord-ouest en remontant le long de l'Euphrate, comme la caravane de Halaf. Les récits des expéditions passées préconisaient tous un tel choix, d'ailleurs confirmé par les derniers visiteurs. Ninmah avait interrogé les dieux qui semblaient approuver. Les marcheurs suivraient la rive droite du fleuve jusqu'à l'endroit où il obliquait vers le nord-est, en direction de la montagne d'où il venait. À cet endroit, ils quitteraient les bords de l'Euphrate et poursuivraient vers l'ouest.

C'est là que la zone d'incertitude débutait. Il faudrait aviser à ce moment-là, ou au plus tard lorsqu'ils atteindraient les premiers reliefs.

Le point suivant concernait la composition de l'expédition. Ninmah expliqua qu'elle souhaitait une équipe réduite pour bénéficier de la plus grande mobilité possible, mais suffisamment nombreuse pour voyager dans des conditions de sécurité raisonnables.

– Si tu emmènes trop de participants, il y aura des charges à transporter, dit Barsip qui ne voulait pas voir partir trop de monde.

– Il ne faut prendre que le nécessaire pour se nourrir en route et se défendre, répondit Ninmah. Des armes et des accessoires de remplacement comme des pointes en obsidienne et autres, du silex pour faire du feu, du matériel pour les pièges et la pêche, et des réserves de viande séchée pour les régions où l'on ne trouvera rien à manger. Plus quelques plantes pour soigner tous les maux provoqués par des marches longues et rapides, et aussi les blessures et les accidents possibles. Rien de plus.

– Tu risques de rencontrer des peuples avec lesquels il te faudra faire des échanges ou auxquels tu devras offrir des petits cadeaux. Tu auras aussi besoin de marchandises pour ça.

– Tu as raison.

Compte tenu de ces impératifs, Ninmah estima que, outre Nemrik, l'équipe devrait comprendre quatre hommes (elle brandit quatre doigts de sa main droite). C'était un minimum, selon elle.

Pour la deuxième fois, il y eut désaccord entre Ninmah et Barsip. Ce dernier souffrait de plus en plus de sa jambe, il vieillissait et son humeur s'en ressentait. Le ton monta :

– Que tu emmènes Nemrik, je peux l'admettre. Mais priver le village de quatre autres jeunes en plus de ton mari, je ne peux pas l'accepter ! (Il eut un geste véhément du bras pour renforcer son opposition.) Il y a trop à faire à Bouqras ! C'est hors de question ! Change ton organisation, je ne céderai pas à ce caprice.

– Barsip, pourquoi t'énerver ? répondit Ninmah calmement. Ce n'est pas dans tes habitudes. Je te demande simplement de considérer que je ne me lance pas dans ce voyage à la légère. J'ai écouté tes conseils, j'ai patienté très longtemps, le temps pour le Grand Fleuve de déborder deux fois. À présent, les dieux m'ordonnent de partir, je dois le faire.

– Ils ne disent pas que tu dois dépouiller Bouqras de ses forces vives.

– Je pourrais te répondre que moi seule sais ce qu'ils exigent et que j'agis en conséquence. Ils ne m'ont pas cité le nom de quatre jeunes d'une manière explicite, c'est vrai. En revanche, ils attendent de moi que je fasse tout le nécessaire pour que l'expédition soit couronnée de succès. Et pour cela je dois emmener quatre hommes jeunes. Il n'y a aucun caprice là-dedans.

Ils discutèrent longtemps. Ninmah était aussi têtue que les ânes de Halaf. Comme elle était habile, personne ne s'en était encore aperçu, sauf Nemrik dont Barsip remarqua le sourire en coin.

Cependant Barsip était tenace, lui aussi. Il était le chef du village, les problèmes d'affectation relevaient de son autorité, il n'en démordait pas.

Ils étaient aussi obstinés l'un que l'autre, mais comprenaient tous deux qu'il fallait trouver une solution. Ils finirent par transiger : Barsip ne cédait pas sur le nombre d'hommes qu'il avait arrêté à deux en sus de Nemrik, mais c'est Ninmah qui les choisirait. Elle avait accepté ce marché, car elle s'était dit que deux personnes de qualité seraient aussi utiles que quatre individus ordinaires.

Ils décidèrent de fixer le départ au milieu de l'automne. Ce serait une bonne période : l'Euphrate serait au plus bas, donc pas de risque de crue, le soleil se montrerait moins brûlant, les journées seraient encore assez longues. Et, avec de la chance, il pleuvrait un peu.

Durant toute cette période, les habitants de Bouqras ne furent pas tenus à l'écart du projet. Cela aurait d'ailleurs été impossible. Il avait fallu faire appel à plusieurs d'entre eux pour obtenir des informations historiques et on avait dû leur en expliquer la raison. Et, de toute façon, Barsip et Ninmah n'avaient rien à cacher.

Néanmoins, habitués à diriger le village sans partage, ils n'avaient pas non plus cherché à informer dans le détail.

Au début, quelques sceptiques laissèrent entendre que Barsip avait des ambitions secrètes. Depuis son accident, il était devenu bizarre, disaient-ils. Ce n'était plus le même homme. Autrefois, il était clair et net dans ses intentions. Maintenant, on ne savait plus à quoi s'en tenir avec lui. Il était renfermé, irascible, et semblait ruminer des idées obscures. En réalité, l'opération que l'on décrivait en dissimulait une autre beaucoup plus importante et surtout bien plus risquée pour Bouqras et ses habitants, c'était certain.

Laquelle ? On l'ignorait, et c'est précisément cela qui inquiétait. On pensa un moment à s'ouvrir de la question auprès de Ninmah. Mais elle était trop proche de Barsip et trop impliquée dans le projet. Elle devait être partie prenante dans les visées cachées du chef. On ne lui dit rien.

La rumeur se propagea dans le village comme une traînée de poudre. On n'osait pas en parler ouvertement, puisque Barsip voulait conserver le secret sur ses intentions réelles. Malgré les séquelles de son accident, il était toujours le chef reconnu par tous et nul ne se serait permis ce genre de transgression.

Toutefois, le tumulte silencieux ne cessait de grandir. Bientôt, il enfla tellement que personne ne put l'ignorer. Il n'était question que de conquêtes d'autres villages, de razzias, d'importation d'esclaves et de femmes. Le bruit finit par arriver aux oreilles de Barsip. Il réunit le conseil.

– C'est quoi, ces idées bizarres ? demanda-t-il sur le ton ronchonneur qui était devenu le sien. Qu'est-ce qui leur prend ?

Les conseillers, dont plusieurs avaient contribué à la diffusion de la rumeur, n'osaient pas répondre. Seule Ninmah intervint :

– Ils ne sont informés de l'expédition que par le bouche à oreille, dit-elle et il y a toujours de mauvais esprits pour imaginer les histoires qui peuvent nuire au chef du village. Il n'y a qu'une solution si tu veux qu'ils se calment : il faut leur annoncer officiellement notre projet et leur donner toutes les précisions nécessaires pour qu'ils comprennent bien ce que nous allons faire.

Barsip reconnut le bien-fondé de cette analyse. Il décida de désamorcer tout de suite la bombe. Dès le lendemain, il réunit la totalité des six cents habitants du village, hommes, femmes et enfants dans un enclos assez grand pour accueillir tout le monde. Puis, dans le langage clair qu'on lui connaissait autrefois, il leur expliqua tout dans les moindres détails.

Il n'en fallait pas plus. Ils furent convaincus.

L'expédition devint alors le sujet de discussion principal. On en suivait les préparatifs avec passion. On en parlait le soir à la maison, on en débattait la journée lors des pauses ou lorsqu'on se rencontrait dans la rue ou dans les champs. Le Grand Œuf noir occupait toutes les pensées. On spéculait sur ses pouvoirs magiques, sur son poids ou sa taille, sur les chances que Ninmah avait de le découvrir et de le ramener, sur les dangers qu'elle risquait d'avoir à affronter.

Chacun y allait de son opinion. La plupart de ceux qui avaient lancé la mauvaise rumeur trouvaient toute cette affaire inutile. Selon eux, le village avait assez à s'occuper de son développement. Était-il raisonnable qu'il se prive d'une prêtresse qui apportait tant, pendant un laps de temps forcément long ? D'autres estimaient au contraire que la puissance de Bouqras permettait dorénavant la réalisation de projets ambitieux. Ninmah savait ce qu'elle faisait, elle était proche des dieux. Si elle jugeait qu'elle devait partir, c'est qu'il le fallait. Elle rapporterait le Grand Œuf noir et le prestige de leur cité en serait magnifié. Ils en étaient fiers d'avance.

La fièvre montait au fur et à mesure que la date du départ approchait. Le ton des conversations suivait la même progression. Une fois ou deux, certains en vinrent aux mains, quelques noms d'oiseaux furent lancés, mais ce ne fut jamais grave.

Enfin, le jour fatidique arriva. C'était le matin. Toute la population était réunie sur la place centrale du village, ceux qui étaient en faveur du voyage et ceux qui étaient contre, les hommes et les femmes, les jeunes et les vieux.

Tout était prêt. Au sol, les armes et les quatre sacs à dos en peau de mouton remplis de ce que l'expédition emportait, avec leur bandeau de transport que les marcheurs passeraient autour du front.

Ninmah fit un signe. Elle-même et ses trois compagnons saisirent les sacs et empoignèrent les armes. De longues acclamations jaillirent.

Ils saluèrent la population d'un geste de la main. Les habitants de Bouqras répondirent par des vœux de chance qu'ils crièrent dans un brouhaha. La petite équipe fit demi-tour, sortit du village et descendit le chemin en zigzag.

Puis elle partit le long de l'Euphrate, vers l'amont.

Ninmah emportait son œuf d'obsidienne avec elle.

En route

Peu après Bouqras, les quatre marcheurs constatèrent qu'il leur serait impossible de se maintenir en permanence en bordure de l'Euphrate : le plus souvent, il n'y avait pas de rive du côté du fleuve où ils cheminaient. L'Euphrate coulait en contrebas d'un plateau qui le dominait de quelques dizaines de mètres et qui plongeait dans l'eau par une pente abrupte. Ils auraient pu tenter de passer de l'autre côté où la configuration était différente, mais, après avoir consulté les dieux avec son œuf, Ninmah décida de ne pas traverser. Leur progression se fit donc sur le plateau. Ils ne descendaient au fleuve que pour boire ou se laver, aux endroits où la déclivité n'était pas trop importante.

Le terrain surélevé où ils marchaient était recouvert d'une steppe semi-aride qui rappelait à Ninmah la région qu'elle avait parcourue avec la caravane avant l'arrivée à Bouqras, trois ans auparavant. Toutefois, la température était beaucoup plus agréable. C'était l'automne. De plus, ils évoluaient à une altitude d'environ deux cents mètres. Elle croissait au fur et à mesure de leur progression, mais si doucement qu'ils ne s'en rendaient pas compte. La marche était aisée, car le sol était presque plat.

Il y avait quantité d'antilopes, des grandes et des petites comme les gazelles. Ils aperçurent des cochons sauvages et beaucoup d'oiseaux. Ils virent aussi quelques renards et des lièvres. Un jour, ils repérèrent au loin un groupe d'autruches. Ce furent les seules de tout le voyage.

Ninmah avait choisi avec soin les deux jeunes hommes qui l'accompagnaient en sus de Nemrik. Tous deux étaient d'excellents chasseurs. L'un, qui s'appelait Abdin, était très habile pour allumer le feu avec des silex. L'autre, Aziz, était le meilleur dans le village pour la pose des pièges. Comme Ninmah l'avait souhaité, ils avaient minimisé la charge à transporter et n'avaient emporté que quelques jours de vivres, essentiellement des bandes de viande séchée.

Ils eurent vite fait de trouver leur rythme de croisière. Ils marchaient toute la journée d'un bon pas, rapide mais sans excès. Ils faisaient une pause à la mi-journée pour manger légèrement, puis repartaient. Ninmah était attentive à ce que tout le monde reste en forme.

Le soir, ils s'arrêtaient peu après le coucher du soleil. Aziz allait poser des pièges lorsqu'ils voulaient renouveler leurs provisions.

Pour les oiseaux, il utilisait une pierre plate et lourde qu'il arrivait toujours à trouver au bord du fleuve. Il la faisait reposer d'un côté sur le sol et de l'autre sur des petits bâtonnets verticaux qui la maintenaient soulevée en équilibre précaire. En dessous, il plaçait un appât. Lorsque le volatile s'approchait pour l'attraper, il bousculait les bâtonnets et provoquait la chute de la pierre qui l'écrasait. Le matin avant de partir, Aziz faisait sa tournée et revenait avec des canards ou des oies qui assuraient l'essentiel des repas pour deux ou trois jours.

Pour les petits mammifères, il avait emporté des collets de fils tressés. Il les installait sur les traces que son œil exercé décelait. Mais il constata qu'il capturait surtout des renards ou des civettes qu'ils ne mangeaient pas. Il ne comprenait pas pourquoi les lièvres évitaient ses pièges. Il y renonça.

Parfois, Abdin et Aziz se mettaient en chasse. Ils partaient, souples et silencieux avec leurs lances et leurs couteaux. Ils jouaient avec le vent pour qu'il porte leur odeur là où elle ne pouvait pas être détectée, avec la végétation qui les dissimulait, avec les habitudes du gibier. Ils revenaient une ou deux heures plus tard, le plus souvent avec une antilope. Ils la dépeçaient, la découpaient et fumaient les morceaux qui fournissaient un ravitaillement succulent pour plusieurs jours. Ils enterraient ce qu'ils ne mangeaient pas pour éviter d'attirer les hyènes, les chacals, ou d'autres carnivores plus dangereux comme les guépards ou les lions. Lors de la première capture, Ninmah décida de conserver quelques peaux :

– Ce n'est pas trop lourd et ça pourra être utile si un sac se déchire, ou pour autre chose.

Ils n'avaient pas pris de nasse pour pêcher. Ils savaient qu'ils ne resteraient pas longtemps au bord de l'Euphrate, il était inutile de s'encombrer d'un matériel qui servirait si peu.

Ce système d'approvisionnement s'avéra très satisfaisant. L'expédition n'eut jamais de problème sérieux pour se nourrir.

Il ne leur fallut qu'une huitaine de jours pour arriver à un coude important de l'Euphrate, à près de deux cents kilomètres de Bouqras. Cet endroit constitue l'extrémité sud d'une portion du fleuve orientée nord-sud, d'environ cent cinquante kilomètres de long. C'est là qu'un hasard de la géologie l'oriente d'une manière définitive vers un golfe Persique éloigné de plus de mille kilomètres, alors que la Méditerranée est toute proche.

Un hasard, ou un coup de pouce du destin pour que la Mésopotamie devienne le berceau de la civilisation ?

C'était en ce point que la caravane de Halaf avait quitté les bords du cours d'eau pour partir à l'ouest, vers la Méditerranée. L'expédition de Ninmah, elle, poursuivit sa route plein nord et continua à longer le fleuve vers l'amont, en conformité avec les informations dont elle disposait.

À quelques jours de là, ils rencontrèrent un peuple qui ne comprenait qu'une vingtaine d'individus d'une saleté repoussante, d'un niveau de civilisation très bas.

Lorsqu'ils virent le groupe arriver, ils se montrèrent très agressifs. Ils brandissaient leurs armes de pierre, ils gesticulaient et poussaient des cris menaçants. Ils voulaient empêcher l'expédition d'aller plus loin. Ils se calmèrent un peu quand ils se rendirent compte que les voyageurs n'étaient que quatre. Ils parlaient un langage dont Ninmah réalisa tout de suite qu'il était élémentaire : c'étaient des vociférations rauques plus ou moins articulées.

Les trois garçons qui accompagnaient Ninmah étaient solides. Ils gardèrent leur sang-froid et exhibèrent avec ostentation des armes plus perfectionnées. Puis, par signes, ils leur firent comprendre qu'ils avaient des cadeaux ; ils montrèrent entre autres des outils à pointe d'obsidienne.

Après quelques conciliabules, les sauvages firent signe d'approcher. Ninmah avait vu qu'ils la lorgnaient d'un regard sans ambiguïté.

– Ils ne doivent pas approcher, dit-elle à Nemrik.

Elle voulait éviter toute attaque surprise. Après une discussion animée, ils s'éloignèrent tous, sauf quatre. L'expédition s'avança vers eux et Nemrik leur tendit les outils. Ils étaient ravis, ils riaient de joie.

L'idée vint soudain à Ninmah qu'ils avaient peut-être entendu parler du Grand Œuf noir.

– Nemrik, s'écria-t-elle tout excitée, essaie de savoir.

– Comment veux-tu que je fasse ? Ils ne comprennent rien.

– Si on leur montrait ton œuf, suggéra Abdin.

– Non, c'est trop dangereux, inutile de susciter de mauvaises envies. Il faut leur poser la question.

– Je vais tenter le coup, dit Aziz.

Il fit signe au sauvage qui semblait le plus évolué, prit un morceau de bois qui traînait et dessina sur le sol un ovale immense. Il pointa le doigt vers le dessin, puis balaya l'espace du bras tout en affichant une mimique interrogatrice. L'homme devait être plus vif d'esprit qu'il n'en avait l'air : il comprit tout de suite la question. Il montra à son tour l'ovale, avec une expression d'effarement. Visiblement, il connaissait l'Œuf et en éprouvait une grande terreur. À moins qu'il n'ait voulu les avertir d'un terrible danger.

Ninmah se dit que depuis qu'elle avait quitté le Peuple de la Grotte dans son site reculé du Zagros, elle avait rencontré un nombre surprenant de groupes qui avaient entendu parler de l'Œuf : Halaf et sa caravane, la petite bande qui les avait attaqués le long du Tigre, les habitants de Bouqras et à présent ce peuple si peu civilisé. Oui, l'Œuf existait et ils s'en rapprochaient.

Cependant, le sauvage n'avait pas indiqué de direction. Ninmah voulait une réponse. Elle s'avança et fit le même geste du bras que Aziz, avec une mimique interrogative. Pour insister, elle le réitéra. L'homme sauvage hésita, puis d'un mouvement timide, comme à contrecœur, pointa le doigt vers le nord-ouest.

Cela suffisait : c'était en accord avec ce que l'on savait des précédentes expéditions. Ninmah n'attendit pas plus longtemps. Elle décida de partir aussitôt. Il était inutile de risquer un revirement d'humeur des sauvages. Tous les quatre saluèrent le peuple primaire et reprirent leur route.

Bientôt, le plateau commença à s'élever plus nettement. Des montagnes se profilaient au loin. Le terrain était moins régulier, des rochers affleuraient çà et là. La marche devint moins facile.

Le fleuve s'encaissait de plus en plus. Le courant prenait de la vitesse, de la puissance. Quelques jours encore et ils atteignirent l'extrémité nord de ce tronçon nord-sud, où se trouvait un autre coude : de là, on voyait que l'Euphrate venait du nord-est.

Si le plateau qu'ils foulaient depuis plusieurs semaines n'avait pas fait barrage, le cours du fleuve se serait poursuivi jusqu'à la Méditerranée. Cependant, plusieurs millions d'années auparavant, le même hasard que pour le coude précédent, celui qui avait fait pivoter le lit vers le sud-est, était intervenu. Les forces telluriques avaient agi, les hautes terres avaient surgi ; au lieu de continuer en ligne droite vers le sud-ouest, l'Euphrate se frayait un chemin vers le sud.

D'après les informations dont disposait l'expédition, c'était là qu'il fallait quitter sa rive. Ils devaient dorénavant se diriger plein ouest.

Ils étaient partis de Bouqras depuis près d'une lune. L'automne avançait, l'hiver n'était plus très loin d'autant qu'il semblait précoce. Ils se trouvaient maintenant à cinq cents mètres d'altitude et la végétation se modifiait. Ce n'était plus une savane semi-désertique, mais une région qui rappelait les contreforts du Zagros. Il y avait des bouquets d'arbres, des buissons, une herbe rare ici, plus dense et drue ailleurs. De-ci de-là apparaissaient des champs d'orge ou d'amidonnier sauvages, d'autres plantes de toutes sortes.

Les nuits devenaient fraîches. La pluie était tombée à plusieurs reprises, avec des gouttes glacées qui avaient transi tout le monde. Au loin se profilait une chaîne de hautes montagnes, au sommet couvert d'une matière merveilleuse que seule Ninmah avait déjà vue : la neige. Ses trois compagnons étaient saisis d'admiration. À la distance où ils se trouvaient, ils ne distinguaient que le manteau blanc sur le ciel sans nuages.

– Je me demande ce que c'est, dit Nemrik.

– C'est de la neige, répondit Ninmah. Une sorte de pluie que le froid transforme en gouttes blanches et gelées.

Les trois garçons ne connaissaient pas le mot « gelé ». Rien ne gelait jamais à Bouqras. Elle tenta d'expliquer ce que cela signifiait :

– Lorsqu'il fait très froid, bien plus que ce que vous pouvez imaginer, l'eau gèle, ce n'est plus du liquide : elle devient dure comme de la roche et transparente. Mais ce qu'on voit là-bas, c'est de l'eau gelée d'une autre manière, car ça s'est passé pendant qu'il pleuvait. C'est comme si les gouttes se transformaient en une sorte de poudre blanche très froide. Et les parcelles de poudre de toutes les gouttes se collent ensemble pour faire ce grand tapis blanc que vous voyez.

Elle parlait et en même temps elle regardait la chaîne qui était orientée nord-sud. Une inquiétude croissante la gagnait : elle ne voyait aucun passage. C'était un rempart continu où n'apparaissait aucune ouverture. S'ils n'en trouvaient pas, il faudrait escalader ces redoutables reliefs pour les franchir.

Elle n'avait pas d'expérience de la montagne, mais elle avait vécu sur les contreforts du Zagros. Bien que casanier, le Peuple de la Grotte avait compté au cours des âges des membres qui n'avaient pas résisté à l'appel des sommets. Ceux qui étaient revenus avaient rapporté des récits apocalyptiques de la montagne en hiver : tempêtes de neige, crevasses invisibles, froid terrible, parois glacées et infranchissables, avalanches, chutes de pierres. Certains avaient des doigts gelés et étaient morts quelques jours plus tard de l'infection qui s'était déclarée.

De tout cela, la leçon avait été tirée qu'il ne fallait pas s'aventurer en altitude, surtout l'hiver. Plus on montait haut, plus les conditions devenaient difficiles, plus le danger était mortel.

Elle songea que les expéditions du peuple de Bouqras qui n'étaient jamais revenues avaient dû périr dans ces hauteurs terribles. Elle discuta du problème avec les trois garçons. Elle sortit l'œuf pour interroger les dieux. Pas de doute, il était exclu de se lancer à l'assaut des sommets avec la mauvaise saison qui pointait.

– Je ne vois qu'une seule décision raisonnable, dit Nemrik : se rapprocher de ces montagnes, puis les longer dans un sens ou dans l'autre jusqu'à ce qu'on trouve un passage.

– Oui, répondit Ninmah, c'est ça qu'il faut faire. Mais pas au moment où l'hiver arrive. Quel que soit le passage, il sera toujours en altitude et donc dangereux.

– Alors, qu'est-ce que tu proposes ? On ne va tout de même pas attendre le printemps !

– Et pourquoi pas ? Il y a plein de gibier, le Grand Fleuve est tout près et on a tous aperçu de nombreux champs d'orge et d'amidonnier. On pourrait chercher un bon endroit et y passer l'hiver.

Le peuple de Bouqras était sédentaire, mais la chasse et la cueillette ne lui étaient pas étrangères. Il savait faire. L'idée de Ninmah fut retenue.

Après deux ou trois jours de recherche, ils dénichèrent une anfractuosité assez grande dans la pente qui descendait à l'Euphrate. Elle était proche de tout ce qui était nécessaire, elle les mettait à l'abri du vent et des intempéries, elle les dissimulait aux yeux d'éventuels agresseurs. Ils s'y installèrent.

Elle s'avéra bienvenue. L'hiver fut l'un des plus froids des siècles récents. Même sur les contreforts du Zagros, Ninmah n'avait jamais eu à supporter des températures aussi basses. Point n'était besoin d'escalader les montagnes pour trouver de la neige, elle tomba en abondance. À présent, ils savaient tous ce que c'était. Ils n'y étaient pas préparés.

Ils durent improviser des solutions que d'autres connaissaient ailleurs depuis des millénaires, notamment pour l'habillement. Les peaux d'antilope que Ninmah avait voulu conserver se révélèrent fort utiles. Elles n'étaient pas aussi chaudes que d'autres fourrures plus garnies, les vêtements qu'ils confectionnèrent avec n'étaient pas très fonctionnels, mais elles leur permirent de résister au froid. Il y avait du bois en suffisance dans les environs, ils purent entretenir le feu autant que nécessaire.

Heureusement, ils avaient pris la précaution de faire des provisions, et ils disposaient de plus de temps qu'il n'en fallait pour la chasse et les pièges. Ils n'eurent pas à souffrir de la faim.

En revanche, ils durent affronter des animaux affamés.

Les plus féroces étaient les loups. Durant cet hiver exceptionnel, ils avaient étendu leur domaine jusqu'à ces régions où d'habitude on ne les voyait pas. À présent, ils abondaient. Ils évoluaient en meutes qui pouvaient atteindre plusieurs dizaines de bêtes. Ils étaient intelligents, n'avaient pas peur des hommes et étaient toujours prêts à attaquer. Seul le feu réussissait à les tenir éloignés. Ils passaient souvent tout près lorsqu'ils descendaient la pente pour aller boire dans l'Euphrate. Le groupe dut apprendre à vivre avec leurs hurlements sinistres. Néanmoins, il put les garder suffisamment à distance.

Il n'y eut qu'une exception. Une meute d'une dizaine de membres se rua sur Ninmah, une fois où elle s'était aventurée seule. Heureusement, elle était armée d'une lance qui suffit à arrêter les bêtes sauvages. Elle fit face aux terribles yeux jaunes et aux longs crocs blancs, le temps que les autres arrivent avec des torches allumées.

Aziz se remit à poser des pièges. Avec la neige, il discernait facilement la piste des animaux. C'était surtout un passe-temps, car il continuait à n'attraper que des proies qu'ils ne mangeaient pas. Lors de l'une de ces récréations, il tomba sur des traces énormes. Il ne savait pas de quel monstre il s'agissait. Il revint chercher les autres pour leur montrer l'inquiétant indice. Ninmah, l'ancienne du Zagros, les renseigna :

– Ce sont les pas d'un ours, dit-elle. La taille correspond, le nombre de griffes et le fait que ces bêtes vivent en solitaire (il n'y avait l'empreinte que d'un seul animal). Il doit être descendu de la montagne.

Ils savaient ce qu'était un ours mais n'en avaient jamais vu, sauf Ninmah. Ils n'ignoraient pas qu'ils pouvaient tuer un homme d'un coup de patte.

– Soyons très prudents, déclara Ninmah. À l'avenir, nous ne sortirons de notre repaire qu'en groupe de deux au minimum, et bien armés.

Ils ne virent jamais aucun ours. L'attaque qui eut les conséquences les plus terribles fut celle d'un lion.

Ils cuisaient un quartier de gazelle sur le feu. Le fauve fut attiré par l'odeur. Toutefois, il craignait les flammes. Il rôdait autour du camp et ne voulait pas s'éloigner, guettant l'occasion. Ils attendirent deux jours puis se lassèrent et décidèrent de le tuer.

La technique habituelle de la chasse au lion consistait à l'entourer, puis à le larder de coups de lance jusqu'à la mort. Mais on opérait en général à dix ou douze, et ils n'étaient que trois hommes. Ils voulurent compenser leur faible nombre en tirant parti de la configuration du terrain : ils acculeraient la bête le dos à la pente, ils la cerneraient et Ninmah fournirait les lances à pointe d'obsidienne au fur et à mesure que les chasseurs les planteraient ou les lanceraient. L'animal était âgé, sa vivacité serait diminuée.

Tout se déroulait comme prévu. Le fauve ne pouvait fuir, les trois hommes l'en empêchaient. Depuis plus de vingt minutes, il luttait pour sa vie. Il avait déjà reçu des dizaines de blessures, il saignait de partout et ne se défendait presque plus, comme s'il avait compris que la fin était proche. Les rugissements qu'il poussait à chaque coup de lance faiblissaient, ils ressemblaient à des râles.

Aziz tendait le bras en arrière pour donner plus de force à son prochain jet, qui serait peut-être le dernier, lorsqu'il glissa soudain sur la neige gelée. Il ne put reprendre son équilibre et tomba lourdement en avant. Au passage, la bête féroce eut un ultime sursaut de rage et lui lança un violent coup de patte. Elle lui arracha le bras.

Elle mourut peu après, mais Aziz était grièvement blessé. Il avait perdu beaucoup de sang, il était très faible. La fièvre monta vite. Le jeune homme délirait. Il était en permanence assoiffé.

Ninmah voulut confectionner un emplâtre de feuilles et d'argile. Hélas, le sol était froid et la terre trop friable. L'argile n'avait plus sa consistance souple et molle habituelle. Elle dut renoncer. Elle se contenta d'appliquer des feuilles d'aigremoine sur la blessure, aussi doucement qu'elle le put.

Ainsi qu'elle le craignait, ce fut inutile. L'infection gagna très vite tout le corps. La plaie d'Aziz répandait une odeur épouvantable. Le morceau de bras qui lui restait pourrissait. Malgré les soins qui lui furent prodigués, le blessé expira trois jours plus tard.

Ils l'enterrèrent en bordure de l'Euphrate.

À présent, ils n'étaient plus que trois. Ninmah se dit qu'elle n'aurait jamais dû accepter les diktats de Barsip. Elle avait commis une erreur, elle avait fait preuve de faiblesse. Elle aurait dû emmener cinq ou six hommes. Maintenant, leur équipe était très diminuée.

Tant pis, elle ferait avec.

Montagne

L'hiver passa sans autre incident majeur.

Au début, la disparition d'Aziz avait d'autant plus affecté le moral de l'expédition qu'il y avait peu à faire en attendant le printemps. Ils se montraient d'une prudence extrême et ne sortaient plus de leur repaire que pour s'approvisionner. Le reste du temps, ils revivaient la scène tragique, la commentaient, imaginaient telle ou telle idée qui aurait pu éviter le malheur.

Un soir, Abdin suggéra que l'accident était peut-être un signe des dieux qui demandaient d'abandonner et de retourner à Bouqras. Ninmah se saisit aussitôt de l'œuf. Le verdict était clair : pas question de rebrousser chemin.

Les jours passaient, l'un après l'autre. Peu à peu, le souvenir de la terrible péripétie s'estompa. Aucun des survivants n'avait oublié le combat mortel, ils s'en souviendraient toute leur vie. Néanmoins, les détails de la scène s'enfonçaient doucement dans la profondeur des mémoires.

Le froid tint près de trois semaines, puis le temps se radoucit. La neige se mit à fondre. Tout n'était plus que boue et marécages. Le soleil gagnait en force et les jours en durée. Sur le plateau, plantes et animaux revenaient à la vie. En contrebas, l'Euphrate se gonflait.

Lorsque vint le printemps, les trois voyageurs étaient impatients de repartir.

Durant cette longue attente, ils avaient largement eu le loisir de débattre de la route à prendre pour la suite de l'expédition. Ils avaient découvert une petite rivière qui venait de la montagne à l'ouest et qui se jetait dans l'Euphrate, presque au droit du deuxième coude où ils avaient passé l'hiver. Elle était orientée dans la direction où ils voulaient aller.

– Autant suivre ce cours d'eau, c'est plus simple, avait décrété Ninmah.

Ils firent comme elle l'avait décidé. Ils restèrent sur la rive droite. Il était inutile de traverser avant de savoir dans quel sens ils longeraient la chaîne de montagnes pour trouver une passe.

Le terrain grimpait régulièrement, sans obstacle pour ralentir la marche. Cependant, au fur et à mesure qu'ils se rapprochaient des hauteurs qui cachaient l'horizon, le relief devenait plus tourmenté. La végétation aussi se modifiait, elle était à la fois plus dense et plus sauvage, mais pas assez pour les freiner. En moins de trois jours, ils furent assez proches de la chaîne pour pouvoir repérer tout passage éventuel.

Il n'y en avait pas. Il fallait longer la montagne jusqu'à en découvrir un. À présent, ils devaient choisir : suivraient-ils les contreforts en direction du nord ou du sud ?

Ils discutèrent longtemps, sans trouver de motif en faveur de l'une ou l'autre direction. Ninmah se souvenait du projet de Halaf : aller plein ouest dès qu'il aurait atteint le *premier* coude de l'Euphrate pour rejoindrc la mer lointaine. Cela signifiait que selon lui, il n'y avait plus de montagne à ce niveau, ou alors qu'il y avait un passage. L'expédition, elle, était montée bien plus au nord, jusqu'au *deuxième* coude, car son objectif était autre. Était-ce une erreur ?

Ninmah trancha :

– Nous allons longer la chaîne vers le sud. Si nous ne trouvons pas de passe avant, nous prendrons la même route que Halaf. Au nord, nous ne serions sûrs de rien.

Ils s'apprêtaient à partir lorsqu'une idée vint à Abdin. Il suivait du regard le cours d'eau qu'ils avaient remonté depuis l'Euphrate et qui était devenu un torrent de montagne :

– Regardez la rivière, là-haut, fit-il, le doigt tendu. On dirait qu'elle apparaît après avoir tourné autour de ce gros rocher. Si on allait voir ?

Ninmah jeta un coup d'œil dans la direction indiquée. Abdin avait raison, qu'y avait-il de l'autre côté de ce piton rocheux ?

– Pourquoi pas ? répondit-elle. Vas-y, nous t'attendons ici.

Il bondit comme une chèvre et disparut bientôt derrière le pan de montagne.

Moins d'un quart d'heure plus tard, il réapparaissait en faisant de grands signes des bras. Il dévala la pente à toute vitesse, au risque de se casser dix fois les os. Arrivé à portée de voix, il cria tout excité :

– Venez ! Venez vite ! Il y a un passage, je l'ai vu !

Ils le rejoignirent et montèrent avec lui. Effectivement, un col se présentait un peu plus haut. Il ne semblait pas trop loin.

Ils marchaient depuis un bon moment lorsque Nemrik observa :

– C'est incroyable, on dirait que ce col s'éloigne au fur et à mesure qu'on avance !

Ils n'avaient pas l'expérience de la montagne et réalisèrent qu'ils avaient jugé la distance bien plus courte qu'elle n'était en réalité. Lorsque enfin ils atteignirent le passage, près de deux heures plus tard, ils étaient hors d'haleine.

Quand ils eurent repris leur souffle, ils regardèrent de l'autre côté du col. Ils pouvaient distinguer en bas une plaine verdoyante, assez étroite. En face se tenait une nouvelle chaîne de montagnes, parallèle à celle où ils se trouvaient.

Ils avaient franchi une barrière pour buter aussitôt sur une autre.

Ils étaient très déçus.

– Qu'est-ce qu'on va faire ? demanda Nemrik.

– Que veux-tu qu'on fasse ? rétorqua sèchement Ninmah. Nous avons franchi une première chaîne, nous n'avons plus qu'à passer celle-là.

Ils regardèrent la barrière montagneuse, à la recherche d'une passe. Il n'y en avait pas de visible.

– Elle a l'air moins haute que la montagne où nous sommes, observa Ninmah. Elle devrait nous poser moins de problèmes. De toute façon, je ne vois pas d'autre solution que de descendre le col, traverser la plaine et chercher de nouveau un passage.

La descente se révéla bien plus difficile qu'ils ne l'avaient imaginé. Il restait encore des endroits recouverts de neige, mais en faible épaisseur. Ils les contournèrent systématiquement : ils craignaient de se tordre les chevilles sur des pierres cachées ou de buter sur des obstacles. La déclivité était très forte et le sol jonché de pierrailles qui roulaient sous les pieds. Les sacs sur leurs dos n'étaient maintenus que par le bandeau autour du front et ils ballottaient, ce qui les déséquilibrait.

Il y eut plusieurs chutes, des écorchures, mais pas d'accident grave. Aux deux tiers de la pente, ils aperçurent un lynx qui les observait du haut d'un rocher. Heureusement, il disparut dès qu'il se vit repéré. Ils atteignirent la plaine à peu près indemnes.

Une petite rivière serpentait dans la vallée étroite. Ils la traversèrent à gué. Ils mirent moins d'une journée pour arriver aux contreforts de la nouvelle chaîne. Le lendemain matin, ils commencèrent à la suivre vers le sud.

Il régnait un microclimat particulier. En certains endroits, la vallée devenait si encaissée qu'à cette période de l'année le soleil n'en éclairait le fond que quelques heures par jour. Par ailleurs, les montagnes faisaient barrière aux vents. En revanche, un courant d'air froid circulait en permanence. Au total, la température était très fraîche bien que l'on fût au printemps. Il y eut même quelques flocons de neige. Ils ressortirent les peaux d'antilope qui leur avaient servi pendant l'hiver.

Leurs provisions s'épuisaient. Ils durent s'arrêter une journée pour chasser. Cette fois, Abdin était seul. Nemrik aurait pu l'accompagner, mais cela aurait contraint à laisser Ninmah sans protection, ce qu'ils ne voulaient pas. Le chasseur ne revint qu'avec trois lièvres minuscules. Cela suffirait pour quatre ou cinq repas, mais pas plus. Ils reprirent leur progression le lendemain.

Ils marchèrent plusieurs jours sans découvrir le moindre passage. Cette chaîne semblait un mur continu. Il y eut une autre pause pour la chasse, puis ils repartirent. Ils ne parlaient pas, ils scrutaient en permanence la montagne, à la recherche de la plus petite fracture. Rien, ils ne trouvaient rien. Ces montagnes formait une barrière infranchissable, c'était à désespérer.

Ils firent halte à plusieurs reprises pour interroger les dieux. La réponse était toujours la même : ils devaient persévérer.

– Combien de temps penses-tu qu'il faille continuer ? demanda Nemrik à Ninmah, un soir où ils étaient tous à bout.

– Tant que les dieux nous diront de le faire, répondit-elle.

Ils n'abandonnaient pas. Enfin, deux jours plus tard, Abdin pointa un doigt :

– Là-bas, fit-il simplement.

On apercevait un col. Ils avancèrent jusqu'au droit du passage. Nemrik voulait monter tout de suite, mais Ninmah savait maintenant qu'avec la montagne la prudence était de mise :

– La montée n'a pas l'air trop difficile, mais nous ignorons ce que nous trouverons de l'autre côté. Il vaut mieux reprendre des forces avant de nous lancer. Repos pour aujourd'hui, et demain chasse. Nous nous remettrons en route après-demain matin.

Ils firent comme elle avait dit, puis ils attaquèrent les contreforts de la chaîne, en pleine forme. Maintenant aguerris, ils escaladèrent facilement la pente. Par chance, le col se situait à une altitude assez basse.

Lorsqu'ils l'atteignirent, le soleil était au zénith. Ils reçurent l'un des plus grands chocs de leur vie.

Le temps était magnifique, sans un nuage. En bas, à perte de vue, s'étendait la plaine de Cilicie, bordée au nord par d'autres montagnes. Plus loin sur leur gauche, vers le sud, ils découvraient une immensité liquide.

C'était la mer. Aucun ne l'avait jamais vue. De là-haut, la Méditerranée s'offrait à leurs yeux avec une intensité de bleu qu'ils ne connaissaient pas. Au large, ils distinguaient une terre : l'île de Chypre.

Ils restèrent là longtemps, muets, s'emplissant de cette splendeur inconnue. À cette époque, les peuples ne disposaient pas d'un vocabulaire suffisant pour exprimer ce que les trois voyageurs ressentaient. Pourtant, le sentiment de la beauté, de la poésie, de l'indicible habitait l'âme des hommes depuis toujours. Ils en étaient envahis, la poitrine comme dilatée par ces perspectives infinies, l'esprit enivré de tant de grandeur.

Ninmah revint la première aux réalités immédiates. L'après-midi avançait, elle voulait rejoindre le plus vite possible les basses altitudes pour que la nuit ne fût pas trop froide. Elle tira ses deux compagnons de leur contemplation et ils prirent le chemin de la plaine.

Cette fois, la descente fut longue mais facile. Ils étaient jeunes et commençaient à s'acclimater aux reliefs. Ils arrivèrent en bas assez tard.

Comme ils l'avaient vu d'en haut, la plaine était cernée par de hautes montagnes, sauf vers l'ouest. Devaient-ils se diriger par là ? Et d'ailleurs, pour aller où ? Ils n'avaient plus aucune indication sur la direction à prendre. De plus, Ninmah n'était plus certaine de leur position par rapport à Bouqras ou à l'Euphrate : là-haut, ils n'avaient cessé de zigzaguer pour se tenir sur des pistes praticables.

Heureusement, Nemrik avait un excellent sens de l'orientation et Ninmah se fiait à lui pour cela. Elle l'interrogea. Il n'hésita pas, son instinct était sûr. Il affirma que, selon lui, ils devaient être à la hauteur du deuxième coude de l'Euphrate, c'est-à-dire dans la bonne direction. Il n'avait pas tort.

Ils auraient adoré aller jusqu'au bord de la mer, ils en avaient une envie folle. Mais Ninmah était là, volontaire et raisonnable. Après discussion, ils renoncèrent. Ils avaient un objectif précis et ils ignoraient combien de temps il leur faudrait pour l'atteindre. Personne n'avait jamais parlé d'un œuf près de la mer. Il valait mieux suivre le pied des montagnes.

Bien leur en prit. À deux jours de là, ils aperçurent un village assez important. De loin, ils distinguaient une quinzaine de maisons rondes. Ils résolurent de les éviter : ils n'étaient plus que trois, dont Ninmah qui pouvait susciter des tentations dangereuses. Ils contournaient le bourg par le nord lorsqu'ils virent sur les premières pentes un berger avec quelques dizaines de moutons.

C'était une chance inespérée. Si des sauvages du bord de l'Euphrate avaient entendu parler de l'Œuf, ce berger, qui devait en être bien plus près, pourrait peut-être fournir des informations.

Il n'avait pas vu le groupe arriver. Abdin était un bon chasseur, il savait progresser en silence. Nemrik le suivait et l'imitait dans ses mouvements. Ils s'approchèrent de l'homme en se dissimulant dans les hautes herbes, avec d'infinies précautions. Enfin, il fut à leur portée.

Ils lui sautèrent dessus. Il se débattit, mais il n'était pas le plus fort. Ils l'empoignèrent chacun par un bras. Il cria pour alerter le village, mais il en était trop éloigné pour être entendu. Abdin eut d'ailleurs tôt fait de lui mettre une main sur la bouche pour le faire taire. Le trio rejoignit Ninmah restée cachée un peu plus loin.

Le berger n'était en fait qu'un jeune garçon d'environ quatorze ans. La terreur se lisait sur son visage. Ils le lâchèrent, car ils voyaient bien qu'il aurait été incapable de se sauver. Pour le calmer, ils lui offrirent un petit morceau d'antilope grillée.

Lorsqu'il put enfin articuler quelques mots, ils constatèrent qu'il parlait une langue qu'ils arrivaient plus ou moins à comprendre. De nombreux termes n'avaient aucun sens pour eux, l'accent était étrange, mais en l'obligeant à répéter ou à reformuler les phrases, ils réussirent à en entrevoir la signification. Plus tard, quand ils eurent échangé du vocabulaire et que les discussions furent devenues plus faciles, ils eurent l'explication : son peuple venait de la région de l'Euphrate ; il l'avait quittée depuis plusieurs générations.

En revanche, ils n'arrivaient pas lui faire comprendre leurs questions sur l'Œuf. Ce fut du moins leur impression dans un premier temps. Ils finirent par réaliser qu'il ne voulait pas les renseigner. Du coup, Nemrik sortit sa lame d'obsidienne et la brandit sous le nez du jeune garçon d'un geste sans équivoque :

– Nous t'écoutons, lui dit-il. Dépêche-toi, nous n'avons pas le temps.

Le berger restait silencieux. Ninmah fit un signe à Abdin. Celui-ci le prit par un bras et se mit à le secouer de toutes ses forces.

– Je t'ai dit que nous étions pressés, lui cria-t-il. Tu nous donnes ces renseignements, oui ou non ?

Le barrage n'était pas bien solide. Il se brisa et le jeune garçon livra tout ce qu'on lui demandait.

Ils eurent une divine surprise : non seulement il connaissait l'existence de l'Œuf, mais il savait comment y aller, comme d'ailleurs tout le peuple auquel il appartenait. Il n'avait pas fait lui-même le chemin, mais d'autres l'avaient expliqué et c'était simple.

– Mais je vous préviens, ajouta-t-il, c'est très dangereux. Ceux qui sont partis là-bas ne sont jamais revenus.

Ce refrain ressassé ne les impressionna en rien.

– Très bien. Tu vas venir avec nous pour nous montrer la route, décida Ninmah.

– Je ne la connais que par ouï-dire. Je serais un mauvais guide.

– Tu as dit toi-même que c'était simple. De toute façon, ce n'est pas la peine de discuter, tu nous accompagnes.

Le berger fit de vigoureux signes de refus de la tête. Cette fois, il semblait bien vouloir s'en tenir à sa position. Nemrik décida de se montrer plus insistant. Il l'empoigna et lui mit la pointe de la lame d'obsidienne sur le cou. Il appuya assez pour que quelques gouttes de sang perlent.

– Tu es d'accord pour nous guider ? demanda Ninmah.

Le berger gardait les lèvres serrées, son regard était farouche, son front plissé dans un effort de volonté. Nemrik enfonça un peu plus le couteau. D'autres gouttes coulèrent. Maintenant, la résolution du garçon faiblissait. Il céda bientôt et cligna des yeux en signe d'acceptation.

Le seul risque avec lui était qu'il prenne la fuite. Par précaution, ils lui lièrent les pieds avec une corde d'une longueur telle qu'il pouvait marcher mais pas courir.

– Nous n'allons pas te traiter en prisonnier, lui dit Ninmah sur un ton amical. Tu seras comme un membre de notre groupe, tu garderas juste cette corde aux pieds. Tu n'auras pas à porter plus de charges que nous et tu mangeras autant. En contrepartie, tu nous aideras au mieux. D'accord ?

Il n'avait pas le choix. D'un air craintif, il approuva de la tête.

Ninmah décréta qu'il fallait partir tout de suite. Toutefois, ils prirent le temps de confectionner un sac pour le berger avec une peau d'antilope. Abdin s'en chargea, cela ne lui demanda pas plus d'une heure. Ils transférèrent une partie des charges, puis ils se mirent en route. Kozan (c'était le nom du berger) se trouvait en tête, surveillé de près par les deux garçons. Ils partirent en direction de l'ouest, le long des contreforts montagneux.

Montagne

C'était une chaîne haute, sauvage, impénétrable. Le terrain était favorable à la marche, le temps restait au beau. Ils avançaient d'un pas vif et abattaient du chemin. Ils parlaient peu.

Deux jours plus tard, vers midi, Kozan montra du doigt la montagne : un défilé profond et étroit apparaissait. C'était les « portes de Cilicie », un passage obligé sur la route qui reliait le Levant à la Cappadoce, que tant de caravanes emprunteraient.

Traversées

Le défilé se présentait comme une énorme entaille dans la montagne.

– Il faut faire des provisions avant de traverser, dit Kozan. Il n'y a rien à manger ni à chasser dans ce défilé.

– Il y a de l'eau ? demanda Ninmah.

– Pas beaucoup, mais assez pour qu'il ne soit pas nécessaire d'en emporter.

Cela faisait un gros problème en moins.

– Le défilé est long ? reprit-elle.

– Oui. Il faut plusieurs jours pour arriver de l'autre côté.

C'était peu dire. Le franchissement du passage s'avéra très difficile. Sur une courte distance, il s'élevait du niveau de la mer à une altitude de mille mètres. Il montait, et dur. La pente n'était pas régulière ; une succession de tronçons d'inclinaisons et de longueurs variables alternaient. Parfois, c'était une gorge étroite coincée entre de hautes parois noires presque verticales. À d'autres moments, il s'élargissait un peu, laissant les rayons du soleil arriver quelques dizaines de minutes chaque jour jusqu'au fond. La piste était cahoteuse, jonchée de rochers de toutes tailles et de toutes formes, avec des creux et des bosses partout.

Malgré les quelques ruissellements d'eau qu'ils rencontraient et les rares plantes maigrichonnes qui poussaient entre deux pierres au sol ou sur les parois du défilé, c'était un désert. De temps à autre des oiseaux passaient avec des cris aigus, sans jamais se poser. Ils aperçurent à plusieurs reprises de petits serpents qui se faufilaient vivement sous les cailloux.

– Ils sont dangereux ? demanda Nemrik, qui n'aimait pas les reptiles.

– Non. La plupart sont inoffensifs, dit Kozan, mais il faut se méfier. Il y a parfois des vipères d'un genre particulier à la région. Elles sont très venimeuses.

– On peut les reconnaître ? pousuivit Ninmah.

– Elles ont une queue courte et brusquement rétrécie et une tête triangulaire. Leur pupille a une fente verticale, mais c'est difficile à voir.

De temps à autre, ils entendaient le fracas de chutes de pierres qui résonnait longuement. L'écho se propageait sur ces parois dures.

À certains endroits, le passage était bloqué par d'énormes masses de rochers qui semblaient infranchissables. Selon Kozan, ces éboulements avaient eu lieu récemment, car personne n'en avait jamais parlé.

Certains se présentaient presque comme des murs verticaux. Ils durent mettre au point une technique pour les escalader. Ils désentravaient les pieds de Kozan. Le jeune garçon grimpait sur l'obstacle le premier, porté à bout de bras par Abdin et Nemrik. Lorsqu'à la force des poignets il était arrivé en haut, on lui lançait les sacs. Puis, couché à plat ventre, il tirait Ninmah, la plus légère. À eux deux, ils réussissaient à hisser Abdin. Kozan et lui faisaient alors monter le plus lourd, Nemrik.

Il leur fallut renouveler la manœuvre un nombre incalculable de fois. C'était épuisant, mais on ne pouvait faire autrement.

Ils venaient de passer l'un de ces barrages. Il n'y avait plus que Kozan dessus. Il était presque redescendu de l'autre côté, il lui restait encore un mètre cinquante à franchir.

– Attention, dit-il, guilleret, je vais sauter.

Il se lança, pieds joints. À peine avait-il touché le sol qu'il poussa un cri de douleur et tomba, les jambes repliées, les mains tenant un pied.

– Aïe ! Quelque chose m'a piqué au pied, ça me fait très mal !

Il se roulait à terre, tant la piqûre était douloureuse. Ils virent tout de suite le scorpion d'une dizaine de centimètres. Kozan l'avait écrasé et sa chair aplatie se répandait mollement hors du tégument brisé. Hélas, la bête avait eu la force d'enfoncer son dard. Elle bougeait encore un peu. Abdin l'acheva d'un violent coup de talon.

– Cette saleté devait être cachée sous une pierre, dit-il.

Ninmah réagit immédiatement :

– Sa jambe doit être immobilisée. Abdin, tiens-la fermement. Nemrik, prends un tissu et cours vite le mouiller là-bas (de l'eau suintait sur la paroi, un peu plus loin). Il faut lui appliquer tout de suite un tampon d'eau froide. Ça calmera la douleur.

Elle n'était pas optimiste sur la suite. Le scorpion était d'une grande taille et il avait dû injecter une grosse quantité de venin. Tout allait se jouer dans les deux heures qui suivraient.

Pendant que Nemrik courait vers le ruissellement d'eau, elle ouvrit le sac où se trouvaient les plantes. Elle en choisit trois. Kozan râlait doucement. Abdin appela dans un murmure :

– Ninmah ! J'ai l'impression qu'il a du mal à respirer. Il halète.

– Je sais, c'est normal. Il faudrait lui préparer une infusion de tussilage, mais je n'ai pas le nécessaire et de toute façon on n'a pas le temps. Je vais lui en faire manger directement.

Elle prit l'une des longues feuilles arrondies en forme de cœur et s'approcha du malade. Elle mit la main sur son front et lui dit avec douceur :

– Kozan, mâche cette plante aussi longuement que tu le peux, puis avale-la. Garde-la dans la bouche tant que tu peux, ta salive doit se mélanger à elle pour en extraire toute la substance.

Il fit ce qu'elle demandait. Entre-temps, Nemrik était revenu. Elle put appliquer une compresse froide qui calma aussitôt la douleur. Elle renvoya Nemrik avec un autre bout de tissu :

– Le pansement humide et frais doit être renouvelée en permanence, ordonna-t-elle.

Le garçon se tranquillisait. Dès qu'il eut avalé la feuille de tussilage, elle lui en donna une autre d'aubépine (« c'est pour réguler le rythme de ton cœur », lui dit-elle), puis une d'anis vert (« c'est pour adoucir la douleur et stimuler ton organisme »). Il finit par s'endormir. Une heure était passée.

– Je crois qu'il est sauvé, déclara Ninmah. Il n'a pas eu de vomissements et la paralysie de sa jambe a cessé de se propager. On va le laisser dormir. Demain nous resterons ici pour qu'il récupère, et nous repartirons après-demain.

Ils firent comme elle avait dit. Kozan était solide. Quand ils se remirent en route, il n'avait presque plus aucune trace de l'empoisonnement.

Il n'y eut plus guère d'incidents. Néanmoins, dix jours épuisants furent encore nécessaires pour atteindre l'autre extrémité du passage.

Lorsque enfin ils débouchèrent sur le plateau, ils changèrent d'univers en un instant : ils passèrent d'un coup de la fraîcheur sombre du défilé à la chaleur du soleil éclatant, de l'obscurité du goulet à la lumière des grands espaces.

Ils étaient arrivés en Cappadoce.

Ils étaient tous jeunes et robustes, mais la traversée avait été éprouvante et riche en émotions. Malgré la hâte qui la gagnait au fur et à mesure qu'elle s'approchait du but, Ninmah décida qu'ils devaient se reposer un jour ou deux. Tout le monde fut ravi.

Ils en profitèrent pour préparer les prochaines étapes.

Les difficultés avaient soudé l'équipe. Kozan, qui n'avait plus les jambes entravées, s'était à présent intégré à l'expédition à part entière et l'objectif était devenu celui de tous. Ils avaient assimilé les quelques dizaines de mots qui permettaient un dialogue aisé.

Le berger expliqua que l'Œuf n'était plus très loin. Selon lui, il se situait sur les pentes du moins haut des trois grands volcans de la région, le Göllü Dag, à trois ou quatre jours de marche.

Ninmah avait appris à se méfier des estimations de distance. Elle jugea prudent de rester mesurée dans ses prévisions, même si l'on était dorénavant en terrain à peu près plat. Néanmoins, Kozan avait l'air sûr de lui. Elle décida de le sonder jusqu'au bout :

– Je veux bien croire que ce Göllü Dag est petit, mais c'est tout de même une montagne, fit-elle. Sais-tu à quel endroit précis de la pente se trouve l'Œuf ?

– Non. Personne ne peut le dire exactement. Pour des raisons que j'ignore, aucune des tentatives pour l'atteindre n'a réussi. D'après ce qu'on raconte, tous ceux qui sont partis à sa conquête ont péri, je vous l'ai déjà indiqué. Une légende rapporte toutefois qu'il y a bien longtemps des survivants sont revenus avec un œuf d'obsidienne très beau, mais pas celui dont tout le monde parle. Un autre, plus petit.

Ninmah connaissait deux exemplaires du petit œuf. Par ailleurs, elle avait entendu plusieurs d'histoires d'expéditions disparues. Si les petits œufs existaient, les histoires de voyages sans retour devaient elles aussi avoir un fond de vérité.

Pour la première fois, elle ressentit de l'appréhension. Elle ne dit rien. Elle pensa qu'il fallait s'avancer le plus vite possible jusqu'au dernier endroit sûr. Et là, attention ! Ils prendraient le temps de la réflexion et n'agiraient qu'avec la plus extrême prudence.

Ils se mirent en route vers le Göllü Dag. Ninmah avait eu raison d'être prudente sur les estimations de distance, Kozan avait été optimiste lorsqu'il parlait de quelques jours de marche. Ou plutôt, il n'avait pas prévu les difficultés du terrain.

La Cappadoce est un vaste plateau situé à environ mille mètres d'altitude, constitué par les lointaines éruptions successives des trois grands volcans d'Anatolie centrale : l'Erciyes Dag et l'Hasan Dag, les plus hauts, et le Göllü Dag. Il en résulte des terrains mélangés, où l'on trouve à la fois du tuf tendre qui s'érode facilement et du basalte au contraire très résistant. L'eau et le vent qui agissent sans répit sur cette géologie complexe ont sculpté des reliefs et des paysages hallucinants. L'expédition allait bientôt fouler le sol de l'une des régions les plus pittoresques de la planète.

Après une journée de marche dans une zone de savane, ils arrivèrent dans une contrée qui les laissa sans voix.

Jamais ils n'avaient vu de relief si tourmenté. Ce n'étaient que blocs immenses disposés en tous sens, vallées profondes aux parois taillées comme au couteau, constructions rocheuses extraordinaires. Ce chaos rayonnait d'une splendeur à couper le souffle. Ils étaient éblouis par la beauté et la sauvagerie du site, par des couleurs de roches et de sols sans pareilles.

Ils avançaient dans ce capharnaüm tellurique, mais ce n'était plus de la marche. Ils escaladaient, ils sautaient, ils contournaient, ils grimpaient, parfois ils glissaient et se rattrapaient. Ils cheminaient dans ces endroits superbes, mais ne se rapprochaient de leur objectif que très lentement.

Un jour, ils remarquèrent un énorme rocher qui ressemblait à un chameau. Une autre fois, ils aperçurent un ensemble de puissantes colonnes verticales de tailles différentes, toutes surmontées d'une sorte de cône noir. Elles faisaient penser à d'immenses phallus dressés vers le ciel. La plus haute dépassait huit mètres. C'était saisissant, presque effrayant. Ailleurs, des pitons gris de toutes dimensions jaillissaient du sol et s'élançaient à des hauteurs vertigineuses, encastrés les uns dans les autres. Ailleurs encore, des couches de sol superposées ondulaient dans un désordre absolu, comme broyées par une main de géant.

Plus tard, ils se trouvèrent devant un canyon sans fond, d'une quinzaine de mètres de large. Il était environ midi.

– Comment peut-on traverser ? demanda Ninmah à Kozan.

– Je ne sais pas. Je n'ai jamais entendu parler de cet endroit. Nous avons dû prendre une mauvaise direction en tournant dans les rochers. À mon avis, il suffit de longer la gorge, elle doit se refermer quelque part.

Ils marchèrent plus d'une journée, mais la faille restait aussi large, on n'en voyait pas le bout. Ils finirent par trouver un arbre immense tombé en travers, sans doute abattu par un orage.

– On devrait traverser là, dit Nemrik qui n'était pas sensible au vertige.

Ninmah regarda le tronc hérissé de nombreuses branches qu'il faudrait franchir, alors que l'on serait au-dessus du vide.

– Ce ne sera pas facile, murmura-t-elle.

Ils décidèrent de profiter malgré tout de ce pont de fortune.

Nemrik passa le premier, en équilibre sur le gros arbre, les bras écartés. Il s'était chargé de trois des quatre sacs. Il marchait presque aussi vite que sur le sol. Il enjamba les branches effeuillées droit comme un I et arriva sans encombre de l'autre côté.

Ninmah suivit. Elle n'avait rien dit, mais elle était effrayée par le vide. Elle eut besoin de toute sa volonté pour ne pas regarder en bas. La vue du gouffre la rendait malade, elle sentait son ventre remonter dans sa gorge.

Le passage des branches fut autant d'épreuves. Elle empoignait l'obstacle des deux mains, elle passait une jambe, puis l'autre et repartait jusqu'au suivant.

– Ne te précipite pas, recommanda Nemrik depuis le bord. Reste calme !

Elle se trouvait à mi-chemin. En dessous, l'abîme qu'elle ne voulait pas voir. Elle leva prudemment une jambe au-dessus d'une branche assez petite, en s'y cramponnant de toute la force de ses deux mains.

Soudain, le rameau mort cassa net. Le bruit sec résonna comme une détonation. Ninmah était légèrement penchée en avant, elle n'avait plus d'appui. Elle poussa un cri de frayeur. Dans un geste instinctif, elle saisit une autre branche à côté. Elle réussit à se rattraper.

Elle n'était pas tombée, c'était miraculeux.

Elle avait eu très peur. Son cœur battait à se rompre. Elle s'arrêta pour calmer sa respiration, puis elle reprit sa progression. Nemrik l'encourageait d'une voix calme. Elle arriva de l'autre côté en nage. Il lui tendit la main pour l'aider à sauter au sol.

Kozan fut le troisième à passer. Il portait le dernier sac. Il marchait sur l'arbre tel un cabri, en se jouant. Il n'avait même pas besoin de se servir de ses bras comme balancier. Il franchit les branches comme si de rien n'était. Arrivé à un mètre de l'extrémité du pont de fortune, il voulut montrer sa virtuosité et bondit vers le bord, en biais, au dessus du vide.

Son élan était insuffisant. Il rata son coup et se retrouva suspendu par une main le long de la paroi. Il se balançait comme un pendule et criait de panique.

Nemrik n'était pas loin, il se précipita. Il se pencha par-dessus le bord et remonta le sac pour soulager Kozan. Puis il saisit la main libre du garçon et la tira vers lui. Le gamin était le plus léger des trois hommes, mais il était fort pour son âge. Nemrik réussit tout de même à le hisser. Le buste du berger dépassait déjà du bord. Rassuré, il voulut monter d'un coup, et sans réfléchir il donna un violent coup de reins.

Le choc retentit dans le bras de Nemrik. Il ne s'y attendait pas. Son corps fut brusquement tiré vers l'avant et il se trouva déséquilibré. Sa main s'ouvrit et il lâcha Kozan.

Emporté par l'élan, il bascula dans le vide, la tête la première.

Son hurlement de terreur fit écho pendant quelques instants sur les parois du canyon. Il s'interrompit d'un coup lorsque son corps rebondit sur un rocher qui faisait saillie. Ils entendirent tous le bruit mou de l'écrasement au fond, quatre ou cinq secondes plus tard.

L'expédition était atterrée. Kozan avait fini de monter sur le bord et conscient de sa responsabilité, il fondit en larmes. De l'autre côté, Abdin restait figé, sans voix. Ninmah fixait le fond du canyon, comme foudroyée. Elle reprit ses esprits la première. Kozan ne savait que faire pour demander pardon.

– Cesse de pleurnicher, ça ne sert à rien, lui dit-elle sèchement. Ce n'est pas de ta faute, c'est un accident. Les dieux l'ont voulu ainsi. Nous n'y pouvons rien. Maintenant, il va falloir aider Abdin à passer sans encombre.

– J'y vais, fit aussitôt Kozan.

– Reste ici, tu en as assez fait pour aujourd'hui, lui ordonna-t-elle.

En face, Abdin était terrorisé. Il ne pouvait avancer.

– Mets-toi à plat ventre sur l'arbre et rampe, cria Ninmah. Il ne peut rien t'arriver.

– C'est impossible ! Je ne peux pas ! Non, je ne peux pas !

Ninmah était à bout de nerfs. Sa voix monta dans les aigus :

– Mets-toi à plat ventre et rampe !

Son injonction était presque hystérique.

Il se coucha sur l'arbre et se lança. Il avançait centimètre par centimètre dans une reptation lente, les bras et les jambes crispés sur le tronc. Il serrait les paupières pour ne pas voir. Quand il eut besoin de jeter un coup d'œil pour évaluer la distance qui lui restait à parcourir, il ne put s'empêcher de voir le vide. Il faillit vomir de peur. La sueur ruisselait sur son visage, elle lui piquait les yeux. Il les referma. Il arriva à la première branche. Pour passer, il n'avait pas le choix : il devait se décoller de l'arbre. Il dut regarder. Dans un mouvement d'une souplesse étonnante, il se tordit comme une grosse chenille pour contourner l'obstacle. Il s'arrangea de manière à ne relâcher la pression de ses cuisses que lorsque les bras se furent de nouveau cramponnés.

Il mit plus de dix minutes à franchir la quinzaine de mètres. Il arriva à bout de forces. Il s'étendit sur le dos pour récupérer.

À présent, ils sondaient tous les trois des yeux le fond du canyon. Ils ne voyaient rien, des aspérités et des branchages bouchaient la vue. Il était hors de question de descendre, le risque était trop grand. Personne ne savait fabriquer une corde aussi longue. Ils appelèrent Nemrik pendant près d'une demi-heure, pour le cas où il ne serait que blessé. Aucune réponse, aucun souffle ne leur parvint.

– Que va-t-on faire ? demanda Abdin.

Un long et lourd silence…

– Ce n'est pas la peine d'insister, finit par répondre Ninmah d'une voix étouffée. Il est mort. Il faut partir.

Elle prit tout de même le temps de se retirer à l'écart, seule. Elle était profondément secouée. Sans savoir pourquoi, elle se revit au temps du Peuple de la Grotte, elle pensa à Lahar, à Mahal, à Kish, aux autres. Elle se remémora les esprits si familiers. Elle eut envie de les prier, comme autrefois :

– Esprit du canyon, toi qui as emporté Nemrik, cet homme si droit et si généreux, assure-lui une vie après la mort conforme à ce qu'il mérite. Fais que son esprit soit en paix et qu'il retrouve celui de tous ceux qu'il a aimés et qui sont déjà partis. Pour cela, je te remercie, ô esprit du canyon.

Elle rejoignit les autres qui attendaient, silencieux.

Ils marchèrent tout l'après-midi, la tête basse, sans un mot, sans jamais s'arrêter. Ils ne cherchaient plus à s'approcher de l'Œuf, mais à s'éloigner des lieux du drame. Le soir, ils ne mangèrent presque rien. La nuit fut longue.

Le bout du voyage

Le lendemain ils se mirent en route, encore sous le choc. Ils ne parlaient presque pas, ils jetaient à peine un regard sur l'extraordinaire paysage qui commençait à s'aplanir. Le drame de la veille les habitait. Pourtant, il fallait avancer. Un pas, un autre, mille autres... Et cette vision de cauchemar du corps qui plongeait, plongeait, impuissant, qui rebondissait, et ce cri qui résonnait sans cesse à leurs oreilles, qu'ils ne pouvaient oublier...

Vers la fin de la matinée, Kozan pointa le doigt vers une montagne, au loin :

– C'est là-bas, dit-il.

Ils s'arrêtèrent pour regarder. Un dôme sombre et arrondi se profilait. Si le berger ne se trompait pas, la destination était en vue. Cet événement cassa le fil des ruminations lugubres et remit un peu d'émulation dans le petit groupe. Inconsciemment, ils pressèrent le pas.

La région était beaucoup moins accidentée qu'auparavant. La végétation pouvait s'installer avec plus de liberté. Grandes herbes de la steppe ou herbette plus rase, bosquets d'arbres, arbustes isolés, fleurs diverses prospéraient dans le désordre. La faune pullulait. Ils virent toutes sortes d'antilopes, de nombreux petits mammifères, un sanglier qui passa au loin. Un troupeau d'aurochs se profilait à l'ouest. Des oiseaux volaient en tous sens. Ils aperçurent un aigle qu'ils regardèrent planer haut dans le ciel, les ailes immobiles. Soudain il les replia, piqua à une vitesse folle vers le sol et au dernier moment se redressa pour remonter. À présent, il tenait un petit lièvre dans ses serres.

Abdin, qui marchait en tête, s'arrêta net. D'un geste de la main, il fit signe aux autres d'en faire autant. En face de lui et sur sa droite se trouvait un grand champ de hautes herbes jaunies. Il avait dû les voir osciller, car sans cela il n'y avait pas l'ombre d'un quelconque danger. Il resta immobile.

Enfin, les herbes s'écartèrent : un léopard d'Anatolie apparut. Il était magnifique avec sa fourrure grise et jaune parsemée de taches noires. Il s'arrêta. Il n'était pas à dix mètres. Un grondement rauque ininterrompu sortait de sa gorge. Il se tenait sur ses pattes légèrement fléchies, ses yeux verts fixés sur le groupe, tous ses muscles bandés, sa longue queue battant l'air avec lenteur, prêt à bondir. Abdin ne cillait pas.

– Ne bougez surtout pas, murmura-t-il.

Abdin restait impavide, le visage figé.

Le léopard sembla se détendre. Il rugit, se retourna et disparut en courant dans les hautes herbes.

– Pendant un instant, j'ai bien cru qu'il allait attaquer, dit Abdin, c'était une situation idéale pour lui. Pourtant, dès qu'il s'est arrêté, j'ai compris qu'il renoncerait. Ces fauves aiment profiter de l'effet de surprise. Ils ne chargent pas de front. Maintenant, je pense que nous ne le verrons plus. Mais cette nuit il vaudra mieux rester prudents et faire attention que lc feu ne s'éteigne pas.

Ils se remirent en route. Au fil des heures, le Göllü Dag se rapprochait. Il présentait un profil assez doux, avec des pentes peu accentuées. De là où ils étaient, l'ascension paraissait facile. Ils marchèrent le plus tard possible. Ils arrivèrent près d'un arbre mort.

– Arrêtons-nous là, dit Ninmah. Avec les branches de cet arbre, nous pourrons allumer un feu et l'entretenir toute la nuit.

– Il est trop petit, répondit Abdin. Il vaut mieux en trouver un plus gros. La zone d'attaque du léopard en sera réduite d'autant.

– Il ne risque pas de grimper dans l'arbre par-derrière et de nous sauter dessus ? demanda Kozan.

– Non, pas si nous sommes au pied de l'arbre, il aurait trop peur qu'on l'entende. Les léopards se dissimulent toujours avant d'attaquer.

Quelques instants plus tard, ils trouvèrent un site qui convenait à Abdin. La montagne se distinguait à peine dans la nuit tombante. Ils savaient que, le jour suivant, ils l'atteindraient.

Ninmah voulait partir tôt le lendemain matin. D'accord avec Abdin, elle pensait qu'ainsi ils arriveraient au Göllü Dag avant la mi-journée. Cela donnerait un après-midi entier pour commencer les recherches.

Comme le feu devait être entretenu jusqu'à l'aube, ils décidèrent de faire trois veilles : la première serait assurée par Ninmah, qui n'avait pas sommeil, la deuxième par Kozan et la dernière par Abdin.

Brusquement, dans la nuit, alors que Kozan veillait, il y eut d'étranges petites secousses. Les deux dormeurs se réveillèrent.

– Qu'est-ce qui se passe ? demanda Abdin.

– Je ne sais pas, répondit Ninmah. C'était comme si la terre frémissait. On dirait qu'une tempête en dessous de nous a secoué le sol.

– Ce n'est rien, dit Kozan. Ça arrive parfois, quand on s'approche de cette montagne. Une légende raconte qu'elle respire et qu'elle s'agite pour mieux s'installer. Lorsque ses mouvements sont forts, les effets peuvent être ressentis jusque dans mon village.

Le Göllü Dag était un volcan éteint depuis des milliers d'années, mais les feux de la terre continuaient à s'activer sous lui. Les plaques tectoniques poussaient toujours et provoquaient de temps à autre de légers séismes dans toute la région.

– Je ne vais pas me recoucher pour si peu de temps, dit Abdin. Je prends mon tour de garde. Kozan, va dormir.

Le berger obtempéra avec joie, car il était fatigué. Lui et Ninmah s'endormirent comme des masses.

La jeune femme était impatiente d'atteindre un objectif si proche. Son sommeil fut troublé par des rêves où se mêlaient des précipices agités de séismes, des montagnes de toutes formes, et des visions de Nemrik à la fois souriant et ensanglanté. Elle s'éveilla en nage avant la fin de la veille d'Abdin.

Ils se préparèrent rapidement, contents de toucher au but. Le soleil se levait à peine lorsqu'ils se mirent en route. Auparavant, Abdin avait pris soin d'éteindre le feu pour éviter d'embraser la prairie.

Ils marchaient depuis moins d'une demi-heure lorsqu'ils eurent la sensation angoissante qu'un danger imminent les menaçait. Ils se regardèrent sans comprendre.

– Avez-vous vu quelque chose ? demanda Ninmah aux deux hommes.

– Non, ni vu ni entendu, répondit Abdin.

Ils s'étaient arrêtés. Ils firent un tour complet sur eux-mêmes pour que leurs regards embrassent tout l'espace. Rien jusqu'à l'horizon. Pourtant, une menace planait. Laquelle ?

Ils n'eurent pas longtemps à attendre.

Cela commença par des frémissements du sol, comme dans la nuit précédente. On aurait dit la peau d'une bête saisie de frissons sous l'effet d'un vent glacial.

Les tremblements étaient presque imperceptibles, mais ce fut suffisant pour alerter les animaux. Dès la première vibration, ils se figèrent. Les cerfs, les renards, les sangliers, les aurochs ne montraient plus aucun signe de vie, hormis les regards saccadés qui allaient en tout sens pour déceler le danger et la pulsation des veines sur les muscles. Les insectes avaient cessé tout bruit, on aurait dit qu'ils avaient disparu de la surface de la Terre. Les oiseaux, eux aussi, semblaient inquiets. Ils évoluaient dans un vol lent et plané, ailes immobiles, silencieux comme s'ils craignaient d'éveiller quelque terrible créature endormie.

Une angoisse muette s'était abattue sur le pays. Le vent lui-même était tombé.

Ninmah et ses deux compagnons ne percevaient pas tous ces détails. Ils ne captaient que l'impression générale d'immobilité et de silence des animaux. Eux aussi étaient entrés dans ce monde figé. Ils étaient statufiés, les muscles crispés, la respiration accélérée, les yeux agrandis, prêts à tout.

Les tressaillements durèrent quelques minutes, puis s'arrêtèrent. C'était terminé.

La vie reprit. Tout était revenu à la normale.

– Ce n'est rien, répéta Kozan. Je vous l'ai dit, cela arrive de temps en temps. Ça peut se produire plusieurs fois par an.

Ils s'apprêtaient à repartir lorsque tout à coup le phénomène recommença, beaucoup plus intense. Bientôt, on perçut un grondement grave et sourd, de plus en plus fort.

Et soudain, le tonnerre s'abattit sur la Terre.

La déflagration fut formidable. On aurait dit que l'univers entier explosait. De puissantes ondes sonores ébranlèrent l'atmosphère sur des dizaines de kilomètres. Sous la pression colossale de roches en fusion montées des profondeurs, le sommet du Göllü Dag venait de sauter. Il laissait la voie libre aux feux de la Terre.

En quelques instants, des blocs pierreux furent projetés à des hauteurs immenses, grains minuscules ou rocs monstrueux. Un gigantesque panache de fumée noire de plus en plus large s'éleva à toute vitesse à des altitudes prodigieuses, comme si ses volutes enragées voulaient avaler le ciel. Dans le même temps, le sang brûlant de la Terre jaillit en haut de la montagne blessée. La gueule éclatée du monstre se mit à vomir un large fleuve ardent.

En bas, c'était la panique. Les animaux couraient en tous sens, affolés. Une roche brûlante avait mis le feu à des herbes.

Moins d'une minute s'était écoulée depuis le déclenchement du cataclysme. Les trois membres de l'expédition contemplaient le volcan, effarés. Aucun n'avait encore eu le temps de reprendre ses esprits. Les premiers blocs de pierre commençaient à retomber. Ninmah fut la première à réagir :

– Vite, cria-t-elle, il faut se protéger de ces roches, sans ça on va se faire tuer. Laissez vos sacs et abritez-vous sous un arbre.

Ils cherchaient désespérément, mais il n'y avait rien à proximité.

– Là-bas, hurla Abdin.

Il montrait du doigt un bosquet qui se trouvait à environ cent cinquante mètres d'eux.

Ils se mirent à courir comme des fous dans cette direction. Le déluge de basalte s'accentuait à chaque seconde.

Kozan était le plus rapide, il fut tout de suite en tête. Abdin n'arrivait pas à se maintenir à sa hauteur. Il fut bientôt à plus de vingt mètres derrière. Il trébucha sur une racine et poussa un cri de douleur car il s'était fait très mal au pied, mais il réussit à ne pas tomber. Il reprit sa course, haletant. Sa respiration était courte, précipitée. Il boitait. Il entendit un bruit de cavalcade sur sa droite. Il tourna la tête et aperçut en un éclair un aurochs en plein galop, aveuglé de terreur. La bête fonçait tête baissée droit sur lui. Dans sa panique, elle ne l'avait sans doute pas vu.

Il n'eut pas le temps de pousser un cri de frayeur. L'énorme animal le percuta de son poitrail puissant. Il entendit le choc sourd, mais il ne le sentit pas. Il était déjà mort.

Ninmah suivait derrière. Elle courait de toutes ses forces. Elle s'arrêta net, comme assommée, quand elle vit le corps désarticulé d'Abdin décrire une longue trajectoire avant de s'écraser au sol. Elle n'eut pas le temps de s'appesantir, d'autres aurochs arrivaient, elle ne pouvait pas rester là. Elle s'élança de nouveau. Loin devant elle, Kozan approchait du but. Elle courait, courait, éperdue. À présent, elle était à bout de souffle, elle se forçait à ne pas ralentir, mais elle devait régler sa vitesse sur le passage des gros monstres noirs qui croisaient sa route. Elle en évita un d'un arrêt brusque suivi d'un mouvement d'esquive. Elle repartit. Ce ne fut que pour quelques mètres. Elle dut stopper de nouveau pour ne pas être piétinée par un autre bolide fou.

Accélérations brutales, départs précipités, ralentissements, tous ces changements de rythme l'épuisaient un peu plus. Ses poumons étaient en feu, sa gorge brûlait. C'était un miracle si ses jambes la supportaient encore. Sa tête était vide, elle n'avait plus qu'une obsession : courir pour arriver aux arbres sans se faire tuer par les énormes bêtes, ne pas s'arrêter, ne pas faire attention au cœur qui éclate, à la veine qui cogne sur la tempe, courir, courir, courir.

Elle n'était plus qu'à une cinquantaine de mètres du bosquet. La piste des gros animaux était derrière elle. Maintenant, elle allait réussir. Devant elle, une herbe rase sans obstacle. Un ultime effort et elle était sauvée.

Elle ne vit pas le bloc rocheux qui tombait du ciel comme une météorite…

Kozan était enfin arrivé à l'abri des arbres. Il se retourna pour voir où se trouvaient les autres. Il écarquilla les yeux : personne ! Pas d'Abdin, pas de Ninmah. Où étaient-ils donc passés ? À part ce troupeau d'aurochs affolés, rien. Il regarda à droite, à gauche, tout près puis de plus en plus loin.

Mais qu'apercevait-il, là-bas sur la droite ? Oui, pas de doute, c'était Abdin. Il gisait dans une position bizarre. La tête formait un angle impossible avec le corps, les jambes semblaient disloquées, les bras retournés d'une manière anormale. Aucun homme vivant n'aurait pu se tenir ainsi. Il comprit qu'Abdin était mort.

Et Ninmah ? Il ressentait une terrible inquiétude. Il vit soudain l'énorme rocher qu'il ne se souvenait pas avoir contourné. Il ne le regardait pas directement, mais essayait de comprendre ce qu'était la masse glauque striée de rouge sale qu'il apercevait dessous. Le troupeau d'aurochs était passé, il put s'en approcher. À dix mètres, il sut ce qu'était la bouillie sanglante.

Il eut peur de s'avancer plus près. Ce n'étaient pas les pierres qui continuaient à pleuvoir qui l'effrayaient, mais la vue de la chair broyée. Il était seul au milieu de ce cataclysme. Il retourna à l'abri des arbres et se laissa tomber à terre, assis, la tête baissée.

Qu'allait-il faire maintenant ? Il eut un long moment de désespoir. Il se mit à pleurer, il était secoué par de gros sanglots. Puis il finit par se calmer et par reprendre ses esprits.

Il ne voyait qu'une solution. Il devait attendre. Dès que cette panique serait passée, dès que ces pierres auraient fini de bombarder le pays, il repartirait vers son village. Au diable cette montagne maudite et cette expédition qui ne connaissait que des désastres. Il était le seul survivant, mais après tout ce n'était que justice. Il n'avait jamais demandé à venir jusque-là, ils l'avaient forcé.

Une ou deux minutes s'étaient écoulées depuis l'explosion ; pour Kozan, cela avait semblé durer un siècle. Le rythme des chutes commençait à se ralentir. Bientôt, il pourrait s'en aller. À moins qu'il n'essaie de dormir avant. Il était épuisé. D'ailleurs, il faudrait aussi qu'il mange un morceau. Au fait, où étaient les sacs ? Ah oui, ils les avaient laissés là-bas.

Ses idées se remettaient doucement en place. Il leva craintivement les yeux vers le rocher assassin.

Il eut un coup au cœur. Non ! C'était impossible ! Il ne pouvait croire ce qu'il voyait et qu'il n'avait pas remarqué tout à l'heure. Était-ce une hallucination, était-ce un cauchemar, ou son regard lui montrait-il la réalité ?

Le bloc qui avait écrasé Ninmah se tenait debout. Il avait la forme d'un grand œuf noir.

Survivant

Kozan était à bout de nerfs, épuisé, vidé. Toutes ces catastrophes… Et maintenant cet œuf sinistre ! Il osait à peine regarder la monstrueuse masse noire, hideuse, qui semblait trôner sur cet amas de viande et d'os autour duquel de grosses mouches noires commençaient à tourner. On aurait dit que la pierre sombre triomphait, qu'elle le surveillait, calme et menaçante.

Il fallait fuir ce pays maudit. Oui, il devait s'échapper au plus vite de cette contrée haïe des dieux et si possible oublier ces visions de malheur. L'univers des démons qui se situait sous la terre ne pouvait être pire qu'ici.

Il songeait à son cher village, ses parents, les autres. Ils devaient se demander ce qui lui était arrivé. Ils l'avaient certainement recherché pendant des jours et des jours. Sans doute pensaient-ils maintenant qu'il avait été dévoré par un lion ou un gros léopard. Et ses moutons ? Tous perdus, bien sûr, dispersés dans toute la contrée. Combien s'étaient fait égorger par un loup ou un autre prédateur ? Il lui tardait d'être de retour, de retrouver les siens, de reprendre sa vie tranquille.

Mais pour cela, pas d'autre solution que d'effectuer seul le voyage de retour. La route était longue et jalonnée de dangers.

Il était indispensable de récupérer d'abord le contenu d'un ou deux sacs. Il aurait besoin d'armes, de pierres à silex pour faire du feu. La viande séchée pourrait aussi lui être utile.

Il ne voulut pas porter le regard vers l'endroit où tout cela se trouvait : c'était dans l'axe de l'œuf et il faisait tout pour ne pas le voir, il en avait trop peur. Il se leva dans l'intention de faire un grand détour pour rester aussi loin que possible du bloc de basalte.

Passerait-il par la droite ou par la gauche ? Il jeta un coup d'œil dans les deux directions et s'aperçut soudain qu'un autre cataclysme s'annonçait.

Ce n'était plus le volcan avec son immense panache de fumée noire et sa lave qui coulait du côté opposé à la plaine où il se trouvait. À présent, le danger se situait ailleurs : au loin sur sa gauche, la savane était en feu. Les aurochs qui avaient fui dans un sens galopaient maintenant dans l'autre. Tous les autres animaux fuyaient avec eux dans la même direction. Il ne les voyait pas encore distinctement car ils étaient loin, mais le nuage de poussière qui les entourait ne laissait aucun doute. Bientôt, ils passeraient sur les sacs, les piétineraient et c'en serait fini des quelques objets sur lesquels il comptait.

Il essaya d'évaluer s'il avait le temps d'aller jusque là-bas et de revenir se protéger de la folle cavalcade. Oui, s'il faisait vite, c'était jouable.

Il s'élança à toute vitesse. Il était très rapide. Il raccourcit le crochet qu'il avait prévu, se contentant de détourner la tête quand il fut près de l'œuf, et arriva aux sacs. Il les empoigna tous les quatre, il ferait le tri plus tard. Il s'apprêtait à faire le parcours inverse lorsqu'il réalisa qu'il n'en aurait pas le temps. Les premiers animaux étaient trop proches. Il ne lui restait qu'une solution : reprendre sa course, mais en direction du volcan. Un autre bosquet à quatre-vingts mètres de là lui offrirait protection.

Il y arriva de justesse. Il vit passer des deux côtés de son refuge un défilé dense et continu de bêtes, affolées, entourées d'un gros nuage de poussière plein de volutes tourbillonnantes qui l'enveloppèrent. Il n'aurait jamais pensé que la plaine fût si peuplée. Le bruit de la galopade était assourdissant. Le sol vibrait sous ses pieds. Cette fois, ce n'était plus un séisme, c'était le choc sourd de milliers de sabots. Pêle-mêle, des aurochs, des buffles, des sangliers, des hyènes, des phacochères, des antilopes de toutes sortes et de toutes tailles qu'il ne pouvait nommer, comme les addax, les oryx, les bubales, les gazelles, les coudous, les impalas, les gnous. D'autres animaux plus petits se trouvaient parmi eux, des lièvres, des renards, d'autres. Il aperçut aussi une famille de lions et quelques léopards. Aucun ne cherchait à dévorer l'autre, tous n'avaient qu'une préoccupation : fuir l'ennemi commun, le feu.

Le fleuve animal se tarit. À présent ne passaient plus que les bêtes trop âgées pour courir vite, ou celles qui étaient blessées. Il vit un grand gnou qui boitait. L'animal tomba d'épuisement à quelques mètres de lui.

Bientôt, ce fut le silence après la tempête. Il était temps pour Kozan de revenir sur ses pas et de s'engager sur le chemin du retour. Il ne fallait pas traîner, car le feu approchait. Il vida les quatre sacs pour choisir ce qu'il prendrait dans le sac unique qu'il voulait emporter.

Il marchait depuis déjà quelques instants lorsqu'il sentit que le vent s'était levé. Il soufflait dans le même sens que l'incendie. Il ne pouvait qu'accélérer son avancée. Effectivement, il vit que les flammes prenaient de la vigueur et s'approchaient plus vite que prévu. Elles n'étaient pas très hautes, mais dépassaient tout de même la hauteur d'un homme. Heureusement, il ne lui restait plus que sept ou huit cents mètres pour arriver à une zone pierreuse où il ne risquerait plus rien. Il accéléra le pas.

Maintenant, le feu n'était plus très loin. Kozan se rendit compte qu'il avait sous-estimé sa vitesse. Il se mit à courir à petites enjambées, pour conserver son souffle. Il surveillait l'incendie du coin de l'œil. Il buta dans une pierre et tomba de tout son long. Il se releva en jurant. Il voulut reprendre sa course, mais s'arrêta net en poussant un cri de douleur. Il s'était foulé la cheville. Il repartit en boitillant. À quelques mètres de là, il trouva une branche morte qu'il ramassa : il pourrait s'appuyer dessus comme sur une canne, cela le soulagerait.

Il lui restait une centaine de mètres jusqu'à la zone sûre. Le feu n'était plus qu'à une trentaine de mètres. Oui, il arriverait à temps.

Une nouvelle bourrasque anéantit ses espoirs. Il devait courir, sinon il serait rattrapé.

Soudain, il fut gagné par la peur et se lança à cloche-pied. Le vent poussait la fumée vers lui, il commençait à respirer péniblement. Néanmoins, il trouva vite le moyen de synchroniser ses mouvements avec l'appui sur sa canne de fortune et put accélérer.

Plus que cinquante mètres, plus que quarante. Soudain, un craquement : dans sa précipitation, il s'était trop appuyé sur la branche, elle venait de se briser. Il tomba, se releva aussitôt. Ses forces diminuaient. Sa cheville lui faisait très mal. Maintenant, la chaleur de l'incendie chauffait son visage et son corps. La fumée rendait l'atmosphère irrespirable. Plus que vingt mètres. L'air était brûlant. Plus que dix mètres. Le feu était là, s'il tendait la main elle serait brûlée. Plus que cinq mètres. Le feu l'atteignait. Dans un effort ultime, il sauta et se retrouva à l'abri. À plusieurs reprises, il roula sur lui-même pour s'éloigner de la chaleur ardente et de la fumée.

Il n'en pouvait plus. Il fallait qu'il dorme. Il resta là où il était et ferma les yeux.

Il ne les rouvrit que le lendemain.

L'incendie s'était éteint. Le soleil s'était couché depuis deux ou trois heures et la lune à son premier quartier éclairait doucement le pays. L'air était plein d'une odeur de végétation brûlée.

Il avait faim. Il ouvrit son sac et sortit un morceau de viande séchée. Elle était dure comme du bois, mais il avait de bonnes dents. Il mangea le morceau entier.

À présent, il mourait de soif. Il aperçut un ruisseau à quelques mètres de là. Il se leva. Sa cheville lui faisait mal, mais moins que la veille. Il put aller boire. Tout près, il trouva une autre branche morte assez résistante et de bonne taille pour faire une canne. Il décida de poursuivre sa pause jusqu'au lendemain matin.

Il s'allongea et s'endormit instantanément.

Lorsqu'il s'éveilla, le soleil était déjà haut dans le ciel. Il se sentait reposé. Il l'avait échappé belle. Il était content de lui. Il avait affronté des dangers terribles et il s'en était sorti. La route du retour serait dure, mais il avait le sentiment que, maintenant, il arriverait à surmonter toutes les difficultés.

Sa cheville était encore enflée. Il se souvint de la compresse sur la piqûre de scorpion. Il prit un morceau de tissu dans son sac, le trempa dans le ruisseau et l'appliqua à l'endroit enflammé. Il se sentit tout de suite mieux. Il renouvela plusieurs fois l'opération. Au bout de deux heures, il estima qu'il pouvait partir.

Il se mit en route avec sa canne improvisée, sans se presser pour ne pas forcer sur sa cheville. Au rythme où il avançait, il savait qu'il lui faudrait près de trois jours avant de retrouver la zone si accidentée. Cela ne le gênait pas. Il avait de la viande séchée en quantité suffisante, il pourrait cueillir au passage quelques baies qu'il avait vues à l'aller et il y aurait plusieurs ruisseaux où il pourrait se désaltérer.

Cette fois, ses estimations furent exactes. De plus, comme il l'espérait, sa cheville se rétablit complètement.

Il n'avait aucune envie de retraverser le canyon fatal. Ce n'était pas le franchissement lui-même qui l'effrayait, mais le fait d'avoir à passer au-dessus du corps invisible de Nemrik. Pour trouver l'arbre qui leur avait servi de pont, ils avaient marché plus d'une journée vers le couchant. Bien avant la gorge, il obliqua vers le levant. C'était une bonne décision. Il atteignit la magnifique région chaotique sans rencontrer le gouffre.

Il traversa cette contrée pittoresque en profitant de tout ce que ses yeux lui faisaient voir. Il y prit grand plaisir. Il tournait et retournait dans ce labyrinthe géologique. Par chance, il avait un excellent sens de l'orientation. Il retrouva sans problème les portes de Cilicie.

Il s'accorda une journée de repos avant la terrible traversée, puis il s'engagea dans le défilé. Il s'aperçut tout de suite que tout serait plus aisé qu'à l'aller : la piste descendait au lieu de monter et cela changeait tout. Les éboulements étaient plus faciles à escalader, il pouvait le faire seul. La gravité l'entraînait vers la descente, mais pas suffisamment fort pour que ce fût fatigant. Il retrouva l'endroit ou le scorpion l'avait piqué. Le cadavre de l'arachnide avait disparu, sans doute digéré par d'autres bêtes minuscules.

Il arriva à la sortie du défilé sans encombre. La traversée ne lui avait pris que sept jours. Il était à deux jours de chez lui.

Il était si pressé de retrouver les siens qu'il parcourut la distance en moins d'une journée et demie. Lorsqu'il fut en vue du village, la première personne qu'il aperçut fut sa mère.

– Kozan… dit-elle, les yeux agrandis par la surprise.

Tout le monde le croyait mort et il fut accueilli avec joie. Dès le premier soir, il dut raconter son aventure. On s'assembla en demi-cercle sur la place du village et il se mit au centre. Chacun attendait ses paroles avec impatience. Il se sentait aussi important qu'un conteur.

Il s'était préparé à tout cela. Depuis plusieurs jours, il songeait à la manière dont il décrirait ce qui lui était arrivé. Il s'admirait sans réserve d'avoir si bien réussi son retour solitaire. « Maintenant, je suis un homme », se disait-il. Il fallait que tout le monde le sache. Son peuple devait connaître les terribles difficultés que lui, Kozan, avait vaincues seul.

Il avait déroulé le fil de son aventure à de nombreuses reprises. Chaque fois, il se souvenait d'un nouveau détail, d'une péripétie qui embellissait un peu l'histoire. Il s'était amusé à imaginer des incidents supplémentaires qui auraient pu arriver :

– Un oiseau s'était posé dans le défilé. Comme j'avais très faim, je pris une grosse pierre et la lançai sur lui. Je le tuai du premier coup.

Après s'être raconté l'épisode à plusieurs reprises, il ne savait plus s'il était réel ou s'il l'avait inventé. Alors, il pensait qu'il s'était vraiment produit.

Indépendamment de ces artifices inoffensifs, il avait sa propre vision des événements. Dans son esprit, pas l'ombre d'un doute : le rocher ovoïde qui avait écrasé Ninmah était le Grand Œuf noir dont on parlait depuis des générations dans son peuple. Il l'avait vu. C'était une pierre monstrueuse, maléfique, méchante. C'était elle qui avait déclenché toutes ces catastrophes. Elle avait tué intentionnellement.

Il ne s'en était pas approché assez pour réaliser qu'elle était faite de basalte, et non d'obsidienne…

La légende de Ninmah et de l'œuf d'obsidienne

Kozan parlait depuis longtemps. Il racontait son aventure à son peuple. Il arrivait à la fin de son odyssée.

– Ainsi, conclut-il en observant avec satisfaction l'expression admirative de ses auditeurs, j'ai vu le Grand Œuf noir. Que les dieux vous préservent de le rencontrer à votre tour. C'est un rocher énorme, une masse colossale plus grande que dix aurochs. Il rayonne d'une magie mauvaise qui vous glace jusqu'à l'os. Son aspect est terrible, sa présence est effrayante. Rien qu'à voir ses reflets noirs, on sait qu'il vous scrute d'un regard invisible et qu'il se prépare à vous tuer. Si je ne suis pas mort, c'est que j'ai eu la présence d'esprit de m'éloigner de lui aussi vite que possible. À présent, il doit toujours se trouver dans cette savane brûlée.

« Il a écrasé Ninmah qui voulait s'emparer de lui. Il attend immobile le prochain inconscient qui aura l'audace folle de l'approcher. Alors, même les dieux ne pourront protéger la vie de ce malheureux.

« Et telle fut mon aventure.

La légende de Ninmah venait de naître.

Le récit de Kozan frappa les esprits. Son périple devint l'un des hauts faits de son peuple. Ils ne cessèrent jamais d'en parler.

À quelques mois de là, ils reçurent la visite d'une caravane. Ils eurent droit à un conte. Lorsqu'il fut terminé, ils dirent aux visiteurs :

– Nous avons aussi notre conteur. Mais lui a vraiment vécu l'histoire qu'il raconte.

Les caravaniers voulurent l'entendre. Le récit de Kozan, maintenant rodé par de multiples narrations, les impressionna. Ils partirent avec cette nouvelle aventure dans leurs bagages. Plus tard, ils rencontrèrent d'autres peuples et d'autres caravanes. Autant d'occasions de conter la légende.

Après le départ de Ninmah, Bouqras avait continué à vivre sans changement majeur. Toutefois, après que plusieurs mois se furent écoulés sans aucune nouvelle de l'expédition, l'inquiétude commença à monter. L'hiver était venu. De mémoire d'homme, il n'avait jamais fait si froid. Des flocons de neige étaient même tombés, c'était la première fois que cela se produisait. Ninmah avait-elle pu franchir la montagne comme elle en avait l'intention, avec cet hiver si rigoureux ?

Le printemps passa, puis l'été. La prêtresse était partie depuis neuf mois, et toujours aucune nouvelle. Barsip se demandait s'il ne devait pas monter une autre expédition pour rechercher les disparus. Mais où ? Il connaissait bien le début du parcours, mais après ? Et pouvait-on de nouveau priver Bouqras de personnes entreprenantes ? Non, ce n'était pas raisonnable. Quel que fût le désir de retrouver Ninmah et son équipe, il fallait penser au village. Le prêtre qui remplaçait Ninmah ne se débrouillait pas si mal. La jeune femme était pleine de ressources ; s'il ne lui était pas arrivé malheur, elle réapparaîtrait tôt ou tard.

L'automne vint. Puis l'hiver, puis de nouveau le printemps, l'été, l'automne. Le début de l'hiver suivant était là lorsqu'une caravane qui descendait du Nord fit son apparition. Barsip envoya Almek à sa rencontre et il fut décidé de lui offrir refuge dans un enclos. Il y eut un peu de commerce, pas beaucoup. Le soir, on s'installa et on fit comprendre au conteur qu'on était prêt à l'écouter. Il se racla la gorge, regarda l'assistance, se concentra, puis commença :

– Il est rapporté dans les récits lointains des temps passés qu'il y avait, bien au-delà des montagnes, des rivières et des plaines, un œuf noir d'une beauté sans pareille. Il se tenait debout sur les flancs d'une montagne de feu. Nul n'en avait jamais vu de semblable. Il était grand, avec des reflets magiques qui rayonnaient un profond mystère. Sa couleur noire était celle de l'obsidienne.

Bien sûr, les gens de Bouqras avaient tout de suite été captés par le début de l'histoire. Le conteur s'en aperçut, mais il se trompa sur les raisons de cet intérêt. Il poursuivit avec ses manières pleines d'emphase.

Pendant plus d'une heure, son conte ressembla plus ou moins aux autres, sur le même thème, que ses auditeurs avaient déjà entendues. Toutefois, il était agréable et ils l'écoutèrent avec plaisir.

Ils se laissaient bercer par le ronron des péripéties sans surprise lorsque soudain ils furent pétrifiés par le début d'un épisode saisissant : Ninmah venait d'entrer en scène.

Le conteur la décrivit comme une femme d'une grande beauté, originaire d'une contrée inconnue par-delà les montagnes. Toute sa vie elle n'avait eu qu'un seul but : trouver l'œuf d'obsidienne noire et l'arracher à son socle de pierre pour le ramener dans son lointain pays. Aucun obstacle n'avait été assez important pour l'arrêter.

Puis il raconta ce que les habitants de Bouqras reconnurent comme son voyage après son départ. C'était une véritable épopée, d'où Kozan avait disparu.

Ninmah avait erré avec ses compagnons pendant des années dans mille contrées. Les montagnes qu'elle avait escaladées touchaient le ciel, les portes de Cilicie étaient devenues un défilé terrifiant bordé d'immenses murailles de pierre, repaire d'horribles monstres venimeux. Le conteur narra par le menu comment elle avait fini par avoir le dessus. Le canyon fatal s'était transformé en une série de précipices d'une largeur vertigineuse, si profonds qu'aucune pierre n'en atteignait jamais le fond. Pour les franchir, Ninmah avait demandé aux dieux de déchaîner la foudre pour abattre en travers les arbres d'une hauteur démesurée qui lui serviraient de pont. Ils avaient accédé à sa demande par des orages titanesques. Plus tard, égarée dans des savanes infinies, elle avait rencontré des fauves si énormes et si étranges qu'ils n'existaient que là. Elle avait lutté avec eux, elle les avait tués par la ruse et en avait dévoré le cœur pour s'emparer de leur force.

Et un jour, après qu'elle eut surmonté toutes ces difficultés avec une volonté et une ténacité surhumaines, après qu'elle eut perdu tous ses compagnons les uns après les autres, elle était arrivée là où se trouvait l'œuf. À présent, il était à sa portée, sur les flancs de cette montagne si haute qu'on n'en voyait pas le sommet.

C'est à ce moment que son destin avait basculé. Malgré son courage et le respect qu'elle leur portait, les dieux qui l'avaient aidée jusque-là avaient fini par s'irriter de son obstination farouche. La montagne était entrée dans une colère folle. Elle s'était entrouverte et, par sa gueule immonde, elle avait craché tous les feux de la Terre. Elle s'était mise à frémir si fort que l'œuf avait été arraché à son flanc.

– Alors, poursuivit le conteur, l'œuf décrivit une longue trajectoire dans le ciel noir. Il monta haut, haut, si haut qu'il disparut. Il s'éleva jusqu'aux dieux qui en furent courroucés. Ils le rejetèrent vers la Terre d'un geste méprisant. Malgré sa vitesse qui était immense, il mit des jours et des jours à tomber. Lorsque enfin il arriva en vue du sol, il aperçut Ninmah qui était la cause de ce désastre. Et comme les dieux souhaitaient la punir, il se rua sur elle et l'écrasa.

« Ainsi périt Ninmah l'audacieuse, qui avait voulu s'emparer du Grand Œuf d'obsidienne noire.

« Et telle est mon histoire.

Les habitants de Bouqras restèrent muets. Ainsi, Ninmah était morte, tuée par l'œuf qu'elle avait tenté de conquérir. Même si cette légende déformait la réalité, il était certain qu'elle comportait un fond de vérité.

Ils quittèrent l'enclos, pleins d'une tristesse dont les caravaniers ne comprirent pas le motif.

La mort de leur prêtresse marqua profondément le peuple de Bouqras. Elle était arrivée avec une caravane venue de nulle part, frêle jeune femme si faible et si forte. Elle avait juste pris le temps de se bâtir une place considérable dans la communauté, puis elle était partie pour ne jamais revenir. Le village vécut longtemps dans l'espoir insensé d'un miracle. Souvent, le soir, on parlait d'elle.

Les années passèrent. Petit à petit, ceux qui l'avaient connue disparurent les uns après les autres.

Lorsque Barsip sentit que la mort était proche, il fit appeler Ohan, le fils de Ninmah, et il lui dit :

– Ohan, tu es le fils d'une femme extraordinaire. Notre village s'honore de l'avoir eue comme prêtresse. Tu dois t'en souvenir toute ta vie et faire en sorte que, dans les temps à venir, les hommes sachent ce qu'elle a été. Avant de partir, je te confie cette tâche.

Ohan fit ce qu'il fallait. Il eut trois enfants, deux garçons et une fille. L'un des garçons atteignit l'âge adulte. Avant de mourir, Ohan lui avait transmis ce que Barsip avait demandé. Le garçon fit de même avec ses propres enfants. La plupart d'entre eux procréèrent, puis ces nouveaux enfants en eurent d'autres.

Les premiers descendants d'Ohan vécurent à Bouqras pendant plusieurs siècles. Avec le temps, ils occupèrent presque toutes les fonctions dans le village, prêtre, berger, agriculteur, chef du village, mère de famille, artisan. Chacun sut toujours qu'il était le lointain rejeton de la légendaire Ninmah et qu'il lui revenait d'en perpétuer le souvenir. Aucun n'y faillit.

Comme l'avait souhaité Barsip, l'aventure de Ninmah ne tomba jamais dans l'oubli.

Bien sûr, à chaque transmission, tel détail était transformé, tel autre omis ou ajouté. Alors que les décennies s'écoulaient, l'histoire perdit de sa précision. Petit à petit, elle s'orna de tous les débordements de l'imagination. Elle finit par devenir un mythe.

Lorsque, des siècles plus tard, le village commença à péricliter et que le hasard des guerres, des expéditions, des migrations dispersa les habitants dans tout le Moyen-Orient, du golfe Persique jusqu'en Anatolie, du Zagros jusqu'aux rives de la Méditerranée, la légende suivit. Quand une branche de la descendance de la prêtresse s'éteignait, son souvenir s'évanouissait dans les brumes de l'oubli.

Mais la lignée était vivace, elle ne disparut jamais complètement et le mythe perdura.

La légende de Ninmah et de l'œuf d'obsidienne était entrée dans la mémoire des hommes.

Elle n'en avait pas fini avec eux. Quatre mille ans plus tard, alors que naissait la première écriture de tous les temps, elle allait resurgir.

Mais ceci est une autre histoire…

FIN DE LA PREMIÈRE PARTIE

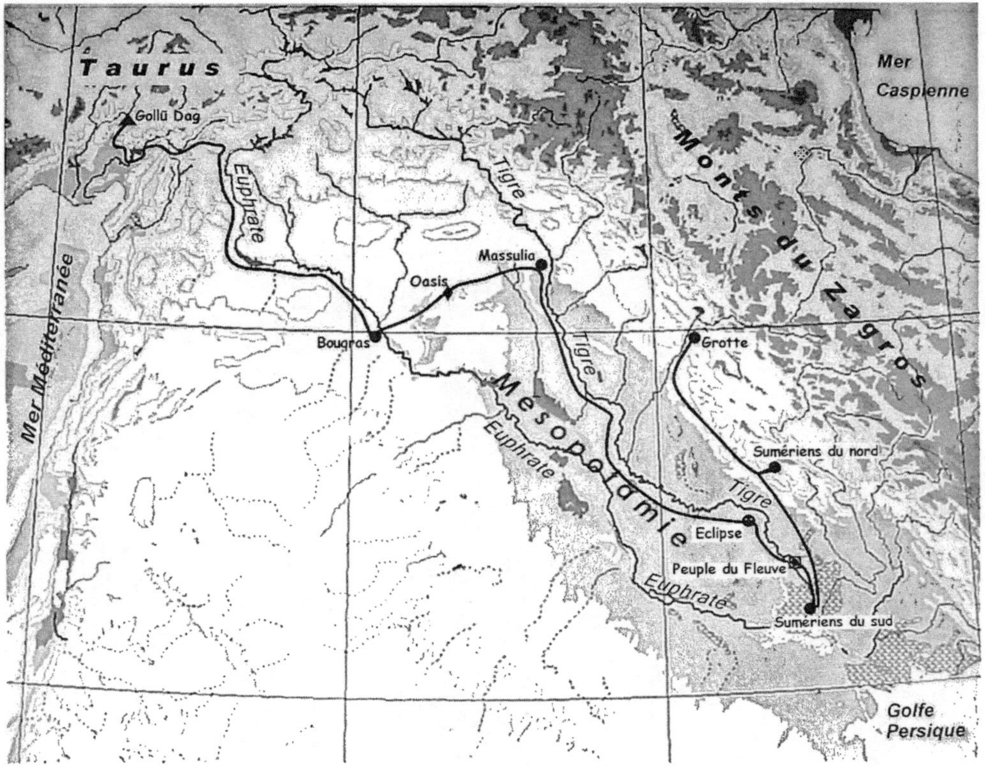

Les voyages de Ninmah

Table

Vous pouvez communiquer avec l'auteur
en envoyant vos e-mail à : **spiralesc@yahoo.fr**

Il existe un site Internet commun à ce livre
et aux précédents du même auteur :
http:**//spiralesc.webhostme.com/**

RÉALISATION : NORD COMPO À VILLENEUVE-D'ASCQ
IMPRESSION : S. N. FIRMIN-DIDOT AU MESNIL-SUR-L'ESTRÉE
DÉPÔT LÉGAL : MAI 2004. N° 60163 (68080)